MÉMOIRES

Titre original : My Turn

Traduction-adaptation : Arlette Ounanian et Myriam Bouzid

ISBN : 978-2-263-14532-2
Code éditeur : S14532
Dépôt légal : octobre 2016

Retrouvez-nous sur www.solar.fr

Solar | un département **place des éditeurs**

place
des
éditeurs

JOHAN CRUYFF

MÉMOIRES

DAVID WALSH

Traduit par Myriam Bouzid et Arlette Ounanian

SOLAR
EDITIONS

Sommaire

Chronologie de Johan Cruyff

En tant que joueur

En club

1964-1973	Ajax (319 sélections, 253 buts)
1973-1978	Barcelone (184 sélections, 61 buts)
1979	Aztecs de Los Angeles (27 sélections, 14 buts)
1980-1981	Washington Diplomats (32 sélections, 12 buts)
1981	Levante (10 sélections, 2 buts)
1981-1983	Ajax (52 sélections, 20 buts)
1983-1984	Feyenoord (44 sélections, 13 buts)

En sélection nationale

1966-1984	Pays-Bas (48 sélections, 33 buts)

Trophées

Ajax	Eredivisie 1966, 67, 70, 72, 73, 82, 83 ; Coupe KNVB 1967, 71, 72, 83 ; Coupe d'Europe des clubs champions 1971, 72, 73 ; Supercoupe UEFA 1972, 73 ; Coupe intercontinentale 1972

Barcelone	La Liga 1974 ; Coupe d'Espagne 1978
Feyenoord	Eredivisie 1984 ; Coupe KNVB 1984

En tant qu'entraîneur

1985-1988	Ajax (Coupe KNVB 1986, 87 ; Coupe d'Europe des vainqueurs de coupe 1987)
1988-1996	Barcelone (La Liga 1991, 92, 93, 94 ; Coupe d'Espagne 1992 ; Championnat d'Europe des clubs champions 1992 ; Coupe d'Europe des vainqueurs de coupe 1989)
2009-2013	Catalogne

Distinctions personnelles

1971	Ballon d'Or
1973	Ballon d'Or
1974	Ballon d'Or et meilleur joueur de la Coupe du monde

Événements marquants

1947 (25 avril)	Né à Amsterdam
1957 (avril)	Rejoint l'équipe Junior d'Ajax
1959 (8 juillet)	Mort de son père
1964 (15 novembre)	Fait ses débuts avec l'Ajax et marque son premier but au cours d'une défaite 3-1 contre le FC Groningue
1965-66	Réalise son premier coup du chapeau et totalise 25 buts en fin de saison ; l'Ajax remporte l'Eredivisie

1966 (7 septembre)	Première sélection internationale et marque pour les Pays-Bas pendant les qualifications de l'Euro 68, face à la Hongrie (2-2)
1967 (6 novembre)	Devient le premier joueur international néerlandais à recevoir un carton rouge
1966-67	Record de buts inscrits (33 buts) et meilleur buteur du championnat des Pays-Bas ; l'Ajax remporte l'Eredivisie et la Coupe KNVB
1967-68	Nommé meilleur buteur du championnat des Pays-Bas ; l'Ajax sacré champion de l'Eredivisie pour la troisième année consécutive
1968 (10 décembre)	Épouse Danny Coster
1969 (28 mai)	Défaite de l'Ajax en finale du championnat d'Europe des clubs champions face au FC Milan (4-1)
1970	Retour de convalescence en portant le maillot n° 14 ; celui-ci restera le sien jusqu'à la fin de sa carrière
1970 (29 novembre)	Inscrit six buts sur une victoire 8-1 face à l'AZ Alkmaar
1971	Élu meilleur joueur néerlandais et européen ; (2 juin) l'Ajax remporte le championnat d'Europe des clubs champions pour la première fois (2-1 contre le Panathinaïkos) ; signe un contrat de sept ans avec l'Ajax
1972 (31 mai)	Inscrit les deux buts qui offrent à l'Ajax sa seconde victoire du championnat d'Europe des clubs champions (2-0 contre l'Inter Milan) ; l'Ajax gagne la Coupe intercontinentale

1973 (30 mai)	Troisième victoire consécutive de l'Ajax en championnat d'Europe des clubs champions (1-0 contre la Juventus)
1973 (19 août)	Dernière sélection au club de l'Ajax avant son départ à Barcelone pour un montant record (2 millions de dollars environ)
1974 (9 février)	Naissance de son fils Jordi ; le régime franquiste en rigueur en Espagne le contraint à déclarer cette naissance à Amsterdam
1974 (17 février)	Le FC Barcelone bat le Real Madrid 5-0 au Stade Bernabéu et remporte La Liga pour la première fois depuis 1960
1974	Amène les Pays-Bas en finale de Coupe du monde qui perdent 2-1 contre l'Allemagne de l'Ouest ; élu meilleur joueur du championnat d'Europe ; introduit sa feinte de passe pour la première fois durant un match contre la Suisse
1974 (décembre)	Élu meilleur buteur européen de l'année
1977 (octobre)	Prend sa retraite de joueur international
1978 (19 avril)	Barcelone remporte la Coupe d'Espagne (3-1 contre Las Palmas)
1978	Les Pays-Bas une nouvelle fois finalistes de la Coupe du monde et s'inclinent en prolongation 3-1 face l'Argentine
1979	Fondation du centre de formation du FC Barcelone appelé La Masia sous l'impulsion de Cruyff
1979	Transfert aux Aztecs de Los Angeles ; élu joueur de l'année du NASL

1980	Transfert aux Washington Diplomats
1980 (novembre)	Retour à l'Ajax, alors 8e du classement en statut de conseiller technique ; l'Ajax termine à la deuxième place du classement
1981-82	Reprend sa carrière de joueur à l'Ajax, qui remporte l'Eredivisie
1982-93	Doublé de l'Ajax qui gagne la Coupe KNVB et l'Eredivisie
1983-84	Transfert au club concurrent du Feyenoord après que l'Ajax ne renouvelle pas son contrat ; Feyenoord remporte le championnat des Pays-Bas et la Coupe du KNVB
1984	Élu meilleur buteur néerlandais pour la cinquième fois
1984 (13 mai)	Met un terme à sa carrière de footballeur
1985 (juin)	Rejoint l'Ajax en tant que directeur technique
1985-87	L'Ajax gagne la Coupe KNVB pour la seconde saison consécutive
1987 (13 mai)	L'Ajax remporte la Coupe d'Europe des vainqueurs de coupe (1-0 contre le Lokomotive Leipzig)
1988 (été)	Devient l'entraîneur du FC Barcelone
1989 (10 mai)	Barcelone remporte la Coupe d'Europe des vainqueurs de coupe (2-0 contre l'UC Sampdoria)
1990 (5 avril)	Barcelone remporte la Coupe d'Espagne
1991 (février)	Subit un double pontage coronarien

1992	
(20 mai)	Barcelone remporte le championnat d'Europe des clubs vainqueurs
1993	
(février/mars)	Barcelone remporte la Supercoupe UEFA (3-2 contre le Werder Brême)
1991 – 94	Barcelone gagne la Liga pour la quatrième fois consécutive
1996	
(avril)	Écarté de son poste d'entraîneur au FC Barcelone
1997	La Fondation Cruyff voit le jour
1999	Élu meilleur joueur européen du siècle et 2e meilleur joueur mondial du siècle derrière Pelé
1999	Création de l'Institut Johan Cruyff
2004	Nommé dans la liste des 100 plus grands joueurs vivants par la FIFA
2009	Ouverture du 100e terrain Cruyff
2015	
(octobre)	Son cancer des poumons est diagnostiqué
2016	
(24 mars)	Décède à Barcelone à l'âge de soixante-huit ans

Avant-propos

Je suis quelqu'un qui n'a pas fait d'études. Tout ce que je sais, je l'ai appris sur le tas. Quand j'ai perdu mon père, à l'âge de 12 ans, c'est l'Ajax qui s'est chargé de mon éducation. Au début, par le biais de mon second père, qui était un responsable des terrains, plus tard par celui de mes entraîneurs, Jany van der Veen et Rinus Michels. Grâce à l'Ajax, j'ai appris non seulement à mieux jouer au football, mais aussi à bien me conduire.

C'est mon beau-père qui m'a appris à gérer mes finances. Aucun footballeur ne s'intéressait alors au marketing et les relations avec le commerce étaient quelque chose de tout à fait nouveau. Par chance, c'est juste à ce moment-là que celui qui allait être mon mentor dans ce domaine est entré dans ma vie. J'allais vite comprendre à quel point c'était important. En effet, quand j'ai pensé pouvoir me débrouiller tout seul, cela a vite tourné à la catastrophe.

Ce n'est pas grave. C'est la vie. L'important, c'est d'en tirer des leçons.

Je veux souligner par là que ma famille est très importante. Mes parents, mes beaux-parents, ma femme, mes enfants et mes petits-enfants, mais aussi tous les gens de l'Ajax qui m'ont épaulé à une époque de ma vie où j'étais très fragilisé. Pour moi, l'Ajax fait aussi partie de ma famille.

La famille, elle, a été déterminante pour l'homme que je suis devenu – quelqu'un qui, en tant que footballeur, n'a qu'un seul défaut : je ne vise que le top. Comme joueur ou comme coach, je suis incapable de me contenter de moins. Pour moi, une seule direction est valable : celle qui mène au top. Et ce, de la meilleure façon possible.

C'est ce qui m'a poussé à mettre un terme à ma carrière de footballeur. Je n'avais plus la condition physique qui me permettait d'être au top. Je n'avais donc plus rien à faire sur le terrain. Mais comme dans ma tête, je n'étais pas moins performant, je suis devenu coach.

Ce que je veux dire, c'est que j'ai toujours placé ma vie sous le signe du « mieux faire » et que j'ai toujours tendu à m'améliorer. Je m'y suis efforcé dans tout ce que j'ai entrepris.

Johan Cruyff

1

D'où me vient ce talent pour le foot ? Mystère ! En tout cas, pas de mon père, ni de mon grand-père. Seul mon oncle Gerrit Draaijer, le frère de ma mère, a joué quelques matchs en équipe première de l'Ajax en tant qu'ailier gauche.

Le club a fait très tôt partie de ma vie. Rien d'étonnant, mes parents avaient un magasin de fruits et légumes dans le quartier Betondorp (village de béton), à quelque deux cents mètres du stade De Meer, qui abritait l'Ajax à l'époque. Le club tenait une place importante dans la vie de mon père. Jamais il n'aurait manqué un match. Je ne lui dois peut-être pas mon talent, mais je lui dois, à coup sûr, mon amour indéfectible pour le club.

Je me souviens comme si c'était hier de ma première rencontre avec l'Ajax – je devais avoir dans les 5 ans. Mon père m'avait proposé de l'accompagner pour livrer des corbeilles de fruits à des membres du club qui étaient malades ou blessés. Ce jour-là, j'ai fait la connaissance d'Henk Angel, un ami de mon père, responsable des terrains au club. Il m'a demandé si j'avais envie de lui donner un coup de main. J'ai commencé dès le lendemain.

Après la mort de sa femme, Oncle[1] Henk est souvent venu s'asseoir à notre table. Pendant le repas, il racontait des anecdotes sur le club et j'étais suspendu à ses lèvres. À cette époque, Arend van der Wel venait, lui aussi, régulièrement dîner à la maison. C'était un jeune joueur de l'équipe première, qui habitait à Amsterdam-Nord. Après le boulot, il n'avait pas le temps d'aller manger chez lui et de revenir à temps pour l'entraînement du soir, alors il dînait chez nous.

Grâce à Oncle Henk et à Arend, je savais tout sur le club. Depuis les vestiaires jusqu'à l'équipe première. Très vite, je me suis faufilé partout dans le stade. L'Ajax était pour moi comme une seconde maison. J'y étais tout le temps fourré. Vers 7 ans, j'ai pris l'habitude d'emporter un sac avec des chaussures de sport avec moi, pour le cas où il manquerait un joueur à l'entraînement ou au cours d'un match. Souvent, on me donnait ma chance. Mais je crois que c'était parce qu'on avait pitié de moi. J'étais maigrichon,

1. Aux Pays-Bas, les enfants appellent les adultes proches de leurs parents « Oncle » ou « Tante », suivi du prénom.

j'avais l'air d'une crevette, ça devait les attendrir. Mon physique m'a servi, finalement.

Un moment à marquer dans les annales fut, bien évidemment, le jour où j'ai eu le droit d'entrer pour la première fois dans un stade comble. Non pas comme footballeur, mais pour piquer la pelouse avec une fourche autour du but afin de faciliter l'écoulement de l'eau de pluie. J'avais environ 8 ans, mais c'est le genre de chose que l'on n'oublie pas.

Je n'ai jamais dérogé aux règles que l'on m'a transmises à l'Ajax durant ma jeunesse. Une belle pelouse, des vestiaires propres et bien cirer ses chaussures et attacher les filets ; ces choses-là sont déterminantes pour la vision qu'on a du football.

2

Chez nous, l'ambiance était très chaleureuse. Je partageais ma chambre avec mon frère Hennie, de deux ans et demi mon aîné. Quand on est petit, cela fait une grosse différence. Il avait sa vie, moi la mienne.

Mon père, Manus, était un farceur, il aimait jouer des tours. Il avait un œil de verre et, pour cinq sous, défiait quiconque de fixer le soleil plus longtemps que lui. Il posait une main sur son œil valide, fixait le soleil pendant une minute et empochait ses cinq sous.

Nel, ma mère, aimait la compagnie. La famille était le centre de son univers. Elle avait neuf frères et sœurs. J'avais donc non seulement neuf oncles et tantes, mais également des dizaines de cousins et de cousines. L'avantage, c'est que, si on avait un problème, il y avait toujours quelqu'un pour le régler. L'un s'y connaissait en poêle, l'autre savait peindre, etc. Si bien que, quand quelque chose n'allait pas, on savait tout de suite à quelle porte frapper.

Je suis vraiment un mélange de mes deux parents. J'ai hérité de la sociabilité de ma mère et de la débrouillardise de mon père. Débrouillard, je le suis, ça ne fait pas de doute. Aujourd'hui encore, je cherche toujours à savoir jusqu'où je pourrais aller pour tirer le maximum d'une situation.

J'ai fréquenté une école protestante à Amsterdam-Est, la « Groen van Prinstererschool », alors que l'on n'était pas croyants à la maison et qu'il y avait également des écoles catholiques et laïques dans le quartier. Je ne mettais les pieds à l'église que pour y faire des livraisons. Lorsque j'ai demandé à mon père pourquoi il m'avait inscrit dans une école « à Bible », il m'a répondu : « Johan, ils racontent là-bas de belles histoires. C'est ma manière à moi de te donner un bagage pour la vie. Plus tard, tu verras toi-même ce que tu veux en faire. »

À l'école, on m'a très vite surnommé « le garçon au ballon », car j'emportais mon ballon en classe. Je le casais sous mon bureau, entre mes pieds. L'instituteur le confisquait parfois, quand je faisais trop de bruit. Quand mes pieds se le renvoyaient machinalement, sans que j'en sois conscient.

De ma scolarité, je me souviens surtout de n'avoir jamais séché les cours. Je n'aimais pas particulièrement l'école, mais je savais que c'était important.

J'étais un élève moyen, mais j'ai toujours eu le sens des nombres. Ils me parlent. Par exemple, je me suis marié avec Danny un 2 décembre. Si l'on additionne 2 et 12, on voit le lien avec le numéro de mon maillot, le 14. Plus fort encore, si on ajoute l'année, on obtient 2-12-68, c'est-à-dire 2 plus 12 et 6 plus 8. Deux fois 14, donc. Pas étonnant que nous soyons toujours ensemble après quarante-huit ans de mariage. Notre union était doublement propice.

De même pour mon fils, Jordi. Il est né en 74 et moi en 47. Tous les deux 11. De plus, il est né le 9 février et moi le 25 avril. Cela fait 9 plus 2 et 2 plus 5 plus 4. Tous les deux font 11.

Les chiffres me fascinent. Même mémoriser des numéros de téléphone a quelque chose d'excitant. Il suffit que mes amis me disent une fois le leur pour qu'il reste gravé à jamais dans ma mémoire. C'est peut-être pour cela que je suis doué en calcul mental. Je ne l'ai pas appris à l'école, mais dans le magasin de fruits et légumes de mes parents. Lorsque mon père était parti faire des livraisons et que ma mère préparait le repas, c'était à moi de servir les clients. Et comme la caisse était placée trop haut pour moi, je calculais tout dans ma tête. Si bien que tout petit déjà, j'étais rudement fort en calcul mental. Cela explique peut-être ma fascination pour les nombres.

En fait, c'est la rue qui m'a presque tout appris, notamment à réfléchir au moyen de transformer un inconvénient en un avantage. Ainsi, le bord du trottoir n'est pas forcément un obstacle, mais peut être utilisé pour faire un « une-deux ». Le trottoir m'a aidé à travailler ma technique.

Il en va de même pour l'équilibre. Prévenir la chute. Tomber dans la rue, ça fait mal, et on n'a pas envie d'avoir mal. Alors, tout en jouant au foot, on apprend à ne pas tomber.

C'est pourquoi je suis un adepte convaincu des chaussures sans crampons pour les jeunes. Ils n'ont pas, comme moi, passé des heures à jouer dans la rue, c'est-à-dire des heures à s'entraîner et en même temps à ne pas tomber. Donnons-leur des chaussures sans crampons, surtout pendant l'entraînement, ça leur apprendra les lois de l'équilibre.

En tant que footballeur, j'ai toujours eu une sainte horreur de la course à pied. Quand on nous envoyait pour la énième fois dans le bois d'Amsterdam, je n'avais qu'une chose en tête : éviter de faire tout le parcours imposé. Je me cachais derrière un arbre en espérant que l'on ne compterait pas les coureurs après chaque tour. Ça m'a réussi un certain temps, jusqu'à ce que mon entraîneur de l'époque, Rinus Michels, se rende compte de la supercherie.

Comme punition, j'ai dû faire un entraînement supplémentaire autour du Bosbaan, un long canal sur lequel on organise des régates. À huit heures du matin, pendant mon jour libre ! Michels est arrivé en voiture, pile à l'heure. Il était en pyjama. Il a descendu sa vitre et m'a dit : « Ça caille trop pour moi, je me remets au plumard. »

J'avais pas l'air malin.

Ça a toujours été important pour moi, de jouer au foot, mais il faut aussi y prendre du plaisir, bien s'éclater.

Plus tard, en tant qu'entraîneur, j'ai revécu la même situation avec Frank Rijkaard. Il faisait toujours semblant d'avoir un accès de toux pendant le footing et se laissait ainsi distancer par son groupe pour se mêler au groupe suivant. Il se débrouillait comme ça, en grapillant, pour courir un tour de moins que les autres. Aucun entraîneur ne s'en est rendu compte, j'étais le seul à ne pas être dupe de la manœuvre. Et je m'amusais de le voir faire.

Évidemment, plus tard, je lui en ai touché un mot, mais il m'avait bien fait rire quand même. J'aime bien ce côté débrouille. Merci, Papa.

Cela dit, ma mère n'avait rien contre, elle non plus. Plus tard, quand je sortais avec Danny, je voulais parfois prolonger la soirée au-delà de l'heure que Michels avait fixée. Il passait tous les soirs devant nos maisons pour vérifier que nos voitures y étaient bien garées à l'heure dite. Un soir, j'ai emprunté la voiture de mon beau-père et j'ai laissé la mienne garée devant notre porte. Michels a senti l'entourloupe et a donc voulu me mettre quand même à l'amende. J'habitais encore à la maison et je lui ai dit : « Passe un coup de fil à ma mère, elle confirmera. J'étais à la maison. »

Ma mère a parfaitement joué le jeu, Michels a dû revenir sur sa sanction. On en a bien rigolé par la suite, ma mère et moi.

Je garde un bon souvenir de mon enfance. J'ai reçu beaucoup d'amour – à la maison, mais aussi à l'Ajax. Et ce grâce à mon second père, Henk Angel, qui m'a donné des tas de petits travaux à faire dans le stade, en été lors du semis des pelouses ou en hiver lorsqu'elles étaient impraticables. Comme récompense, j'avais le droit de jouer au foot dans la salle sous la tribune d'honneur.

Et puis je passais les vacances d'été chez Arend van der Wel. Il était passé de l'Ajax au Sportclub Enschede et habitait une belle maison à la campagne. C'est là que j'ai pris mes premières leçons de conduite. Entre les jambes d'Arend, qui tenait le volant.

Au Sportclub Enschede, j'ai rencontré Abe Lenstra. En ce temps-là, c'était une icône. J'ai même échangé quelques balles avec lui pendant un entraînement. Ce qui m'est surtout resté d'Abe, c'est qu'il ne se déplaçait jamais sans un ballon.

En marge du football, Jany van der Veen, mon entraîneur en équipe junior, m'a inculqué des règles de vie. C'est le premier, à l'Ajax, à m'avoir appris à toujours suivre la ligne que l'on s'est fixée.

Vic Buckingham, qui m'a fait débuter dans l'équipe première, m'a lui aussi appris quelque chose en marge du foot. Il avait deux fils de mon âge qui étaient un peu perdus à Amsterdam. Comme ma mère était femme de ménage chez les Buckingham, leur porte m'était ouverte. C'est chez eux que j'ai appris l'anglais. Pas à l'école, mais en parlant beaucoup avec la famille Buckingham.

Parmi les footballeurs, c'est Piet Keizer qui s'est occupé de moi. J'ai été le deuxième joueur sous contrat de l'Ajax après Piet et je voyais qu'il m'avait à la bonne. Il s'arrangeait, entre autres, pour que je sois à la maison à neuf heures et demie et évitait ainsi que Michels ne me mette à l'amende.

J'entretenais un lien spécial avec Michels. Plus tard, il s'est même déguisé en Saint Nicolas chez nous, lors d'une fête d'enfants. Sauf que ma fille, Chantal, l'a démasqué. Je l'entends encore : « Mais tu n'es pas saint Nicolas, toi. Tu es Oncle Rinus. »

Quand je n'étais encore qu'un joueur débutant, Rinus me prenait toujours à part. Je n'avais que 18 ans et j'étais le cadet de la sélection, pourtant j'étais le seul auquel il accordait ce traitement de faveur. Il m'expliquait comment il voyait le jeu et que faire si les choses n'allaient pas dans le bon sens. Après le décès de mon père, c'est lui qui m'amenait chez le médecin, car nous n'avions plus de voiture. Plus tard, il s'est passé des choses moins reluisantes entre Michels et moi, mais elles n'ont jamais réussi à détruire l'image que j'avais de lui, celle de l'homme qui s'est occupé de moi, lorsque, gamin, j'en ai vraiment eu besoin.

Henk, Angel, Arend van der Wel, Jany van der Veen, Rinus Michels, Piet Keizer et bien d'autres encore ont contribué à former la personne que je suis devenue. Ils étaient là pour moi, dans les moments importants de ma vie, et pas seulement sur le terrain de foot.

3

Mon père est mort à l'âge de 45 ans, j'en avais 12. C'était le jour de la remise des diplômes à l'école primaire. On m'a annoncé son décès pendant la fête qui clôturait l'année scolaire. Crise cardiaque. Trop de cholestérol. Sa mort m'a toujours obsédé. Plus j'avançais en âge, plus j'avais le sentiment que son destin serait aussi le mien. Par exemple, que je ne passerais pas la cinquantaine.

Je n'ai donc pas été étonné d'avoir des problèmes cardiaques quasiment au même âge que mon père. Je m'y étais plus ou moins préparé. Il y avait tout de même une grande différence. Trente ans après la mort de mon père, la médecine avait fait de sacrés progrès.

Tout comme ma mère, mon père est enterré à Amsterdam dans l'Oosterbegraafplaats (le cimetière de l'Est), presque en face de l'ancien stade de l'Ajax. Depuis sa mort, j'ai pris l'habitude de lui parler lorsque je passe à pied, à vélo ou en voiture devant le cimetière. Au début, je l'entretenais de l'école ; plus tard, surtout de football – que l'arbitre était un con, de mes buts, ce genre de choses.

Nos conversations ont changé au fil des années, mais elles n'ont jamais cessé. Je l'ai consulté chaque fois que j'avais une décision difficile à prendre. « Hé, t'en penses quoi ? » Et quand je me levais, le lendemain, je savais ce que je devais faire. Je n'ai toujours pas compris comment ça fonctionne, mais le fait est là : je savais ce que je devais faire.

Il y a des moments où l'on se met à douter, c'est logique. On se demande si l'on n'est pas en train de s'imaginer des choses. J'avais 20 ans et des poussières, j'habitais encore à Amsterdam et je venais de me marier. À l'époque, il y avait beaucoup de problèmes à l'Ajax. Et moi, je commençais à me poser pas mal de questions, y compris sur la présence de mon père à mes côtés. *A priori*, personne n'était jamais revenu de là-haut – en tout cas, pas à ma connaissance.

J'ai alors décidé de mettre mon père au pied du mur. Je lui ai demandé d'arrêter ma montre s'il était près de moi, sous quelque forme que ce soit. On dira que c'est le hasard, mais le lendemain matin, ma montre s'est arrêtée. Mon beau-père possédait une horlogerie et donc, le jour même, un horloger a examiné ma montre. Il n'a rien trouvé d'anormal et l'a remise en marche.

Le lendemain matin, rebelote. Ma montre s'est à nouveau arrêtée. Je suis retourné au magasin et ils n'ont, à nouveau, rien trouvé. Ce soir-là, j'ai dit à mon père qu'il m'avait convaincu. Ma montre s'est alors remise en marche et ne s'est plus jamais arrêtée. Je la porte encore tous les jours.

Après la mort de mon père, ma mère a dû se mettre à travailler. L'Ajax s'est occupé de notre famille, a payé ma mère pour nettoyer les vestiaires et lui a procuré un emploi de femme de ménage chez les différents entraîneurs anglais qui se sont succédé au club. Du coup, je gardais des liens très étroits avec l'Ajax. D'autant plus que ma mère s'est finalement remariée avec Oncle Henk, qui a été un second père pour moi.

Comme nous n'avions plus d'argent pour aller en vacances, j'étais fourré à longueur d'année au stade De Meer. Toujours pour jouer au foot, alors que l'on pouvait aussi y jouer au baseball pendant l'été. J'excellais également dans ce sport. J'ai même fait partie de l'équipe des Pays-Bas en tant que receveur jusqu'à l'âge de 15 ans. De plus, j'étais le premier batteur de l'équipe. J'étais tellement petit qu'il était impossible à l'équipe adverse de réussir trois bons lancers. Ils lançaient donc souvent quatre fois hors de la zone de prise et j'étais immédiatement sur les bases.

Grâce au baseball, j'ai appris beaucoup de petites choses qui m'ont été utiles plus tard pour le football.

Ainsi, le receveur détermine le lancer du lanceur, parce que, contrairement au lanceur, il a une vue d'ensemble du terrain. Cela a tout naturellement renforcé ce qui, plus tard, a fait ma force dans le football : la vue d'ensemble, la vision totale. Le baseball apprend également à prévoir. Dès les premiers entraînements, on vous apprend que le batteur doit savoir où envoyer la balle avant même de l'avoir frappée.

Il faut constamment choisir, en une fraction de seconde, de privilégier l'espace ou la prise de risque – prévoir si, en un seul lancer, la balle arrivera plus vite à la base que le coureur. Mais il faut aussi de l'intelligence tactique, prendre la bonne décision en un éclair et avoir la technique pour bien l'appliquer.

Le baseball est, par excellence, un sport qu'un jeune talent peut exercer parallèlement à sa formation de footballeur, car les deux sports ont de nombreux points communs. Les démarrages rapides par exemple, ou les glissements, l'intelligence spatiale, la capacité d'anticiper et bien plus encore. Je suis sûr que j'en ai tiré profit. J'ai d'ailleurs continué à approfondir mes connaissances du baseball, si bien qu'en tant qu'entraîneur, j'ai pu en appliquer, avec succès, divers « conseils et astuces » dans le domaine du football.

Je progressais rapidement comme footballeur. Mes formateurs étaient Vic Buckingham, Keith Spurgeon et surtout Jany van der Veen. Ses entraînements sortaient de l'ordinaire, les bases du football y tenaient une place centrale. On alternait des parties de foot avec des exercices de maintien à niveau des cinq éléments de base du foot : le tir, les têtes, le dribble, la conduite de balle, le contrôle et l'arrêt de la balle. Ainsi, le football nous occupait entièrement et constamment.

Ce type d'entraînement est toujours resté la norme pour moi. Il m'a fait réaliser que « ce qui est le plus facile est souvent le plus difficile ». Le jeu à une touche de balle, par exemple, je considère que c'est le summum de la technique. Avant d'être capable de passer parfaitement le ballon en une fois, il faut s'être exercé cent mille fois.

À l'époque, c'était encore comme ça que l'on apprenait à jouer au foot à l'Ajax, ce qui a permis à un nombre de plus en plus important de joueurs – tous excellents du point de vue technique – de percer. Et ce surtout grâce au style d'entraînement à première vue très simple de gens comme van der Veen.

C'était aussi un fin psychologue. Je me souviens encore de la ruse dont il a usé envers moi, d'abord avec la complicité de Vic Buckingham, plus tard avec celle de Rinus Michels. Van der Veen faisait en sorte que je participe d'abord à une mi-temps du match des juniors, puis, le lendemain, que je sois remplaçant dans l'équipe première – où j'avais parfois le droit de jouer. Au final, comme j'avais joué dans l'équipe première, je me sentais le devoir moral d'être le meilleur dans ma propre équipe.

D'ailleurs, j'ai longtemps joué dans deux équipes différentes, même après avoir débuté à l'Ajax à 17 ans. J'étais joueur de champ dans l'équipe première et gardien de but dans l'équipe troisième. J'adorais être gardien. Et en plus, je n'étais pas mauvais. J'ai même été gardien de but remplaçant à l'époque où l'Ajax participait à la Coupe d'Europe. À ce moment-là, il y avait encore la règle stipulant qu'un gardien ne pouvait pas en remplacer un autre.

Quelques mois après mes débuts en 1964, alors que nous jouions à l'extérieur contre le GVAV de Groningue, l'Ajax m'a proposé mon premier contrat. Je l'ai signé en présence de ma mère. En sortant du bureau de la direction, je lui ai tout de suite dit qu'elle ne travaillerait plus dans les vestiaires. Je ne voulais pas que son boulot consiste à nettoyer la pièce que je venais de salir.

Elle a pourtant dû continuer à laver mes tenues de foot à la maison – on n'avait pas d'argent pour une machine à laver. Il a fallu économiser encore pendant quelques mois avant de pouvoir en acheter une.

C'est sûrement difficile à comprendre de nos jours que le joueur star d'une équipe soit obligé de ramener ses tenues boueuses à laver à la maison. En tout cas, cela avait l'avantage de te former le caractère. Ça t'apprenait à prendre soin de tes tenues, à nettoyer tes chaussures. Cela te forgeait comme être humain.

Plus tard, lorsque j'étais entraîneur, j'ai essayé de transmettre ces valeurs aux jeunes joueurs. Je prétextais qu'en nettoyant eux-mêmes leurs chaussures, ils se familiarisaient avec leurs crampons et apprenaient à respecter le matériel. J'espérais que cela développerait aussi une forme de sociabilité en eux.

Je me débrouillais aussi pour que deux ou trois joueurs nettoient le vestiaire afin d'augmenter leur sens des responsabilités. Ce sont des choses qui ont leur importance dans le football. Cela dit, je n'ai fait que reproduire ce que l'on m'avait inculqué.

Que je sois obligé de faire laver mes tenues sales à la maison en dit long sur l'organisation professionnelle de l'Ajax autour de 1965. Piet Keizer et moi-même étions les seuls joueurs professionnels à plein temps, si bien que, pour s'entraîner avec l'équipe au complet, il fallait attendre le soir. Dans la journée, on était sept, car certains joueurs, qui tenaient un bureau de tabac et pouvaient gérer leur temps, arrivaient à se libérer quelques heures.

Mais cette situation n'allait pas durer. Dès son arrivée, Rinus Michels a professionnalisé le club.

4

Finalement, le processus de professionnalisation du club a duré neuf ans – depuis ma première saison en Eredivisie (championnat de football national) en 1965, jusqu'à la finale de la Coupe du monde de 1974, à Munich. En un peu moins de dix ans, l'Ajax, qui n'était qu'un club obscur et inconnu de tous, a développé le football dont le monde entier parle encore aujourd'hui : le football total.

Est-ce que ce serait encore possible de nos jours ? Je crois que oui. En fait, j'en suis sûr. L'Ajax l'a prouvé à nouveau dans les années 1980 et 1990, ainsi que, plus tard, Barcelone et le Bayern Munich.

La grande percée de l'Ajax est non seulement due à l'alliance du talent, de la technique et de la discipline, mais aussi à des entraîneurs comme Jany van der Veen et Rinus Michels, dont le rôle a été essentiel. Ainsi, van der Veen nous a enseigné l'amour du football et du club et nous a appris à peaufiner notre technique. De plus, il avait le chic pour inventer de petites astuces de terrain que nous avons intégrées plus tard à notre jeu de position.

Après van der Veen, c'est Michels qui a été notre formateur. Il a obtenu que l'Ajax engage davantage de footballeurs professionnels. On a donc pu s'entraîner aussi pendant la journée, ce qui nous a permis de considérablement progresser, physiquement et techniquement. Il ne transigeait pas sur les questions de mentalité. Il imposait une disciple de fer qui, cependant, n'était pas pesante. L'humour et l'autodérision n'étaient jamais bien loin à l'Ajax. Je pense que ce mélange a largement contribué au charisme ultérieur de notre équipe. Ce que l'on faisait, on savait pourquoi on le faisait et on s'éclatait à le faire. Et c'est ça, précisément, qui intimidait souvent nos adversaires.

En fait, je n'ai jamais eu le trac, ni appréhendé un match. Comme je me rendais presque quotidiennement au stade De Meer depuis mes 5 ans, je connaissais tous les joueurs de l'équipe première avant de passer en A. Passer de l'équipe des juniors en équipe première ne m'a pas impressionné plus que cela. J'étais très décontracté quand je suis entré sur le terrain. J'adorais jouer au foot, j'adorais participer à des matchs. Que ce soit chez les juniors, dans l'équipe troisième ou dans l'équipe première, cela m'importait peu.

J'étais dans le même état d'esprit quand sont venus les matchs importants. À mes débuts dans l'équipe nationale, en 1966, et plus tard, pendant les premiers matchs de la Coupe d'Europe des clubs champions, je n'ai rien changé à mon jeu. En ce temps-là, Michels disait que j'étais « un diamant brut », mais il m'associait à toutes les décisions. Les discussions préliminaires sur l'adversaire et la tactique à suivre, c'est avec moi qu'il les avait et avec personne d'autre. Il me confiait donc la responsabilité de rétablir la situation sur le terrain, si nécessaire. C'est ainsi qu'il m'a incité, très jeune, à agir dans l'intérêt du groupe. Plus tard, quand j'étais entraîneur, j'ai appliqué la même méthode avec des joueurs comme Marco van Basten et Pep Guardiola. Elle marche dans les deux sens : elle est positive non seulement pour l'équipe, mais aussi pour le joueur en question.

Quand on est un jeune joueur, on commet des fautes, c'est inévitable. C'est inhérent au processus d'apprentissage. La première fois que j'ai été expulsé du terrain, par exemple, c'était à l'occasion d'une des premières rencontres internationales de l'équipe des Pays-Bas. On jouait contre la Tchécoslovaquie. Je n'arrêtais pas de prendre des coups de pied, et l'arbitre – Rudi Glöckner, un Allemand de l'Est – n'intervenait pas. À un moment donné, je lui ai demandé pourquoi il ne pénalisait pas les défenseurs. Il m'a envoyé paître. Un peu plus tard, j'encaisse un nouveau tacle vicieux et toujours pas de coup de sifflet de l'arbitre, alors qu'il ne pouvait pas ne pas l'avoir vu. Je proteste. Il me dit de quitter le terrain. Ça a fait toute une histoire, mais ça a permis d'engager la discussion sur le droit des footballeurs à protester. J'étais parfaitement dans mon droit. Les Tchèques me brutalisent pour me faire sortir du terrain, l'arbitre n'intervient pas et, finalement, c'est à moi qu'il s'en prend parce que je lui demande pourquoi il ne fait rien. Alors que sur le terrain, les joueurs et l'arbitre ont la responsabilité de faire en sorte que le public passe le meilleur moment possible.

Sauf que l'on n'en avait rien à faire de tout ça en 1966. L'arbitre était le chef, son autorité n'était pas contestée. Sans compter cet énorme fossé qu'il y avait entre nous. J'étais un jeune joueur évoluant en pleine ère des Beatles, lui, un Allemand de l'Est qui pouvait jouer au chef une fois par semaine durant quatre-vingt-dix minutes et se la fermer le reste du temps en RDA.

À l'Ajax, on avait aussi nos bonnes et nos mauvaises fortunes. Après avoir été champions des Pays-Bas, lors ma première saison, pour la Coupe d'Europe des clubs champions, on a tiré au sort Liverpool – à ce moment-là, non seulement le meilleur club d'Angleterre, mais aussi l'une des plus fortes équipes au monde. En général, je me souviens mal des matchs, mais tous les détails du légendaire « match du brouillard » au stade olympique d'Amsterdam ainsi que le match retour au stade Anfield Road de Liverpool sont restés gravés dans ma mémoire. Notamment parce que ces matchs contre Liverpool ont confirmé notre supériorité technique. Les Anglais ont été balayés purement sur la technique. À Amsterdam, ils ont été battus sur un score de 5-1. Je me souviens encore très bien qu'après le coup de sifflet final, leur manager, Bill Shankly, a affirmé qu'il ne s'agissait que d'un faux pas et qu'ils nous écraseraient 7-0 à Liverpool.

Une semaine plus tard, j'étais sur le terrain et j'avais la chair de poule – pas à cause de l'adversaire, mais de l'atmosphère. Avec sa gigantesque tribune, la fameuse Spion Kop – où les supporters les plus fanatiques étaient debout – et les chants de stade, Anfield Road était incroyablement impressionnant. J'ai vraiment passé quatre-vingt-dix minutes fantastiques. Et en plus, j'ai fait un très bon match, qui s'est achevé sur un score de 2-2. Mais en marge du bonheur d'avoir été qualifié pour la manche suivante, ce qui m'a soulevé, ce soir-là, c'est la rencontre avec le football anglais. L'ambiance était fantastique, j'aurais adoré jouer avec eux pendant quelques saisons. Ce rêve ne s'est hélas pas réalisé, les frontières étant encore fermées aux joueurs étrangers, à l'époque. Ça reste un de mes grands regrets.

Comme nous avions éliminé Liverpool, tout le monde disait que nous avions des chances de gagner la Coupe d'Europe des clubs champions. Mais nous avons perdu face à Dukla Prague lors de la manche suivante. C'était malheureux et pas mérité, mais c'est la vie. Et je n'ai pas manqué d'en tirer des leçons.

L'Ajax était alors sur la bonne voie. D'abord, la victoire sur Liverpool, un an plus tard, la défaite – mais dans les prolongations – contre le Real Madrid, et une saison plus tard, la finale de la Coupe d'Europe des clubs champions, perdue contre l'AC Milan, mais, à partir de 1971, remportée trois années d'affilée. C'est ainsi qu'en l'espace de six ans, l'Ajax est passé d'un club moyen à la meilleure équipe du monde. Le secret ? Eh bien, je le répète, c'est l'alliance du talent, de la technique et de la discipline. Et puis Michels nous a fait prendre conscience de l'importance de l'organisation sur le terrain et de savoir repérer les opportunités.

À l'Ajax, on avait ce que l'on appelait alors le côté tutti frutti sur la gauche et le côté sérieux sur la droite. À droite, on pouvait compter sur un jeu carré avec Wim Suurbier, Johan Neeskens et Sjaak Swart. À gauche, on pouvait s'attendre à tout avec Ruud Krol, Gerrie Mühren, Piet Keizer et moi-même. La combinaison de notre technique, de notre tactique, de nos résultats et de notre jeu était parfaite. Les spectateurs qui avaient travaillé toute la semaine pouvaient profiter le dimanche d'un beau moment de football et nous affichions de bons résultats.

Michels m'a beaucoup appris durant cette période. Par exemple, que défendre consiste à donner le moins de temps possible à l'adversaire. Ou encore qu'il faut agrandir l'espace lorsque l'on est en possession du ballon et le réduire lorsque l'on le perd. Finalement, dans le foot, le tout, c'est d'additionner les mètres et d'y associer la rapidité d'exécution et des changements de rythme continus et rapides. C'est la mise en pratique de dix mille heures d'entraînement.

5

Si je continuais à progresser sur le terrain de foot, en dehors, les choses n'étaient pas aussi simples. C'est assisté par ma mère que j'ai négocié mon premier contrat, je n'ai eu ensuite que des problèmes. Surtout avec les médias et le commerce. Tout est allé très vite. Avec tout. J'ai même enregistré un disque et ma liaison avec Danny a fait la « Une » des journaux. Souvent, cela me plaisait, parfois non. J'acceptais tout ce que l'on me proposait, alors que j'étais un « bleu » en affaires.

L'entrée de Cor Coster dans ma vie a donc été un cadeau du ciel. Le père de Danny était un diamantaire d'Amsterdam et un homme d'affaires chevronné. La première fois que j'ai rendu visite à mes beaux-parents, il m'a demandé si j'avais un compte épargne. Ben non. Je ne m'y connaissais qu'en football. Cor, stupéfait, a décidé de prendre les choses en main.

À partir de ce moment-là, j'ai dit à l'Ajax : « Discutez avec lui, il vient m'aider. » Au début, ils ne voulaient pas en entendre parler. En 1968, trois ans après la signature de mon premier contrat, je l'ai emmené avec moi pour qu'il négocie en mon nom. La direction en est restée sans voix et m'a fait savoir qu'il n'avait pas le droit d'être présent. J'ai répondu aussi sec : « Alors vous, vous êtes à six, et moi, je n'aurais pas le droit d'avoir quelqu'un pour m'assister ? »

Comme ils ne voulaient pas céder, on a claqué la porte. Plus tard, ils ont quand même accepté que Cor négocie en mon nom. La direction de l'Ajax n'était pas enchantée de la situation, mais, pour finir, Cor a non seulement obtenu beaucoup pour moi, mais également pour tout le football néerlandais. Il a, entre autres, activement participé à la mise en place du VVCS, le syndicat néerlandais des joueurs de football professionnel, et ce à une époque où, financièrement, rien n'était prévu pour les joueurs une fois leur carrière terminée.

La coopération entre Cor et moi s'est très vite transformée en travail à plein temps pour lui. Il était incontournable. C'était mon rempart. La mort de mon beau-père, en 2008, a été un coup dur. Il a beaucoup compté. Non seulement dans ma vie de footballeur, mais aussi comme beau-père, père de Danny, grand-père de nos enfants et comme être humain tout simplement.

Ce qu'il m'a appris de plus important, c'est le respect de soi. Cor m'a aussi aidé à garder les pieds sur terre. Il a compris que c'était à lui de m'éduquer sur certains points. Parce que les footballeurs connus vivent dans un monde irréel. Dans lequel tout est hors de proportion, le salaire, l'attention, tout. Dans cette phase, l'agent doit prendre garde à ce que son poulain ne prenne pas la grosse tête. Un risque qui ne fait que s'aggraver ces dernières années, en partie à cause des réseaux sociaux. Beaucoup de footballeurs se vantent d'avoir de nombreux *followers*. Mais eux, ils suivent qui ? Personne selon moi. Plutôt borné, comme attitude ; il n'y a vraiment pas de quoi se vanter.

Cor comprenait cela mieux que quiconque. Il a créé les conditions pour que je puisse m'épanouir en tant que footballeur, mais aussi pour que je mène une vie normale en dehors du stade. De nos jours, hélas, on peut les compter sur les doigts de la main, les agents qui lui ressemblent. Je me demande souvent quels intérêts ils servent : ceux du footballeur ou ceux de leur propre entreprise ?

J'irai même plus loin. Si un agent s'intéresse vraiment au foot, il doit avoir à cœur de défendre non seulement les intérêts de son joueur, mais aussi ceux du club. Et donc de participer à une réflexion sur ce qu'un club peut, oui ou non, se permettre. Tout comme mon beau-père l'a fait plus tard au cours des négociations entre l'Ajax et Feyenoord.

Pour moi, l'argent est un élément très important dans le foot, mais il vient toujours en second lieu. Si l'on place l'argent au premier plan, ce n'est pas bon. J'en veux pour preuve les grandes équipes de l'histoire : Ajax, Real Madrid, Barcelone, Bayern Munich, AC Milan et Manchester United. Toutes leurs équipes possédaient un noyau dur issu de leur propre formation. Les joueurs qui ont en eux l'ADN du club apportent toujours quelque chose en plus.

C'est pour cela que je ne comprends pas pourquoi l'Angleterre investit si peu dans la formation. Est-ce que le niveau de leur jeu s'est amélioré, avec tous ces milliards dépensés ? Bien sûr que non. Le processus qui nous a mis sur la route du succès, celui que nous avons entamé en 1965 à l'Ajax, je suis persuadé qu'il fonctionne toujours : une bonne formation et un entraîneur à poigne. Le tout combiné au talent, à la technique et à la discipline.

Évidemment que l'argent est un facteur important. Aujourd'hui plus que jamais. Mais l'idée de base reste la même : venir avec l'esprit d'équipe, partir avec l'esprit d'équipe et revenir avec l'esprit d'équipe.

6

En 1973, l'Ajax était imbattable. Pendant trois ans, on a gagné tout ce qu'il y avait à gagner (les deux dernières saisons sans Rinus Michels qui, après la première Coupe d'Europe des clubs champions en 1971, avait signé un contrat avec le FC Barcelone).

Le Roumain Ştefan Kovács lui a succédé à l'Ajax. Un homme sympa, mais beaucoup moins strict sur la discipline. Et lorsque, en tant qu'individu ou au sein du groupe, on se met à rogner sur la discipline, les divergences d'opinion ne tardent pas à se manifester. Kovács était le genre d'entraîneur qui disait : « Hé, les gars, voici les règles, vous y réfléchissez, vous faites une fois ceci, une fois cela et puis, prenez des initiatives, émancipez-vous. »

Au début, ça fonctionnait très bien. Le point fort, c'était que les joueurs s'émancipaient, que les opinions fleurissaient dans le vestiaire et que la discipline de groupe était encore assez solide pour maintenir sa cohérence.

Les problèmes ont commencé à poindre en 1972, après la deuxième victoire en Coupe d'Europe des clubs champions. Nous avions joué, de loin, la meilleure de nos trois finales contre l'Inter Milan et gagné 2-0. Le monde entier s'extasiait sur ce match durant lequel, de la première à la dernière minute, nous avions fait pression sur les Italiens. C'était du très beau football, et en plus, c'était pendant une finale.

Seulement, ensuite, au club, les porteurs d'eau ont cru qu'ils pouvaient être des porteurs de champagne. Ce processus se trouvait en germe dans l'approche de Kovács qui, certes, encourageait les joueurs à s'émanciper, mais qui ne les cadrait pas assez et ne les corrigeait pas suffisamment non plus.

Par conséquent, les rapports au sein du groupe se sont faussés. Si chacun avait eu son opinion, mais avait continué à jouer collectif sur le terrain, les problèmes auraient été surmontables. Mais ça ne s'est pas passé ainsi. La cohérence de l'équipe s'est progressivement effritée, parce que certains joueurs commençaient à prendre des initiatives sans vraiment savoir où ils allaient. De plus, ils n'acceptaient pas que l'on leur en fasse la remarque.

C'est pour ça que j'ai quitté l'Ajax en août 1973. Alors que je venais de prolonger mon contrat de sept ans. Je venais d'être père et j'avais l'intention de faire grandir mes enfants aux Pays-Bas, c'est-à-dire dans un environnement familier. Ce contrat de longue durée était censé mettre ma famille à l'abri pour les années à venir.

J'ai très vite dû tirer un trait dessus. Au club, la situation était rapidement devenue insupportable pour moi. Comme je l'ai déjà dit, l'entraîneur était en grande partie responsable de la situation. Tandis que Michels répétait : « Fais ton travail », Kovács disait : « Prends des initiatives. » Ce faisant, il nuisait à la discipline de jeu et d'entraînement.

C'était vraiment dommage. Ce que l'on oublie souvent, c'est que les autres joueurs étaient, eux aussi, de très bons footballeurs. Il n'y avait pas, d'un côté, Johan Cruyff, la star, et, de l'autre, des footballeurs nettement moins doués. Non, ils étaient certainement, à leur poste sur le terrain, aussi bons que moi. J'avais beau être le meilleur footballeur, le défenseur était un meilleur défenseur que moi, le milieu de terrain, un meilleur milieu de terrain et l'ailier gauche, un meilleur ailier gauche. Donc pourquoi ma voix aurait-elle compté plus que celle d'un autre dans notre équipe ? Cette idée a malheureusement de plus en plus fait son chemin chez un certain nombre de joueurs.

Le coup de grâce a été le vote qui devait désigner le capitaine. Cela s'est passé durant le stage estival de présaison. L'idée du vote, déjà, m'avait semblé bizarre. J'avais annoncé mon intention de demeurer capitaine quand j'ai appris que Piet Keizer s'était lui aussi porté candidat et que, conséquemment, il y aurait un vote.

Avec le reproche : « Tu te la joues trop perso, tu fais trop ceci et tu fais trop cela. » C'était une poussée de jalousie qui n'avait jamais existé auparavant.

Finalement, les joueurs ont choisi Piet comme capitaine. Ça m'a fait un sacré coup. Je suis allé directement dans ma chambre, j'ai téléphoné à Cor Coster et je lui ai dit de me chercher sur-le-champ un nouveau club, que j'en avais ras le bol. J'ai aussitôt eu des blessures, ce qui, pour moi, était évidemment lié à tout ce qui m'arrivait.

Le coup a été d'autant plus rude que Piet et moi, nous n'étions pas seulement des joueurs d'une même équipe, mais aussi des amis intimes. Je suis tombé des nues. Ça s'est reproduit avec d'autres – des gens avec qui l'on pense avoir un lien fort, mais qui, néanmoins, vous laissent tomber.

J'ai beaucoup réfléchi à ce vote, plus tard. Je me suis demandé quelles erreurs j'avais pu commettre. Comme capitaine, j'étais social, mais aussi asocial. Comme l'entraîneur n'intervenait pas, je me sentais obligé de dire ce qui, selon moi, nuisait à nos prestations. Tant au niveau de l'équipe qu'au niveau des joueurs. Pas très malin à un moment où tous les joueurs de notre équipe étaient portés aux nues, mais je trouvais qu'il en était de mon devoir de capitaine et de joueur professionnel. Mes remarques, en tout cas, avaient toujours pour objectif d'améliorer notre jeu, jamais de rabaisser les joueurs.

C'était la source principale de nos confrontations. Il fallait faire comprendre à certains qu'ils devaient se ressaisir : c'est bien joli d'avoir gagné hier, mais le but, c'est de gagner aussi demain. À partir de là, les divergences ont commencé à se manifester et sont allées en s'amplifiant.

Et je ne parle même pas des autres affaires pour lesquelles, en tant que capitaine, je m'étais battu pour mes coéquipiers. Comme la création du VVCS, le syndicat des joueurs professionnels de football qui a mis en place un fonds de pension – d'après moi, le premier régime de retraite pour footballeurs au monde. J'étais un chef de file aussi dans la manière de penser à ce genre de choses.

En fait, c'est mon beau-père et Karel Jansen qui ont créé le VVCS, alors que moi, je n'en ai jamais été membre. Et voilà que l'on me reproche d'avoir mis en place le syndicat, mais de ne pas en faire partie. Il a fallu que j'explique à nouveau que cette organisation n'avait pas été mise en place pour moi. J'avais un très bon salaire et j'étais parfaitement capable de m'occuper de mes affaires. Mais ce n'était pas le cas de beaucoup d'autres joueurs. Et certainement pas celui des footballeurs qui jouaient à des niveaux inférieurs. Pour eux, le VVCS ne présentait que des avantages, mais pas pour moi. C'est pour cela que je ne devais surtout pas devenir membre, pour pouvoir intervenir des deux côtés à la fois, si nécessaire. D'ailleurs, il ne faut jamais mettre les personnes aux revenus élevés et celles aux revenus moyens dans le même sac. On n'a plus alors qu'un seul parti et ce n'est pas bon.

J'ai eu un rôle similaire à l'Ajax. Le club avait gagné beaucoup d'argent dans la Coupe d'Europe des clubs champions. Comme dans le passé, ils n'étaient jamais allés plus loin que la première ou la deuxième manche, c'était de l'argent tombé du ciel. Sauf que la somme n'a jamais été partagée avec les joueurs qui étaient à l'origine de ces revenus supplémentaires. À un moment donné, j'ai demandé à la direction ce que le club gagnait pour chaque manche. Lorsque j'ai entendu le chiffre, j'ai proposé qu'on donne 70 % du montant à l'équipe.

En fait, cela ne coûtait rien au club, parce que cela n'avait pas été inscrit au budget et que l'argent venait de l'UEFA. La direction n'a pas voulu en entendre parler, alors que le deal aurait été tout à fait correct. C'est vrai que l'on gagnait bien notre vie en tant que joueurs, mais à condition de livrer de bonnes prestations. Autrement, on ne recevait rien. Donc, ce que je proposais n'avait rien de farfelu. D'ailleurs, j'ai fini par avoir gain de cause et on a dégagé une prime supplémentaire pour l'équipe.

Si l'on prend tout cela en considération, on comprendra peut-être mieux pourquoi j'ai été tellement blessé par le vote de rejet de mes coéquipiers. Évidemment, Barcelone était un magnifique transfert, mais je n'y aurais pas même songé s'il n'y avait pas eu cet incident au camp d'entraînement.

Pourquoi Barcelone ? L'Espagne venait juste d'ouvrir ses frontières aux joueurs étrangers. Rinus Michels y était allé et j'y avais déjà passé des vacances. De plus, j'avais rencontré plusieurs fois Carles Rexach à Majorque. Il jouait à Barcelone et il m'en parlait avec enthousiasme.

Quand, à l'Ajax, on entend les gens râler à longueur de journée, on se met à gamberger sérieusement. Et si un club comme Barcelone a très envie de vous avoir, alors on n'a pas trop de mal à prendre sa décision.

Le fait que Vic Buckingham, l'entraîneur qui m'avait fait débuter à l'Ajax, ait travaillé à Barcelone a également joué. Michels, son successeur, s'y trouvait et c'était un concours de circonstances heureux qu'Armand Carabén fasse partie de la direction. Un homme formidable, qui plus est, marié à une Néerlandaise. Encore un de ces hasards qui n'en sont pas pour moi.

À cela s'ajoute que le salaire qu'on me proposait était énorme. À l'Ajax, je gagnais à l'époque un million de florins, sur lesquels je payais 72 % d'impôts aux Pays-Bas. À Barcelone, on me payait le double et je ne payais pas 72 %, mais 30 à 35 % d'impôts. Non seulement je gagnais beaucoup plus, mais le fisc m'en prenait moins.

Plus j'y pensais, plus j'en avais envie. C'était plutôt tentant d'intégrer un club méridional en forte compétition avec le Real Madrid, où de grands noms tels que Di Stéfano et Puskás s'étaient illustrés. Finalement, j'ai signé pour Barcelone. Tandis que toute la Catalogne était en émoi, j'ai eu droit à une série de tacles assassins en provenance des Pays-Bas.

C'était l'époque où le général Franco était au pouvoir en Espagne, ce qui fait que l'on m'a accusé de jouer pour une dictature. Lorsqu'il a été clair que j'allais quitter l'Ajax, on m'a envoyé bon nombre de colis avec des bestioles venimeuses et autres joyeusetés du même acabit. Mais le pire, ça a été que l'Ajax a attribué une moins bonne place à ma mère dans le stade, elle qui n'avait pas ménagé ses efforts pour le club. Derrière un poteau, par-dessus le marché ! En fait, c'est ce qui m'a le plus blessé.

7

Le 2 décembre 1968, je me suis marié avec Danny. Jusque-là, ma vie était entièrement consacrée au football et il a fallu que je me partage, que je m'intéresse davantage aux gens qui m'entouraient. Les responsabilités qui m'étaient alors échues envers ma propre famille, je les ai transposées dans le football. Donc, ne pas seulement penser à mon propre intérêt, mais aussi à celui des autres joueurs. Je me suis, par exemple, intéressé tout à coup aux mutuelles.

Cela s'est fait tout naturellement. Je ne calcule rien à l'avance. À aucun moment, je n'ai pensé : « Voilà ce que je ferai plus tard. » Les circonstances font naître des occasions que je saisis – un chemin sur lequel l'on se retrouve et que l'on suit jusqu'au bout. Dans mon cas, avec beaucoup d'aide.

En ce qui concerne ma famille, avec l'aide et la complicité de Danny, naturellement. Et plus je réfléchis, plus je me dis que le fait d'avoir fondé une famille a joué un rôle dans la naissance du football total. Un style de jeu qui n'est possible qu'avec des footballeurs qui ne sont pas obnubilés par eux-mêmes, mais qui pensent aussi aux autres. Dix joueurs doivent continuellement anticiper ce que va faire celui qui a le ballon.

Cela ressemble beaucoup à ce qui se passe dans une famille, surtout s'il y a des enfants. Pratiquement tout ce que l'on fait vis-à-vis de l'un de ses membres a des répercussions sur les autres. Quand nous avons déménagé à Barcelone en 1973, ce qui a beaucoup joué, je crois, c'est que Danny et moi ayons déjà deux fillettes – Chantal, née en 1970, et Susila, deux ans plus tard. J'étais donc en plein apprentissage de la paternité quand j'ai été confronté à tout ce chamboulement concernant mon transfert.

Cela a commencé dès mon arrivée à l'aéroport de Barcelone. Une telle foule ! Un tel enthousiasme ! Cela m'a pris de court, mais c'était aussi incroyablement inspirant. Après un épisode déprimant à l'Ajax, quelle débauche de nouvelles énergies !

Cependant, la KNVB, la Fédération royale néerlandaise de football, me gardait un nouveau chien de sa chienne. Aux Pays-Bas, le marché des transferts était clôturé en juin, tandis qu'en Espagne, il restait ouvert jusqu'en août. La KNVB a refusé de me délivrer le permis de jouer, si bien qu'il a fallu attendre deux mois avant que Barcelone puisse me mettre en compétition. On a alors décidé d'organiser des matchs amicaux afin que les supporters puissent quand même me voir en action. Le succès a été considérable. Chaque duel affichait complet ; au bout de trois matchs, le club avait déjà récupéré l'argent que lui avait coûté mon transfert.

Initialement, la KNVB a également essayé de nous mettre des bâtons dans les roues pour les matchs amicaux, mais, cette fois-ci, j'ai menacé de quitter la sélection nationale. En vue du championnat du monde en Allemagne, il fallait encore nous qualifier face à la Belgique en novembre et gagner quelques matchs internationaux planifiés auparavant. J'ai donc dit que si l'on m'empêchait de jouer régulièrement, je serais dans l'impossibilité de me mettre à la disposition de l'équipe nationale. Comment pouvait-on s'attendre, en effet, à ce qu'un footballeur joue à ce niveau-là si on l'obligeait à rester deux longs mois sur le banc ? Je reconnais que c'était leur mettre un peu la pression. En tout cas, cela a marché.

Le 5 septembre, j'ai fait mes débuts pour Barcelone contre le Cercle Bruges. On a gagné 6-0. J'ai marqué trois buts et tout le monde a été convaincu sur-le-champ. C'est l'avantage quand on s'impose du premier coup. Ensuite, nous avons encore joué trois matchs amicaux que nous avons tous gagnés. Rien de bien extraordinaire en apparence, mais l'impact de ces matchs allait en s'amplifiant, parce que Barcelone avait pris un bien mauvais départ en compétition. Quand, le 28 octobre, j'ai enfin pu jouer un match à domicile contre Grenade, l'équipe n'avait gagné qu'un seul match et se trouvait perdue au fond du classement.

Heureusement, contre Grenade, on a fait d'emblée des étincelles. On a gagné 4-0 et j'ai marqué deux fois. Ensuite, on n'a plus perdu aucun match. J'ai vécu cette saison dans l'euphorie. Tout cet enthousiasme était très inspirant, mais je réalisais quand même que plus les semaines passaient, plus les gens mettaient la barre haut. Tout allait bien tant que je gagnais.

Il se passait toujours quelque chose d'imprévu à Barcelone. Rien n'était normal. Ainsi, pour la naissance de mon fils Jordi, par exemple, l'accouchement était prévu le même jour que le match contre le Real Madrid. Mais voilà, nous avions décidé que notre troisième enfant naîtrait à Amsterdam, tout comme Chantal et Susila, et que ce serait le même gynécologue qui pratiquerait la césarienne. Et comme pour nos deux filles, je tenais absolument à assister à l'accouchement, pour moi la chose la plus naturelle du monde.

Mais derrière mon dos, tout le monde commençait à paniquer. À un moment donné, Michels a demandé si on ne pouvait pas faire venir le bébé une semaine plus tôt. J'ai toujours pensé qu'il avait déjà consulté le médecin en douce avant de me le proposer. Danny et moi avons donné notre accord, si bien que Jordi est né le 9 février et qu'une semaine plus tard, je jouai à Madrid.

Ça a quand même été un beau remue-ménage, parce qu'à cause de la césarienne, Danny a dû attendre dix jours avant de revenir – donc après le match contre le Real. Comme nous avons gagné 5-0 à Madrid, cela a été un vrai délire. Et tandis que toute la Catalogne exultait, j'ai dû aller récupérer Danny aux Pays-Bas. Quand nous avons débarqué tous deux à l'aéroport de Barcelone avec le bébé, cela a été à nouveau le délir. Cela faisait quelques jours déjà que le match avait eu lieu, mais les supporters continuaient à faire la fête.

Le 0-5 au Santiago-Bernabéu a eu un impact extraordinaire. Non seulement sur le club, mais sur toute la Catalogne, qui ployait sous la férule que le régime de Franco lui imposait depuis Madrid. La victoire avait donc une lourde portée politique. Ce poids du politique, je l'ai éprouvé personnellement quand je suis allé faire transcrire l'acte de naissance de Jordi à Barcelone.

Durant les quelques jours que Danny a passés à l'hôpital, j'avais déclaré la naissance de Jordi au bureau d'état civil à Amsterdam. Sous le nom de Johan Jordi – prénom usuel, Jordi. J'avais apporté ces papiers officiels à Barcelone. Heureusement, car les problèmes ne se sont pas fait attendre. Lorsque j'ai voulu inscrire Jordi à notre adresse, dans l'un de ces bureaux officiels, on m'a fait savoir que je devais l'enregistrer sous un autre nom. Jordi, un nom catalan, était interdit, il fallait le remplacer par le nom espagnol Jorge.

C'est le genre de choses qui me met en colère. J'ai rétorqué au fonctionnaire que Jordi c'était et que Jordi cela resterait. J'ai dit mot pour mot : « Si tu ne veux pas le faire, tu ne le fais pas, mais ne viens pas te plaindre ensuite. » Après le délire d'émotions déclenché par le 5-0 contre le Real Madrid, il n'a finalement pas osé me contredire et Jordi a été le premier à être inscrit sous ce nom dans le registre catalan.

Pour moi, ce n'était absolument pas un acte politique, cela avait à voir avec la liberté de nommer son enfant comme on l'entendait. Comme nous ne savions pas si ce serait une fille ou un garçon, nous avions choisi deux noms. Núria si c'était une fille et Jordi si c'était un garçon – des noms qui n'existaient pas aux Pays-Bas, que Danny et moi les trouvions donc originaux. Nous ne nous doutions pas le moins du monde qu'ils poseraient problème en Catalogne.

Nous avions pensé à Núria ou Jordi en décembre. Mais plus la date de la naissance approchait, plus on nous disait que le nom catalan Jordi, on pouvait l'oublier. Et j'avais alors immédiatement rétorqué que Danny et moi choisissions nous-mêmes les prénoms de nos enfants et que nous ne laisserions personne le faire à notre place.

Nous avions choisi ces prénoms parce qu'ils nous plaisaient et non parce que c'étaient les prénoms du beau-père ou de la belle-mère, comme le voulait la tradition. Nous avions déjà nommé notre aînée

Chantal, un prénom français. Susila était un nom indien. C'était un peu l'état d'esprit de notre génération. On se démarquait des générations précédentes.

Il n'était donc pas question que je cède devant le fonctionnaire barcelonais. Il a commencé par dire que c'était interdit. À quoi j'ai répondu que ce n'était pas de chance qu'il soit tombé sur moi. Même si, finalement, je lui fournissais un alibi de taille. Comme j'avais déclaré Jordi à Amsterdam, je pouvais lui montrer l'acte de naissance néerlandais et lui dire qu'il lui suffisait de recopier un nom d'un document étranger. Car, qu'il le fasse ou non, l'acte de naissance demeurerait valable dans le monde entier. Cela l'a rassuré et il a fini par inscrire Jordi dans le registre des naissances catalan.

De ce point de vue, non seulement la victoire 5-0 avait une forte valeur émotionnelle pour les Catalans, mais j'avais pu en profiter pour imposer le nom de Jordi à l'état civil. Je doute fort que le fonctionnaire ait tourné casaque si nous ne nous étions pas illustrés à Madrid.

Ce match contre le Real Madrid avait été un véritable tournant. Tout était parfait ce soir-là au Santiago-Bernabéu. La tactique que Michels avait imaginée avant le match avait parfaitement fonctionné. Il ne m'avait pas mis en avant-centre, mais il me faisait constamment reculer, ce qui obligeait les autres joueurs à occuper l'espace ainsi libéré. Une manœuvre remarquable, mais ce n'est que des années plus tard que j'ai compris comment Michels l'avait imaginée.

À cette époque, un ami de Michels vivait à Madrid : Theo de Groot, avec lequel il avait autrefois joué à l'Ajax. Theo, le père du journaliste sportif Jaap de Groot, habitait non loin de chez Benito. Ce dernier jouait comme défenseur au Real Madrid et rendait régulièrement visite à son voisin néerlandais. Apparemment, il ne savait pas que de Groot et Michels se fréquentaient car, avant le match contre Barcelone, il a dévoilé la tactique du Real à son voisin. Le point principal, c'était de ne pas me mettre un marquage individuel, mais de me coller leurs quatre défenseurs dès que j'entrais dans leur zone de jeu.

Quand Michels a appris ça de la bouche de son voisin le footballeur, il a décidé de me faire constamment reculer d'une ligne. Les quatre défenseurs, qui n'auraient ainsi personne à marquer, seraient désorientés et notre milieu de terrain pourrait en profiter.

Le plan a parfaitement fonctionné car notre attaque depuis la seconde ligne a pris le Real totalement au dépourvu. On voit ainsi que de petits hasards peuvent avoir de grands effets. Après ce 5-0, on a fait une série incroyable, du jamais vu. Depuis mes débuts en compétition contre Grenade jusqu'à la fin de la saison, nous n'avons pas perdu un seul match et, pour la première fois depuis quatorze ans, le Barça est devenu à nouveau champion d'Espagne. Une expérience extraordinaire. J'en ai encore chaud au cœur quand j'y repense.

Là-bas, contrairement à l'Ajax, mon rôle de leader était accepté. En tant que capitaine, on est tenu de prendre ses responsabilités. Comme je l'ai déjà dit, le fait d'avoir une famille m'a été d'un grand soutien. Cela m'a appris à faire plus attention aux autres. C'est aussi la base du football total que nous avons pu mettre si parfaitement en pratique plus tard, lors du Mondial 1974.

De plus, en tant que joueur de champ, j'avais non seulement une vue globale sur le terrain, mais à la suite de tout ce délire lors de ma première saison à Barcelone, j'étais devenu capable de supporter une énorme pression. Cela fait d'ailleurs partie de ce que l'on est en droit d'attendre d'un capitaine. Michels m'y a beaucoup aidé. On a pu dire plus tard que c'est grâce à moi qu'il a acquis sa réputation mais, au cours de mon évolution en tant que joueur, il m'a toujours tendu le bon outil au bon moment.

Quand j'avais 18 ans, il m'a associé à ses réflexions sur les tactiques de jeu, sans compter qu'il a énormément professionnalisé l'environnement dans lequel je devais évoluer et être performant. Michels accélérait le rythme et se préoccupait constamment de nous faire progresser. Il ne négligeait aucun détail. Plus tard, quand j'ai été entraîneur ou conseiller, j'ai pu me rendre compte des difficultés auxquelles on est confronté quand les conditions nécessaires pour jouer à un haut niveau ne sont pas réunies. On peut alors vouloir tout ce que l'on veut, imaginer tout ce que l'on peut, cela n'a aucune chance de fonctionner.

Michels a créé ces conditions pour moi. Aussi bien à l'Ajax, qu'à Barcelone ou dans l'équipe nationale. Que ma participation ait amené tous ces clubs à un plus haut niveau ne change rien à l'affaire. Pour atteindre ce but, on a besoin des autres. Seul, on n'a aucune chance d'y arriver.

8

Pour le Mondial, le fait que Michels ait été désigné comme superviseur de l'équipe nationale des Pays-Bas a été d'une importance cruciale pour moi. C'est peut-être même ce qui a fait pencher la balance. Je n'avais toujours pas digéré la façon dont j'avais dû quitter l'Ajax. Si j'acceptais de jouer avec les Oranje[1], j'allais me retrouver avec les Ajacides. Cela m'a posé un vrai problème, au début. Entre autres parce qu'ils continuaient à râler. Ils se plaignaient, par exemple, que j'arrive à destination plus tard qu'eux pour les matchs internationaux. Ces messieurs oubliaient simplement que les liaisons aériennes n'étaient pas encore ce qu'elles sont aujourd'hui.

Si je jouais un match avec le Barça dans le nord de l'Espagne, je devais d'abord passer des heures dans le bus qui me ramenait à Barcelone, puis prendre l'avion

1. La sélection nationale.

pour Amsterdam et, une fois à Schiphol, essayer de dégoter une liaison pour un endroit perdu au milieu du bloc de l'Est. Je partais le dimanche pour arriver le mardi alors que l'on jouait le mercredi. Tout cela était très compliqué ; pourtant, j'ai appris plus tard que certains joueurs m'ont reproché de ne pas voyager avec le reste de la sélection. Mais, matériellement, j'aurais dû faire comment ?

Je ne m'entendais pas du tout avec Frantisek Fadhrone, le coach de l'équipe nationale de l'époque, et je n'étais pas certain d'avoir vraiment envie de participer aux matchs. Mais ne pas jouer en équipe nationale alors que la Coupe du monde était en vue, ce n'était même pas envisageable. J'ai tranché. Et une fois ma décision prise, je m'y suis tenu. Surtout quand la KNVB a nommé Michels superviseur de la sélection pour le Mondial. Avec sa venue, toutes les conditions étaient réunies pour mettre en œuvre le football total, un jeu dans lequel la discipline de groupe doit impérativement aller de pair avec les talents individuels. Un joueur qui râle ou qui n'est pas attentif nuit à l'ensemble du groupe. Il faut alors quelqu'un à poigne comme Michels, qui a l'œil et qui intervient pour redresser la situation.

Plus tard, durant la Coupe du monde, on a donné le nom de « football total » à notre style de jeu. Je ne sais pas qui a inventé ce nom, mais il est assez parlant. À part la qualité des joueurs, le football total est surtout une question de distances et de mètres.

C'est la base de toute la réflexion tactique de ce type de jeu. Si les distances et les espaces sont bien pensés, on peut couvrir tout le terrain.

Une autre chose est essentielle : l'interdépendance. Impossible de faire le pressing tout seul. Cela ne fonctionne pas. Lorsqu'un joueur provoque, toute l'équipe doit réagir sur-le-champ.

Un exemple : si je mettais la pression sur un défenseur droitier, je le faisais sur sa jambe droite, ce qui l'obligeait à faire une passe de la jambe gauche, plus faible. À ce moment-là, Johan Neeskens surgissait sur sa gauche, le contraignant ainsi à accélérer son action avec cette jambe gauche, ce qui le mettait en difficulté.

Pour ce faire, Neeskens devait lâcher son joueur, qui n'était donc plus couvert, mais qui ne pouvait pas suivre Neeskens pour autant, car venu de notre défense, Wim Suurbier s'était glissé dans la position de Neeskens. Comme il devait garder Wim à l'œil, cet adversaire tournait le dos au duel que Neeskens et moi avions avec son coéquipier – une façon rapide et efficace de créer une situation d'infériorité numérique.

Pour résumer : je mettais la pression sur la jambe forte de l'adversaire, Neeskens agissait de même sur son flanc faible et Suurbier empêchait l'adversaire de Neeskens de quitter sa position. Le tout se déroulait dans un périmètre de cinq à dix mètres.

Cela a toujours été l'essence du football total : tu fais ce que tu vois, jamais ce que tu ne vois pas.

En d'autres termes, il faut toujours avoir une vision d'ensemble et ne pas perdre le ballon des yeux.

Prenons le rugby. Les joueurs doivent faire des passes en arrière pour courir ensuite vers l'avant. Ça leur permet de mieux voir ce qui se passe devant eux.

Le problème, c'est qu'au football, on n'a pas cette vision-là des choses. On pense qu'il faut jouer le ballon vers l'avant, alors qu'il faut au contraire faire la passe au joueur qui surgit de l'arrière. D'accord, il vient de l'arrière, mais c'est justement ce qui lui donne une meilleure vision globale du jeu.

Le football total, c'est en tout cas et avant tout une question de distances sur le terrain et entre les lignes. Avec ce type de football, le gardien lui-même est une ligne. Depuis qu'il lui est interdit de prendre le ballon avec les mains après une passe en arrière, il faut qu'il soit capable de participer au jeu. Il doit être prêt à entrer dans le jeu collectif dès que la défense est en possession de balle. Souvent, il doit se tenir au bord de la surface de réparation afin que les coéquipiers qui se trouvent devant lui puissent lui faire une passe. Notre type de jeu durant la Coupe du monde en Allemagne exigeait un gardien libéro.

C'est pour cela que Jan Jongbloed a été choisi. L'autre raison, c'est que Jan van Beveren, notre premier choix, n'était pas assez en forme pour la Coupe du monde. Le petit plus, c'est que Jongbloed avait été attaquant dans sa jeunesse. En tant que gardien, non seulement il aimait participer au jeu, mais, en plus, il le faisait très bien et a souvent pu éviter d'encaisser des buts parce qu'il était capable de se mettre dans la peau d'un attaquant.

La défense, devant Jongbloed, ne comportait qu'un seul véritable défenseur, Wim Rijsbergen. Arie Haan était en fait un milieu de terrain et les autres défenseurs, Ruud Krol et Wim Suurbier, étaient, à l'origine, des ailiers. Pour la plupart, des joueurs capables d'élaborer des stratégies en cours de jeu. Ils étaient bons dans leurs positions et, techniquement, vraiment plus que bons.

D'ailleurs, c'est la philosophie de l'Ajax qui est à l'origine de cette permutation d'un ailier en défenseur. On y partait du principe qu'un joueur qui a été ailier droit de 8 à 18 ans est conditionné pour aller de l'avant. Il déteste revenir en arrière, car son objectif, c'est le but adverse. Il veut donc éviter de revenir en arrière et il a tout avantage à ce que l'espace sur le terrain reste petit. Avantage supplémentaire : un ailier a généralement plus de technique qu'un défenseur classique.

J'entends ou je lis parfois que le succès de notre jeu, en Allemagne, n'était dû qu'à un heureux hasard. C'est totalement faux. On disposait à ce moment-là d'un groupe de joueurs qui étaient incroyablement bons, c'était fou ! Exceptionnellement bons. Comme centre gauche, on avait Gerrie Mühren, mais aussi Willem van Hanegem. Avec eux, on disposait de deux milieux de terrain de classe internationale. Wim Jansen et

Johan Neeskens sur la droite, qui dit mieux ? Sans compter Piet Keizer et Rob Rensenbrink : ils étaient aussi bons l'un que l'autre. On avait un choix énorme, on pouvait faire ce que l'on voulait.

On disposait de joueurs de classe internationale au comportement très professionnel. Prenons Ruud Krol, pour lequel j'ai toujours eu beaucoup d'admiration. C'est un type qui a décidé d'arriver au top et qui, une fois son objectif atteint, n'a pas pris la grosse tête, a continué à travailler dur. Après l'entraînement, il courait tous les jours le long des lignes et s'exerçait inlassablement à centrer le ballon. Tous les jours que Dieu fait. Quelle classe !

Nos milieux de terrain, nos défenseurs, nos attaquants étaient tous bourrés de qualités. Et nous ne disposions pas que d'onze joueurs de premier ordre ; on pouvait facilement en aligner quinze sur le terrain, tous excellents dans différentes positions. Ainsi, l'arrière droit pouvait jouer en position de centre droit, Johnny Rep ou René van de Kerkhof pouvaient se positionner en ailier droit et on n'avait pas à s'en préoccuper. Tous, ils étaient capables d'apporter ce petit plus qui fait la différence.

9

La Coupe du monde de 1974 signait la cinquième année de succès du football néerlandais. La série avait commencé en 1970 avec la victoire de Feyenoord sur Celtic en finale de la Coupe des clubs champions européens, puis l'Ajax avait été sacré trois fois d'affilée Meilleure équipe d'Europe. L'équipe nationale néerlandaise de 1974, c'était la cerise sur le gâteau. La sélection, qui comportait surtout des joueurs de l'Ajax et de Feyenoord, rassemblait enfin le meilleur des deux mondes footballistiques. Le mélange idéal.

Cette sélection nous a permis de faire un dernier grand pas. Ce n'est qu'une fois en Allemagne que je me suis rendu compte de la véritable importance de la Coupe du monde. Avec Feyenoord et surtout avec l'Ajax, nous avions dominé les clubs de football à l'international, mais même ces exploits pâlissaient face au rayonnement d'une Coupe du monde.

La grandeur de cet événement marquait de son sceau tout ce qui s'y passait. Rien que l'impact du *Wilhelmus*, notre hymne national. C'était la première fois que je l'entendais chanter dans un stade par autant de personnes et avec autant d'enthousiasme. Sans compter les supporters habillés en orange. Cela aussi, c'était nouveau.

Le sentiment de servir son pays augmentait de jour en jour. La fierté de jouer pour son pays. Cet authentique sentiment « oranje » qui se manifeste tous les ans, le 30 avril, lors de la Fête de la reine, il est né, selon moi, durant cette Coupe du monde. Des joueurs aux supporters, tout le monde était incroyablement fier d'être là, de participer à cette aventure.

Tout allait de mieux en mieux, à tel point qu'à la fin, le monde entier était avec nous. Le téléphone portable et Internet n'existaient pas encore, cela ne s'est donc pas fait d'un seul coup, mais au fur et à mesure. Petit à petit, on a senti que l'on faisait partie d'un événement majeur et exceptionnel.

Pourtant, la préparation à la Coupe du monde ne s'était pas faite sans grincements de dents. Il y avait eu beaucoup de frictions à propos des finances et des sponsors. Rien d'étonnant, car on avançait tous en territoire inconnu. Comme des propositions surgissaient de toute part, on a nommé un conseil des joueurs dont les représentants provenaient de l'Ajax et de Feyenoord. On avait toujours été concurrents sur la pelouse, mais on essayait tout d'un coup de trouver des solutions ensemble.

Grâce à mon beau-père, j'avais, concernant ces sujets, une longueur d'avance sur la plupart des joueurs. Cor et moi n'étions plus des néophytes. Ce conseil des joueurs a donc été l'occasion de partager notre expérience avec les autres. On s'est très vite mis d'accord sur le fait que l'important n'était pas qui allait gagner le plus d'argent, mais d'agir en groupe. Nous étions tous logés à la même enseigne. Tout le monde recevait une même somme de base et une prime supplémentaire était allouée à ceux qui entraient sur le terrain. Jouer plus, c'était gagner plus. On a un peu tâtonné, mais pour finir, on a trouvé une solution en tant que groupe.

La ligne que nous suivions impliquait également que, question pub, on ne me mettrait pas plus en avant qu'un autre. De plus, j'étais le seul joueur à être lié à des sponsors et donc à avoir des obligations. Par exemple, j'avais un contrat avec la marque Puma. Adidas, son concurrent, ne pouvait donc pas m'utiliser pendant la Coupe du monde. Jusque-là, l'équipe des Pays-Bas avait toujours joué en maillot orange neutre, sans pub. Mais pour la Coupe du monde, on a soudain eu un maillot à trois bandes, signe distinctif d'Adidas. La KNVB avait conclu un contrat avec eux sans en informer les joueurs. Ils n'en voyaient pas la nécessité, puisque les maillots étaient leur propriété. « Mais la tête au-dessus du maillot, c'est la mienne, de propriété », leur ai-je rétorqué. On a fini par résoudre ce problème-là également, en enlevant une bande – uniquement sur mon maillot –, ce qui le rendait à nouveau neutre.

Tout cela a occasionné quelques frictions. Normal, c'était complètement nouveau pour nous. Mais dans l'ensemble, on a passé des semaines absolument fabuleuses – également parce que tout a fini par se mettre en place. Cela nous a rendus plus forts en tant qu'équipe. On se sentait de plus en plus soudés. On était des internationaux issus de différents clubs, mais on formait une vraie équipe, dans presque tous les domaines et jusque dans les plus petits détails.

On l'a bien vu au moment de notre premier match, contre l'Uruguay. L'esprit d'équipe s'est manifesté dès le coup d'envoi. On savait, naturellement, que l'on était loin d'être mauvais. Mais qu'un pays d'Amérique du Sud – qui dans notre tête, était forcément imposant et hors du commun – ne fasse pas le poids face à nous, jamais cela ne nous avait traversé l'esprit. On s'est épatés nous-mêmes, ce jour-là. Bien sûr, c'était la Coupe du monde et on n'affrontait pas une équipe comme Feyenoord, qui connaissait le jeu de l'Ajax par cœur. Mais on avait l'impression de jouer contre des gens privés de jugeote, qui se lançaient dans des actions que l'on avait désapprises depuis au moins cinq ou six ans.

Ce que je veux dire, en fait, c'est que, très vite, tout a commencé à aller de soi. Le football que nous pratiquions n'avait rien que de très normal pour nous, mais le monde entier s'est mis à adorer ce que l'on faisait. Nous avions un jeu puissant et dynamique, qui misait à repousser l'adversaire le plus efficacement possible. Les défenseurs savaient attaquer, les attaquants savaient défendre – de préférence tous ensemble et sur la surface de l'adversaire. Les spectateurs en redemandaient. Sans compter que l'on s'améliorait à chaque match, ce qui renforçait notre espoir de devenir champions du monde.

Excepté le match de poule contre la Suède, nous avons gagné largement toutes les rencontres. L'Uruguay, la Bulgarie, l'Allemagne de l'Est et l'Argentine n'ont eu aucune chance face à nous. Nous n'avons concédé qu'un seul match nul, contre la Suède, mais après le coup de sifflet, les gens parlaient surtout de ma feinte. Celle que l'on a surnommée « Johan Cruyff turn » (le demi-tour à la Cruyff) et dans laquelle, dans un mouvement vers l'avant, je fais basculer le ballon derrière ma jambe d'appui pour pivoter immédiatement et sprinter derrière le ballon.

Je ne me suis jamais spécialement entraîné à faire ce mouvement. Cela m'est venu tout seul, en une fraction de seconde, à un moment où cela me semblait la meilleure solution. Ces impulsions créatrices sont possibles lorsque le bagage technique et tactique est devenu si grand que les jambes sont capables d'exécuter ce que veut la tête. Même si c'est une impulsion subite.

Les feintes, je les ai toujours utilisées en réponse à une situation donnée, jamais pour humilier l'adversaire ; seulement parce qu'à ce moment-là, c'était la meilleure solution. Je fais un petit pont uniquement si je n'ai pas d'autre moyen de passer. Faire passer le ballon entre les jambes d'un adversaire pour le ridiculiser, ce n'est pas mon truc. Je n'ai jamais prisé ce genre de choses. Cela m'énervait même quand d'autres le faisaient.

Le plus grand moment de la Coupe du monde, pour moi, cela a été la demi-finale contre le Brésil. Je me souviens même mieux de cette rencontre que de la finale. Surtout parce que nous avons dominé le champion du monde de l'époque sur tous les points : technique, vitesse, créativité. En tout, on était les meilleurs. Et puis, naturellement, le temps fort, mon but – qui a porté le score à 2-0 –, élu plus tard « plus beau but de la Coupe du monde » et magnifique démonstration de ce qu'était le football total. Après avoir reculé en milieu de terrain, notre avant gauche, Rob Rensenbrink, envoie notre arrière gauche, Ruud Krol, dans l'espace ainsi laissé libre jusqu'à la ligne de but. Ruud fait la passe en avant qui me permet de marquer au premier poteau. On ne se lasse pas de visionner cette action, la façon dont elle s'est construite, et puis la finition, c'est toujours un moment de bonheur.

Ce match est souvent considéré par bien des gens comme l'un des plus beaux de l'histoire de la Coupe du monde, pourtant, surtout dans la première phase, on n'a pas donné le meilleur de nous-mêmes. C'était quand même le Brésil que l'on affrontait. Champion du monde et sommité du football pour tout ce qui est technique, charisme et stars. Au début, on s'est laissé impressionner, et puis on a passé ce seuil et on les a dominés dans l'une de leurs spécialités. Les deux équipes étaient bonnes, techniquement parlant, mais la nôtre a été capable d'utiliser la technique pour accélérer le tempo. C'est ce qui a fait la différence. Notre vitesse d'exécution était bien meilleure.

La pelouse, détail important, a aussi joué en notre faveur. Une pelouse brésilienne, ce n'est pas une pelouse européenne. On le savait. Cela se sent surtout au moment de la mise en jeu du ballon. En Allemagne, la pelouse était rase, clairsemée et sèche alors qu'au Brésil, l'herbe était plus haute, plus dense et plus épaisse. Ça influe sur la rapidité de la balle et cela peut faire un monde de différence. On a eu la chance de jouer en Allemagne et non en Amérique du Sud, sur une pelouse que nous connaissions bien. On y était plus à l'aise qu'eux, cela se sentait.

De plus, le Brésil se trouvait dans une phase de transition. Ils étaient en train de délaisser la technique pure pour un mélange de technique, de condition physique et de travail. Alors que chez nous, la technique était à la base du jeu, le reste n'étant qu'une question de distances et de cohésion collective. Autrement dit, on avait un jeu de position qui nous permettait de réduire les distances, et donc de courir moins, ce qui laissait la part belle à la technique.

On s'en est quand même bien tirés dans la première phase du jeu. J'ai déjà mentionné que le Brésil nous impressionnait. Mais la chance nous a souri à plusieurs reprises et, après avoir eu très chaud par trois fois, l'équipe s'est ressaisie et on a commencé à donner notre meilleur football.

C'est malheureusement exactement l'inverse qui s'est passé en finale contre l'Allemagne. Si on avait été impressionnés – ne serait-ce que de moitié – comme on l'avait été avec les Brésiliens, cela nous aurait probablement servis. Mais après le 2-0 contre le Brésil, on était tous tellement euphoriques et imbus de nous-mêmes que nous avons pris le match suivant à la légère.

Contre l'Allemagne, surtout après notre premier but dans la phase d'ouverture du match, on a été l'illustration vivante du proverbe : « L'orgueil précède la chute. » Une fois ce stade dépassé, il est presque impossible de revenir en arrière. Quand je pense au nombre d'opportunités que l'on a laissé passer. On pouvait essayer tout ce que l'on voulait, le ballon ne rentrait plus dans la cage.

Pendant tout le match, on était tous soit un peu trop tôt, soit un peu trop tard, mais jamais à temps. Jamais du 100 %. On peut évidemment encore atteindre un haut niveau en jouant à 95 %, mais lorsque l'adversaire se donne à 110 %, c'est plutôt risqué. Aussi bien en attaque qu'en défense. Il n'y a qu'à voir la façon dont on s'est pris les buts. On n'en avait jamais encaissé un comme le 2-1 de Gerd Müller. Il y avait toujours quelqu'un qui avait un temps d'avance ou de retard. Tout se joue dans la tête, c'est connu.

Ainsi Wim Jansen, qui met le pied dans la surface de réparation, et Ruud Krol qui, lors du deuxième but, celui de Gert Müller, laisse filer le ballon entre ses jambes. Ce dernier exemple, surtout, illustre bien notre attitude pendant le match en tant qu'équipe. On pense souvent qu'un défenseur doit subtiliser le ballon. Mais l'art de la défense, c'est aussi de savoir donner au gardien l'opportunité d'arrêter le ballon.

La chose à ne jamais faire, c'est de laisser passer le ballon entre ses jambes lors d'un tir sur le but. Dans ce cas, le gardien est impuissant. Et pourtant, on voit cela toutes les semaines. Alors qu'en défense, tout le monde sait que le gardien ne peut défendre que cinq des sept mètres du but. Un défenseur doit donc impérativement s'occuper des deux mètres restants. S'il les néglige, le gardien passera pour un bon à rien.

Encore une fois : cette erreur, on la rencontre beaucoup trop souvent. De nombreux attaquants n'attendent que le moment où le défenseur la fera pour tirer un ballon entre ses jambes en direction du but. Quatre fois sur cinq, le ballon ira dans la cage, parce que le gardien est masqué. Ces deux mètres, il ne faut jamais en faire cadeau. Cette manière de défendre est et reste très faible.

On a perdu la finale sur un score de 2-1 parce que l'on n'a pas été assez attentifs. Au coup de sifflet final, on était déçus, évidemment. On savait que l'on était les meilleurs au monde et on avait raté la Coupe. Pourtant, je m'en suis vite remis. Et finalement, cela m'a très peu, voire quasiment pas affecté.

Je pense que c'est à cause de l'énorme charge positive qui nous entourait, de l'admiration universelle pour notre jeu. À part les Allemands, pratiquement tout le monde pensait que l'on aurait dû gagner. On n'en a pas été conscients sur le coup, mais on a été un exemple pour des milliards de personnes. De plus, on a ouvert la porte à tous les joueurs qui n'étaient ni grands ni baraqués. Grâce à nous, la façon d'envisager le jeu a été reconsidérée.

Une philosophie du football qui, jusqu'à nos jours, demeure en fait très simple. Il y a un ballon et soit c'est nous qui l'avons, soit c'est eux. Si c'est nous, ils ne peuvent pas marquer. Si on fait une bonne passe, l'enchaînement a plus de chance d'être réussi que raté. La tendance s'est déplacée vers la qualité et la technique, alors qu'avant, ce qui comptait, c'était surtout l'engagement et le travail.

J'ai vécu la Coupe du monde dans une sorte d'euphorie. Comme on m'avait mis en vedette, je portais un surplus de responsabilités. Par chance, à ce moment-là, tout le monde me soutenait. Je dois avouer que c'est allé comme sur des roulettes. Les conférences de presse et les paquets d'interviews ne m'ont jamais ni ennuyé ni fatigué. Les gars de l'équipe finissaient même par dire spontanément : « Vas-y, débrouille-toi. Dis-leur quelque chose, au moins on en sera débarrassés. »

Après le tournoi, des rumeurs ont circulé : j'aurais annoncé que c'était ma dernière Coupe du monde parce que cela avait été trop dur pour moi. Je ne sais pas où ils sont allés pêcher ça. J'ai bien pris cette décision, mais plus tard et pour une tout autre raison. Pendant la Coupe du monde, j'étais au contraire sur une espèce de nuage et du coup, j'étais très peu sensible au stress. Il faut se rappeler que nous gagnions beaucoup, que les échecs étaient rares. Au sein de la sélection également, l'ambiance était au beau fixe, notamment parce que nous prenions plaisir à jouer.

Par contre et pour la première fois, nous avons eu affaire à la presse à scandale. Peu avant la finale, le *Bild-Zeitung* a publié des photos et un article sur des joueurs néerlandais et des femmes allemandes nues dans la piscine de notre hôtel. On a dit que j'en étais et que c'était arrivé aux oreilles de Danny. Des ragots colportés par quelques remplaçants qui avaient raconté que, juste avant la finale, je me serais expliqué au téléphone pendant des heures avec ma femme en furie.

Essayer de déstabiliser une équipe par le biais des médias, c'était nouveau dans le football de haut niveau. Sauf que cela n'a pas marché. Ni à ce moment-là ni plus tard, quand j'étais coach. Je me suis rarement, sinon jamais, laissé influencer par ce genre de choses. Et sûrement pas avant une finale de Coupe du monde. Que la publication de ces articles ait pu me déconcentrer, cela ne tient pas debout. C'est du grand n'importe quoi. D'autant plus qu'à ce moment-là, Danny se trouvait dans notre résidence secondaire dans les montagnes d'Andorre, à un endroit où il n'y avait pas encore de liaison téléphonique. Il nous était donc totalement impossible d'être en contact téléphonique. Nous n'en avons parlé qu'après la finale et je lui ai expliqué qu'un ragot comme celui-ci avait fini par mener sa propre vie.

Ce sont de gros bobards qui fleurissent au moment des jeux. Les vraies raisons qui font que nous avons perdu la finale sont très simples. On a eu des opportunités que l'on a laissé filer, et malheureusement pour nous, le gardien allemand, Sepp Maier, a joué le match de sa vie. Et puis, on a encaissé un penalty injustifié. Comme l'histoire de ma dispute avec Danny a été inventée de toutes pièces, la Coupe du monde reste pour moi un beau souvenir, marqué par l'expérience unique de perdre une finale, mais d'être tout de même considéré comme vainqueur. Quel que soit l'endroit du monde où je me rends, je remarque que les gens parlent toujours de notre équipe d'alors.

Encore plus que de la plupart des équipes championnes de Coupe du monde qui ont existé. J'en suis quand même un peu fier.

C'est d'ailleurs grâce à la Coupe du monde que nous sommes devenus des icônes ; notre aura de bluff et d'aplomb avait la cote. Notre force, c'est que l'on n'était pas dans un rôle, on était vraiment comme ça : néerlandais et, surtout, amstellodamois.

Il s'est avéré que même question mode, j'étais très tendance. Mon style vestimentaire, ma coupe de cheveux, bref, mon look intéressait de plus en plus de gens. Danny, bien sûr. Grâce à elle, j'étais vraiment en symbiose avec mon temps ; pour être franc, je n'ai jamais acheté de vêtements tout seul. Je n'y connais rien.

Je n'ai aucun sens des couleurs, je n'ai strictement aucun feeling en ce domaine. Je prends la première chose qui me tombe sous la main dans une armoire. Je ne remarque pas si les vêtements vont bien ensemble ou non. Pas la moindre idée. C'est pour cela que je ne m'en suis jamais occupé.

Mes cheveux, c'est la même chose. Je les ai laissé pousser parce que cela plaisait à Danny. Tout comme mes vêtements. Tout cela, c'était Danny. La mode, les couleurs et ce genre de choses, cela ne m'a jamais intéressé. Il en est toujours ainsi.

Il a suffi de cette seule finale du Mondial pour que j'obtienne ce que les nombreuses Coupes d'Europe et les trophées décrochés dans le monde entier avec l'Ajax n'avaient pas obtenu. On me prenait au sérieux. Tout ce que je disais ou imaginais avait soudain de l'importance, non seulement aux Pays-Bas, mais partout dans le monde. Un impact qui me surprend encore régulièrement.

La Coupe du monde de 1974 a été un véritable événement ; elle a aussi marqué la fin d'une époque. Ce football initié à l'Ajax en 1965 a été couronné meilleur football jamais montré par les Pays-Bas en 1974. Hélas, plus tard, les résultats n'ont plus été aussi bons.

10

Malgré la fantastique expérience de 1974, il n'y a pas eu de Mondial pour moi en 1978. Initialement, je doutais encore, même si j'ai toujours pensé arrêter en 1978. Si vous me demandez pourquoi, je n'en sais rien. Arrêter à 31 ans, j'avais cela en tête depuis tout jeune.

Je me demandais donc si j'aurais encore un mental assez fort pour faire un excellent Mondial, sachant que ce serait le dernier. Après un championnat d'Europe décevant en 1976, au cours duquel je me suis fait expulser du terrain, j'avais eu de sérieux doutes. Et puis, en 1977, j'ai repris confiance. Les Oranje avaient joué deux matchs fantastiques contre l'Angleterre et la Belgique et je commençais à me dire qu'avec une équipe aussi forte, ce serait idiot de ne pas aller au Mondial.

Et puis, il y a eu le 17 septembre 1977. Je regardais un match de basket à la télé quand on a sonné à ma porte. Quelqu'un prétendait appartenir à une entreprise de vente par correspondance, ou quelque chose dans le genre, et avait un colis pour moi. J'ai entrebâillé la porte et me suis immédiatement retrouvé avec un fusil contre la tête. J'ai dû m'allonger sur le ventre. On était tous à la maison. Les enfants jouaient dans leur chambre et le type a obligé Danny à s'allonger elle aussi.

J'ai essayé de le raisonner : « Qu'est-ce que tu veux ? Tu veux du fric ? » Il m'a ligoté à un meuble, mais pour ce faire, il a dû poser son fusil. Danny en a profité pour se relever en vitesse et courir hors de l'appartement. Le type l'a aussitôt poursuivie. Cela criait si fort que des portes se sont ouvertes dans tout l'immeuble. Le type a été maîtrisé. Je me souviens que j'avais réussi à me détacher et que j'avais saisi le fusil pour éviter qu'il ne le reprenne.

Plus tard, on a découvert, garée devant notre porte, une fourgonnette avec un matelas à l'arrière. Tout portait donc à croire qu'il s'agissait d'une tentative d'enlèvement comme il y en avait à tout bout de champ à cette époque en Espagne. Je ne sais pas quel était son motif et d'ailleurs, je m'en moque. Je n'ai jamais demandé ce qu'il était devenu. Pour moi, une seule chose comptait : qu'il dégage de notre vie le plus vite possible.

La période qui a suivi a été assez pénible. Nous avons vécu pendant des mois sous protection policière. Quand je partais en voyage, quand j'emmenais les enfants à l'école, quand je jouais avec le club, il y avait toujours des gens autour de moi. Il y avait toujours une voiture de police dans les parages, garée près de chez moi ou qui me suivait ostensiblement. Pendant au moins six mois, des policiers ont dormi quotidiennement dans notre salon.

C'était difficilement supportable. Intenable. Un tel fardeau ! Je n'arrivais pas à m'y faire. Dans ces circonstances, on n'abandonne pas sa famille, on ne part pas au bout du monde pendant six à huit semaines. Cela aurait été irresponsable de partir. De plus, les policiers nous martelaient que ce serait aussi irresponsable d'en parler. Ils nous le déconseillaient fortement. D'après eux, ébruiter l'affaire revenait à donner des idées à d'autres cinglés.

Il m'était difficile, dans ces conditions, de partir en Argentine avec l'équipe nationale. Si tu participes à un Mondial, il faut être convaincu à 200 %. Sinon, si tu es préoccupé par des problèmes de famille ou autres, il ne faut pas y aller. Tu ne serais pas bon de toute façon.

Ernst Happel, alors entraîneur de l'équipe nationale, est passé à Barcelone pour essayer de me convaincre, mais je n'ai pas songé une seconde à revenir sur ma décision. Comme la police m'avait bien recommandé de ne rien dire, j'ai prétexté que je ne me sentais pas assez en forme, physiquement et moralement, pour participer à un tournoi de cette importance. J'ai vu que Happel avait du mal à avaler mes couleuvres. Le Mondial, ce n'est pas un tournoi ordinaire et un grand sportif comme lui ne pouvait pas ne pas sentir que ce que je disais, c'était du bidon. Mais je ne lui ai jamais rien dévoilé de ma situation familiale.

Puis il y a eu cette action aux Pays-Bas « *Trek Cruijff over de streep* » (Convainquons Cruyff) : des sacs postaux entiers de cartes me demandaient de changer d'avis et d'aller au Mondial avec la sélection Oranje. Mais j'ai tenu bon. La sécurité de ma famille était en jeu. Il n'était pas question que j'aille en Argentine. Celui qui abandonne sa famille dans de telles circonstances doit aller se faire soigner.

Cette histoire de tentative d'enlèvement nous a pourri la vie pendant un bon moment. On recevait des menaces. À cette époque, une fillette avait été enlevée à Valence. Un véritable drame, mais Danny et moi recevions aussi des messages du genre : « Nous savons que vous avez des enfants et vous êtes les prochains sur la liste. » Nous avons alors acheté deux dobermans Pinscher. Toute la famille a suivi un cours pour savoir comment se comporter avec les chiens. Plus tard, les policiers nous ont conseillé de nous séparer des dobermans sous prétexte qu'ils pouvaient attaquer un intrus. J'ai objecté que c'était bien là le but.

Voilà comment, pour des raisons effroyables, on peut manquer le Mondial. Je me suis rendu compte, après coup, que j'avais ainsi raté l'occasion de terminer ma carrière en beauté. Lorsque les Pays-Bas ont joué la finale, la BBC m'a demandé de commenter le match contre l'Argentine. Dans le studio, à Londres, je peux dire que j'ai souffert.

Tu regardes un match comme celui-là et tu ne peux pas t'empêcher de penser que si tu en avais été, ta carrière se serait peut-être terminée sur un titre de champion du monde. Si ceci, si cela, cela ne me prend pas souvent, mais dans ce studio, je n'ai pas cessé de penser à ce titre que j'aurais pu décrocher. Mais, en même temps, ce n'était pas réaliste : pour le décrocher, il aurait fallu que j'y sois. Et pour y être, il aurait fallu que j'abandonne ma famille. Et cela, ce n'était pas envisageable.

Pour la seconde fois, les Pays-Bas ont échoué en finale du Mondial et on peut se demander s'ils auraient gagné si j'y avais participé. Honnêtement, je pense que oui, mon talent aurait fait pencher la balance. Cela s'était déjà vu auparavant. On avait même gagné contre l'Angleterre au Wembley et le lendemain, on pouvait lire dans les journaux : « *A total sight of football delight.* » Une phrase formidable, que je n'ai jamais oubliée.

Je crois même que nous avions une sélection plus forte encore qu'en 1974. Pourtant, j'ai dû décider de ne pas en faire partie. Dans les studios de la BBC, j'ai vraiment pensé un instant : « Dieu que j'aimerais être là-bas en ce moment. » Bizarre et trop dommage, la façon dont tout cela s'est passé.

Comme l'affaire ne devait pas s'ébruiter, ma femme a encore porté le chapeau. En 1974, déjà, il y avait eu cette histoire débile de coups de téléphone avant la finale à Munich qui m'auraient déconcentré et nous auraient fait perdre contre les Allemands.

Après 1978, ça a recommencé. Cette fois-ci, Danny aurait été le mauvais génie qui m'aurait poussé à ne pas me rendre en Argentine. C'est vraiment n'importe quoi. S'il y a une femme de footballeur qui n'a jamais recherché la publicité, c'est bien elle. Pourtant, c'était presque toujours elle que l'on pointait du doigt.

Vers mes 60 ans, j'en ai eu assez. Chaque fois que les médias revenaient sur ma carrière, ils remettaient l'Argentine sur le tapis. C'était supposément Danny qui n'avait pas voulu que j'aille au Mondial, et, à cause d'elle, les Pays-Bas avaient vu le championnat du monde leur passer sous le nez. Quand, en tant que famille, tu sais ce qui s'est réellement passé et que tu entends ça, tu te le prends en pleine figure. Nous nous étions tus pendant trente ans, j'ai donc décidé – également parce que les enfants avaient quitté la maison – de dévoiler la véritable histoire. Assez. Fini les ragots.

N'empêche, après toutes ces années, je suis encore, toujours et en tout lieu, sur mes gardes. J'ai même développé une sorte de rituel quand j'ouvre le portail de ma maison. C'est triste, mais j'ai dû apprendre à vivre avec ce genre d'inconvénients.

11

J'ai joué cinq ans à Barcelone. Alors, bien sûr, je me suis attaché au club et aussi aux Catalans. Ces liens se sont encore renforcés quand, dix ans plus tard, je suis devenu le coach du Barça et que notre petite famille s'est définitivement installée en Catalogne.

La première saison a été absolument délirante. L'enthousiasme suscité par ma venue, le match gagné 5-0 contre le Real Madrid, le championnat et encore, pour moi, le Mondial. À Barcelone et dans toute la Catalogne, les gens mettaient la barre très haut, mais, après 1974, on n'a plus réussi à être champions. Seulement en 1978, où l'on a gagné le championnat d'Espagne.

Plus je jouais en Espagne, plus je me rendais compte de l'importance du facteur politique dans les compétitions. Initialement, en tant que footballeur, je n'y prêtais pas attention. Surtout pas moi. Je suis un véritable Amstellodamois, je ne prends pas de gants pour dire ce que je pense. À l'époque du général Franco, cela ne passait pas inaperçu. Armand Carabén, à l'époque dirigeant au Barça, adorait. J'ai compris plus tard que, par le biais du club, il utilisait consciemment ce trait de mon caractère dans le combat pour la liberté que la Catalogne menait contre le pouvoir à Madrid. En tant que footballeur connu dans le monde entier, j'étais pratiquement intouchable et Franco pouvait ainsi être provoqué de temps en temps.

Je me répète peut-être encore, mais, au début en tout cas, je n'en avais pas conscience. Je m'occupais de football, pas de politique. Mais à un moment donné, j'ai remarqué que quelque chose ne tournait pas rond. C'était quand même bizarre qu'en cinq ans, je ne sois pas une seule fois devenu champion. En 1977 surtout, le championnat, on nous l'a volé. Je n'avais jamais été en aussi bonne forme et tout semblait indiquer que l'on serait champions. Jusqu'à ce que l'on m'expulse inopinément du terrain pendant ce match contre Malaga. D'après l'arbitre, je l'avais traité de *hijo de puta* (fils de pute). Mais ce genre de mots n'a jamais fait partie de mon vocabulaire. Ni à l'époque ni aujourd'hui.

Je parlais beaucoup sur le terrain, mais c'était principalement pour diriger mes coéquipiers et, bien sûr, dans le feu de l'action, on dit parfois des choses qui ne sont pas très correctes. Mais bon, on parle de football au top et il faut parfois être très ferme et très clair. N'empêche, vous ne m'entendrez jamais traiter quelqu'un de fils de pute. Je pense que ma pire injure, ça doit être « fada ».

Mais pendant le match contre Malaga, ce n'était même pas le cas. J'ai crié, à l'un de mes coéquipiers qui avait deux ou trois fois lâché le marquage, quelque chose du genre : « Tu dois couvrir ton joueur. » Et l'arbitre de foncer vers moi et de m'expulser. J'en étais bouche bée. Ce n'était pas normal. Malheureusement, c'est arrivé et, plus tard, devant le conseil de discipline, c'était sa parole contre la mienne. Je n'avais aucune chance et j'ai été suspendu pendant trois matchs. Trois matchs ! Nous en avons perdu deux et pour le troisième, on a fait match nul. Quand j'ai pu jouer à nouveau, on pouvait toujours courir pour le championnat.

Pour moi, cet incident a été la preuve la plus flagrante de l'influence de la politique sur le football à l'époque. On a perdu des trophées à cause de cela. Heureusement, beaucoup de choses ont changé en Espagne par la suite – et question trophées, le Barça s'est bien rattrapé.

Pour le reste, ma vie comme footballeur à Barcelone était placée sous le signe des extrêmes. Barcelone est une ville où il fait bon vivre. Fantastique, vraiment. De plus, la présence de Rinus Michels et de Johan Neeskens, que le Barça avait, après moi, acheté à l'Ajax, faisait que nous étions encore un peu dans une atmosphère hollandaise. Malheureusement, je ne pouvais pas trop en profiter avec ma famille, car le football me prenait tout mon temps. Le plus dur, c'étaient les voyages pour les matchs à l'extérieur. En bus ou en train, généralement de nuit. De longs voyages et pas souvent à la maison, c'était parfois épuisant.

À cette époque, Rinus Michels était entraîneur à Barcelone. Ce n'est pourtant pas lui qui m'a fait venir au Barça. Carabén me l'a confié, des années plus tard. Il m'a dit que Gerd Müller, l'extraordinaire buteur allemand, était le premier choix de Michels. Je ne lui en ai jamais parlé. Je n'ai d'ailleurs jamais eu l'impression que j'étais une sorte de second choix. Comme à l'Ajax, il discutait préalablement de tout avec moi et, à Barcelone aussi, il me laissait la direction sur le terrain.

C'était loin d'être le cas avec Hennes Weisweiler, qui a remplacé Michels pendant un an. Au cours de ma carrière de footballeur, je ne me suis jamais disputé avec un entraîneur, mais avec lui, cela n'a pas été facile. Le principal problème avec Weisweiler, c'est qu'il disait constamment à des adultes ce qu'ils étaient censés faire. Ça va bien un moment, mais il passait les bornes. Ce faisant, il risquait de bloquer complètement certains joueurs.

À un moment donné, je lui ai dit : « Tu cherches quoi, là ? Tu exiges des joueurs des trucs qu'ils ne sont absolument pas capables de faire. » Ça l'a rendu furieux. Pour lui, mon comportement était inapproprié, un jugement caractéristique de notre grande différence de culture. À cette époque, en Allemagne, l'entraîneur décidait et le reste exécutait. Nous, aux Pays-Bas, c'était plutôt on réfléchit aux propositions de l'entraîneur. Si l'on est d'accord, on le fait, sinon, on ne le fait pas.

Weisweiler a été remercié avant la fin de la saison, par ma faute, d'après lui. Mais s'il s'était remis en question, il se serait rendu compte que sa façon de faire ne fonctionnait certes pas avec moi, mais pas davantage avec les autres joueurs de l'équipe. Weisweiler et le Barça, c'était une combinaison qui était vouée à l'échec. Le mauvais entraîneur pour le mauvais club. Comme cela arrive souvent. Beaucoup trop souvent, en fait.

En 1978, j'ai arrêté le football. Je ne sais toujours pas pourquoi. Arrêter à 31 ans, une idée qui m'était un jour entrée dans la caboche pour ne plus jamais en ressortir.

En fait, c'était n'importe quoi, mes deux derniers matchs l'avaient déjà bien montré. À Barcelone, j'ai perdu 1-3 contre l'Ajax et le duel organisé ensuite à Amsterdam s'est achevé sur une débâcle. Avec l'Ajax, j'ai été battu 8-0 contre le Bayern Munich. Pas vraiment le genre d'adieux dont on rêve.

Ensuite, je me suis lancé dans les affaires. Une entreprise qui a été l'une des plus importantes leçons de ma vie – peut-être même la plus importante.

On peut dire qu'à cette époque, j'avais un peu perdu le contrôle. Je ne voyais plus mon beau-père que trois ou quatre fois par an. Quand je jouais au football, je n'avais plus vraiment besoin de lui comme manager. J'avais des contrats à longue durée, tout était réglé et je passais 80 à 90 % de mon temps sur des terrains de foot. Mais dès que j'ai arrêté de jouer, ces 80 %, je les ai employés autrement et, dans ma présomption, sans grand discernement.

À un moment donné, on éprouve le besoin d'agrandir son cercle d'amis. Un de ces amis a un projet, il veut t'embarquer là-dedans et toi, bêtement, tu le suis. Alors que tu ne connais rien au business. Par-dessus le marché – et c'est le plus stupide –, tu n'as aucune affinité avec ce que tu fais. Et tu te fais gruger. Là où il y a du fric, il y a des vautours. Tout le monde le sait – sauf moi, apparemment. À cette époque, en tout cas.

J'ai investi dans un élevage de cochons. Sans blague. Je me demande encore ce qui m'a pris. Il y avait aussi quelqu'un qui avait acheté des biens immobiliers à mon nom à Ibiza. Si quelque chose te plaît ou t'intéresse, bon, cela peut se comprendre. Mais cela, non, ça dépasse l'entendement. Pourtant, je l'ai fait.

Jusqu'à ce que l'on te dise que tu ne vois pas ce qui crève les yeux. Que l'on te demande : « Mais qu'est-ce que tu fous, t'as perdu la tête ? C'est cela, ton avenir ? C'est ce que tu veux faire pour le reste de ta vie ? » Et là, tu dois bien admettre que non, cela ne t'intéresse pas du tout. Tu fonces droit dans le mur – à une telle vitesse que tu ne peux plus te trouver d'excuse.

Pendant quelque temps, j'ai eu l'impression que tout allait bien. Et puis, mon beau-père est venu à Barcelone. Il m'a tout de suite dit : « Qu'est-ce que t'as fait ? » Je lui ai dit que j'avais acheté trois terrains constructibles. Il a voulu voir les actes de propriété. Cela m'a pris de court. J'avais payé, mais je ne m'étais pas préoccupé de la paperasse. Je n'y étais pas habitué.

En bref, il n'y avait pas d'actes de propriété. Cor m'a dit que je m'étais fait rouler. « Tu as payé, mais tout est à son nom. » Il a été très ferme, il m'a dit : « Oublie tout cela. Accepte ta défaite et retourne faire ce que tu sais le mieux faire. »

Et en plus, il y a eu cette histoire avec Núñez, ce bandit. Nommé président du Barça en 1978, il m'a d'emblée fait un sale coup, qui ne sera d'ailleurs pas le dernier. Pendant des années, les clubs, en Espagne, payaient les impôts des joueurs. À un moment donné, la loi ayant changé, tout le monde a reçu un avis de redressement fiscal. Núñez a prétexté que je venais de quitter le club pour ne pas payer le mien, alors qu'il s'agissait d'argent que j'avais gagné en jouant au club. Il a payé pour le reste de l'équipe, parce qu'il avait besoin des footballeurs pour la saison suivante, mais moi, je devais me dépatouiller tout seul.

Je ne sais pas combien d'argent j'ai perdu à l'époque. Pas la moindre idée. Je pense, 80 % de mon capital. J'ai été expulsé de mon appart. Il a été saisi et j'ai dû faire mes valises. Dans les journaux, on parlait de six millions de dollars. C'est possible. En tout cas, c'était sûrement une grosse somme.

Je me suis vite consolé. Cela ne m'a pas été difficile, vu mon peu d'intérêt pour les histoires d'argent. C'est mon beau-père qui s'occupait de mes finances. Quand il est mort, en 2008, j'ai dû me rendre moi-même à la banque pour la première fois depuis trente ans. Je ne connaissais même pas le nom de ma banque. Je n'étais vraiment pas doué en affaire et je ne le suis toujours pas.

Même maintenant, si l'on me demandait de combien d'argent je dispose, je serais bien embêté pour répondre. Pas la moindre idée. Tant qu'il n'y a pas de problèmes, je n'ai pas besoin de le savoir. Je ne vis pas dans ce monde. Ce n'est pas mon truc. Je n'ai plus investi dans quoi que ce soit après ce faux pas. Pas d'immeuble, pas de terrain ou autres. Cela fait des années que mon argent est à la banque et j'ignore si et de quelle façon, il fait des petits. C'est sûrement idiot, mais cela ne m'intéresse pas. Un de mes cousins s'occupe à présent de mes finances ; s'il y a un problème, je le saurai à temps.

Les erreurs commises à l'époque ne m'empêchent plus de dormir. Je crois que chacun a son étoile et que notre destin est tracé. Le mien était probablement de m'arrêter tôt, de faire une énorme sottise et puis de retrouver le bon chemin, celui du football. Voilà toute l'histoire.

Si je m'étais planté comme cela à 36 ans, je n'aurais jamais pu me relever, cela aurait été fichu pour le foot. Là, je pouvais encore me rendre en Amérique. Par la force des choses. Tout ce qui m'est arrivé là-bas, tout ce qui m'est arrivé ensuite, c'était après mes 32 ans. Si je n'avais pas commis d'erreur, j'aurais raté plein de choses formidables.

C'est ce qui me fait dire que cette débâcle en affaires avait un sens. J'ai reconnu mes erreurs trop tard, mais, finalement, dans mon cas, c'était quand même à temps. Je suis très pragmatique dans ces cas-là. Si je ne peux pas rembobiner le film, je l'arrête. Je tourne la page. Ce genre de choses, il ne faut pas les faire à moitié.

Les déboires, je les mets très vite de côté. Que ce soit ma défaite au Mondial ou mon échec cuisant en tant qu'homme d'affaires. Je mets le cap sur le positif. C'est peut-être une façon de me protéger, je ne sais pas. En tout cas, c'est dans mon caractère. Certains diront que c'est une attitude bornée, d'autres une forme de survie. C'est comme l'on veut. Personne ne se lance dans un projet pour le faire échouer. Après coup, on peut toujours dire : « J'aurais dû ceci, j'aurais dû cela », mais de toute façon, on ne peut plus rien y changer. Il vaut mieux en tirer les leçons. Comme de ma brève carrière d'homme d'affaires. Une fois a suffi. Après je me dis : « C'est bon les gars, on n'en parle plus, basta, on passe à autre chose. »

C'est la principale raison qui m'a fait revenir sur ma décision d'arrêter le football. Qu'est-ce que je savais faire d'autre ? De plus, je me demandai si j'avais le droit de négliger l'unique talent que je possédais. Arrêter à 31 ans, c'était trop jeune et, donc, cette erreur, je l'ai tout de suite rectifiée. Depuis, je sais où est ma place. Dans le foot et nulle part ailleurs.

12

L'équipe junior d'Ajax, vers 1960. Cruyff est deuxième en partant de la droite, au premier plan.

Expulsé lors d'un match Pays-Bas-Tchécoslovaquie en 1967 – l'arbitre a ignoré le fait que Cruyff ait été malmené toute la nuit par l'opposition.

Mariage avec Danny en 1968 – la famille a toujours été la chose la plus importante de sa vie.

Avec Danny et ses beaux-parents en 1968. Cor Coster fut son conseiller financier pendant toute sa carrière.

Sous le maillot de l'Ajax en 1970 – ce qui allait devenir le « football total » n'était pas encore tout à fait au point.

En 1973, Ajax bat la Juventus 1-0 et remporte la Coupe d'Europe pour la troisième année consécutive. Le football néerlandais s'imposait progressivement comme le modèle à imiter.

En 1973, Cruyff signe avec le FC Barcelone pour un montant record. À son arrivée, le club était en pleine stagnation, mais à la fin de saison, il remporte la Liga pour la première fois en quatorze ans, tandis que Cruyff est élu joueur européen de l'année.

Au Barça, Cruyff retrouve Rinus Michels, son ancien entraîneur de l'Ajax et l'un des principaux architectes du « football total ». Cruyff a arboré les couleurs du club espagnol de 1973 à 1978.

La victoire 2-0 sur le Brésil lors de la demi-finale de la Coupe du monde 1974 résume à ell seule la philosophie du « football total ».

Grandeur et décadence : en finale de la Coupe du monde 1974, les Pays-Bas réalisen seize passes dès le coup d'envoi et marquent 0-1. L'Allemagne de l'Ouest remporte finalemen la partie 2-1.

En novembre 1978, Cruyff fait ses adieux au football européen et part démarrer une nouvelle vie en Amérique à l'âge de trente-deux ans. Il fut élu meilleur joueur européen trois fois, palmarès qui restera inégalé jusqu'à Lionel Messi.

En 1978, Cruyff déménage en Amérique et redémarre sa carrière chez les Aztecs de Los Angeles, après une tentative désastreuse dans l'élevage porcin qui l'a laissé au bord de la ruine financière. Il pose ici avec Pelé et Franz Beckenbauer (derrière lui).

Après les Aztecs de Los Angeles, Cruyff prolonge sa carrière américaine chez les Washington Diplomats, où l'idée de créer la Fondation Johan Cruyff a germé. Il coache ici un jeune garçon au club de football d'une clinique.

Moins de six mois après avoir arrêté le football, j'avais perdu 80 % de mon capital. Cela a été un premier signal d'alarme. Après la saisie de mon appartement, nous avons décidé, en mars 1979, de nous remettre sur les rails et de partir pour l'Amérique. Pendant ces six mois, j'ai ressassé beaucoup de choses dans ma tête. Tout ce que j'avais gagné au foot était parti en fumée.

À la maison, cependant, nous avons évité les tensions et ce grâce à Danny, qui a toujours cherché à m'aider à régler les problèmes, même lorsque j'ai fait tous ces investissements sans la mettre au courant. Alors même que nous avions trois enfants et qu'avec ces menaces d'enlèvement, nous vivions une grande période d'incertitude.

De plus, elle savait mieux que moi tenir tête à son père. Bien sûr, j'avais fait de grosses bêtises, mais Cor avait tendance à en rajouter une couche. Au cours des discussions avec son père, Danny a servi de médiateur à maintes occasions. Elle savait aussi très bien organiser les choses ; moi, c'était un peu au petit bonheur. Sur un point, nous étions les mêmes ; quand il y avait des problèmes, c'était : on les règle comme on peut et puis on n'en parle plus.

Pour nous donner la possibilité de repartir de zéro, j'ai choisi l'Amérique – loin du passé et idéal. J'ai alors dégringolé du pinacle pour reconstruire quelque chose de beau. Cela a été l'une des meilleures décisions de ma vie. Moi qui avais perdu tout mon argent, mais qui savais à nouveau où était ma place, j'ai découvert, en Amérique, le moyen de donner forme à mes nouvelles ambitions.

J'ai signé pour Los Angeles Aztecs. Il y a bien eu des rumeurs disant que j'étais en pourparlers avec le Cosmos de New York, mais il n'en a jamais été question – pas en ce qui me concerne, en tout cas. Il était exclu que je joue sur une pelouse artificielle. C'était bien pour le baseball ou pour le football américain, parce que l'on y joue avec les mains. Ces pelouses artificielles américaines, c'était bon pour marcher, pas pour jouer au foot.

Par contre, j'ai joué un match de démonstration avec le Cosmos. Avec Franz Beckenbauer, qui, lui, était sous contrat. Et à la fin du match, j'ai discuté avec les frères Ertegün, les grands patrons d'Atlantic Records, également proriétaires du club. Mais il n'y a jamais eu de négociations avec le Cosmos. Le Giants Stadium était beau et impressionnant, mais j'avais joué une fois sur son tapis de gazon et cela m'avait suffi.

Ce gazon artificiel ne peut absolument pas se comparer avec les pelouses artificielles que l'on a de nos jours. C'était une sorte de tapis qui pouvait te donner de grosses ampoules à la plante des pieds. Et puis, la façon dont la balle rebondissait, je n'y étais pas habitué. Les Américains trouvaient cela fantastique, mais pour moi, il était hors de question que je fasse partie d'un club avec l'une de ces pelouses artificielles. Je voulais bien participer à leurs compétitions pro, mais alors, sur du gazon.

C'est comme cela que j'ai atterri au club des Aztecs de Los Angeles où leur stade, le Rose Bowl, avait un magnifique gazon. C'était aussi le cas aux Washington Diplomats, le second club dans lequel j'ai joué en compétition pro aux États-Unis. Mon choix initial pour les Aztecs a naturellement été dicté par le fait que Rinus Michels y était entraîneur. Après sept mois d'inactivité, cela me permettait de reprendre le fil.

Les négociations se sont passées à l'américaine, à la vitesse grand V. En moins d'une journée, tout était réglé et l'on m'a annoncé que je prenais l'avion cinq heures plus tard parce qu'ils voulaient me voir jouer le soir même. C'est incroyable, mais vrai : un voyage de douze heures puis, quatre heures après l'atterrissage, j'étais sur le terrain. Et avant de voir Michels dans le vestiaire, je n'avais eu aucun contact avec lui.

Finalement, j'ai joué trois quarts d'heure, marqué deux buts et ils ont été convaincus. Le plus beau, c'est qu'après le match, Michels est venu en personne à mon hôtel pour me faire un massage. Je ne pouvais plus marcher et il l'avait remarqué. Apparemment, on lui avait appris à masser pendant sa formation d'entraîneur, car il le faisait très bien. C'est ce qu'il y avait de déroutant dans la relation avec Michels. Il était toujours très sévère et, en même temps, extrêmement serviable.

L'Amérique, c'était un nouveau départ. Loin de l'Europe où tout le monde se moquait de moi, j'étais plongé dans un tout autre monde. Seules les attentes étaient les mêmes. Il se passait toujours quelque chose, je n'avais pas le temps de m'ennuyer. On pouvait s'envoler pour de super vacances à Hawaï, seulement à cinq heures d'avion de Los Angeles. Dans le genre moins réjouissant, il y a eu la vente du club à des investisseurs mexicains. Et ce, du jour au lendemain. Les Mexicains voulaient en faire une enclave espagnole et comme le propriétaire du club Washington Diplomats s'est tout de suite pointé, j'ai été aussitôt revendu.

C'était possible parce que l'on n'avait pas de contrat avec le club, mais avec la ligue de soccer d'Amérique du Nord, la fédération. Si elle avait un accord avec le club, on pouvait t'annoncer, sans autre forme de procès, que tu étais vendu à un autre club et qu'en moins de quarante-huit heures, tu devais te retrouver à l'autre bout de l'Amérique. Tu n'avais plus qu'à prendre l'avion. Qui que tu sois. À cette époque, il n'y avait pas encore d'agent libre au soccer.

Il y avait aussi le *cut and trade,* à mi-chemin du championnat. Si, dans cette phase, tu étais blessé, tu risquais de voir ton contrat rompu. Les garanties que nous avions en Europe n'existaient pas là-bas. Il y avait un fossé entre notre façon de voir les choses et la leur. Si tu étais jugé bon à mi-chemin de la compétition, tu pouvais rester, sinon on te foutait dehors et on en prenait un autre.

Mon idée d'un accord tacite dans le football est née de mon expérience américaine. Un exemple : on convient ensemble du nombre de footballeurs étrangers par équipe. Ou bien, on passe des accords avec les juniors et on se tend la main afin d'avoir un meilleur équilibre dans les compétitions. Ou encore, on s'entraide pour que les compétitions restent à un bon niveau. Dans le sport américain, ils ont très bien compris à quel point il est important de faire des choses ensemble. Il y a aussi une grande différence entre les franchises américaines et les clubs européens. Dans les clubs, ici, tout le monde n'a pas la mentalité requise dans le sport à haut niveau. Dans les franchises, c'est un « must ».

Après la reprise des Aztecs par les Mexicains, j'ai dû partir à l'autre bout de l'Amérique. En fait, je n'en avais pas la moindre envie. On était en mars à Los Angeles, je me baladais en short alors qu'il y avait encore cinquante centimètres de neige à Washington. Mais dès ma première visite, j'ai radicalement changé d'avis. J'ai vu de très belles choses et j'ai donné mon accord pour le déménagement. Avec le recul, je peux dire que j'y ai passé deux années fantastiques.

Washington est un endroit unique. Tous ceux qui y vont sont des passants. Selon moi, personne ne naît là-bas. Et tout y est politique.

Ainsi, comme le président du club était un démocrate, j'ai tout de suite été accueilli avec enthousiasme par le parti. Les femmes des Kennedy se sont mises en quête d'une maison pour moi. Je ne m'en étais pas tout de suite rendu compte, mais là-bas aussi, j'étais très connu.

Mon voisin était Robert McNamara, ministre de la Défense sous la présidence de John F. Kennedy et, à mon époque, président de la Banque mondiale. Cet homme jouissait d'une très grande considération en politique. Je le voyais à cinq heures se promener en short dans son jardin et, à sept heures, une limousine sur laquelle flottaient de petits drapeaux américains s'arrêtait devant sa porte. Mais c'était aussi un type sympa, qui nous filait des tas de tuyaux sur le quartier. Par exemple, une bonne école pour les enfants et où acheter le meilleur pain ou les meilleurs légumes.

Entre-temps, j'allais à vélo à l'entraînement. Parce que c'était un plaisir de pédaler dans un environnement aussi magnifique.

Washington, c'est un monde à part, très agréable néanmoins. Et instructif. Par exemple, les Washington Diplomats faisaient partie d'un consortium qui possédait également le Madison Square Garden à New York. Andy Dolich, notre vice-président exécutif, avait été formé au Madison Square Garden. La façon dont il dirigeait le club m'a ouvert les yeux. Je n'ai pas été particulièrement étonné qu'Andy gagne plus tard le championnat des Séries mondiales avec les A's d'Oakland et qu'il ait fait du bon travail avec les Warriors de Golden State, les Grizzlies de Memphis et les 49ers de San Francisco.

Cet homme, qui avait travaillé au plus haut niveau aussi bien dans la ligue majeure de baseball qu'à l'Association nationale de basketball et à la Ligue nationale de football (NFL), était mon mentor aux Washington Diplomats. Grâce à l'expérience de gens comme Dolich, je connais le secteur du football comme ma poche. Je sais ce que pense un joueur, je sais ce que pense un entraîneur, je sais ce que pensent les sponsors. Et je connais tous les avantages et inconvénients qui résultent d'une mise en commun de ces trois éléments.

À Washington, j'ai porté un autre regard sur le sport de haut niveau. L'Amérique, c'est ce sport-là. Penser le sport à haut niveau, c'est dans les gènes des Américains. La grande différence entre l'Amérique et l'Europe, c'est que, là-bas, le sport est au cœur du système éducatif ; chez nous, il est géré par les clubs et il faut d'abord être membre d'un club. Chez eux, le sport est si important qu'il fait partie du programme scolaire. Une grande différence donc, puisque chez nous, l'école et le sport sont deux choses bien distinctes.

Chez nous, l'école, c'est une chose, le sport une autre. Erreur de jugeote. C'est la même chose, mais à un autre niveau. Ils ont bien compris ça, en Amérique. Celui-là devient médecin, un autre avocat, un autre encore footballeur américain. Ce n'est pas séparé, c'est la même chose. Les Américains mêlent sport et éducation. Nous les séparons, ils les associent.

Là-bas, un Einstein comprend le sport et un sportif comprend un Einstein, tandis que chez nous, les sportifs sont des imbéciles – en tout cas, c'est encore trop souvent ainsi que l'on les considère. Tu ne peux pas être un sportif de haut niveau si tu es bête. C'est exclu. Dernièrement, un copain m'a raconté une belle histoire. Il avait discuté avec le célèbre basketteur Yao Ming, l'ancienne star des Rockets de Houston. À un moment donné, il lui avait demandé qui était le meilleur joueur contre lequel il s'était battu. Il s'est avéré que c'était Shaquille O'Neal.

J'ai trouvé l'explication que Yao Ming en donnait très belle et particulièrement intéressante. C'était la première fois qu'O'Neal avait affaire à quelqu'un de la même taille que lui. Aussi grand et aussi fort. Les deux premiers ballons ont été pour Yao Ming, ensuite il n'a plus réussi à mettre un seul panier. D'après Yao Ming, au basket, chaque attaquant a engrangé une centaine de situations possibles dans sa tête. Quelle que soit sa position, il saura donc intuitivement ce qu'il doit faire.

O'Neal avait été capable d'analyser en quelques minutes la nouvelle situation – un adversaire de même force et de même taille – et de l'intégrer dans la base de données logée sous son crâne. Donc, en cinq minutes, il avait intégré les variantes 101 et 102 à son système et battu Yao Ming. Là, on ne peut pas dire que tu es un imbécile. Au contraire, tu serais plutôt très intelligent. D'ailleurs, je dis toujours : « Le football se joue avec les pieds, mais c'est la tête qui commande. »

Si tu considères le sport et l'intelligence sous cet angle, tu élargis ton point de vue. Et tu supportes d'autant moins la vision bornée qui domine dans les pays européens. Bien sûr, l'Amérique a plus de moyens, mais parce qu'il y a plus de moyens, la compétition est plus forte. Quand nous avons cinq joueurs pour une place sur le terrain, ils en ont cinq cents. Il faut se battre davantage et cela crée une autre mentalité. C'est logique.

De plus, les Américains travaillent avec plus de données et de statistiques. Les pourcentages sont reliés à ce qui s'est produit et à ce qui ne s'est pas produit. Et la conclusion est souvent qu'un basketteur qui met quatre-vingts fois sur cent la balle dans le panier est un mauvais basketteur tandis que celui qui le fait quatre-vingt-dix fois sur cent en est bon. À mon avis, c'est discutable. Je suis certain que les conclusions que je tirerais ne seraient pas les mêmes que celles de quelqu'un qui ne regarderait que les chiffres. Si Messi shoote dix fois et ne met que trois buts, il ne fait que 30 %. Et pourtant, avec ses trois buts, il est à un très haut niveau. Alors que selon les statistiques, il serait très moyen. Je dirais : essaie d'en faire autant et, en plus, à ce niveau-là. C'est pratiquement impossible.

Billy Beane a été le premier à s'en rendre compte. Le big boss des Athletics d'Oakland a posé un autre regard sur les chiffres du baseball pro et a ainsi obtenu des succès inattendus. Il avait compris que cela se jouait en effet dans les détails, mais qu'il fallait aussi bien comprendre ce qu'était un détail. Que la vérité n'est pas automatiquement dans les 70 %, qu'elle peut aussi bien se nicher dans les 1 ou 2 %. Que même un très petit pourcentage peut faire la différence. Cela dépend de la perspective dans laquelle on se place. Ce sont rarement les grosses fautes qui sont décisives, ce sont surtout les petites. Ce sont elles qu'il faut réduire au minimum.

En ce qui me concerne, les données et les statistiques ne doivent pas primer. Ce ne sont que des outils à notre service. Beane a été le premier à le comprendre. Et le plus beau, c'est qu'il s'est inspiré du football total de l'équipe néerlandaise lors du Mondial 1974. Cela l'a fasciné de voir que l'arrière gauche pouvait aussi jouer milieu droit. Ainsi, de prétendus spécialistes pouvaient occuper d'autres positions que la leur, avec succès. C'est ce qui l'a poussé à analyser le baseball différemment.

En Amérique, j'ai aussi eu la confirmation que le sport de haut niveau devait distraire le public. Je l'avais toujours pensé, mais c'était réconfortant de voir que dans ce pays, probablement la plus grande nation sportive au monde, on pensait comme moi. Les gens travaillent dur toute la semaine. Quand ils viennent au stade, ils doivent rentrer chez eux contents et avoir du respect pour ce qu'ils ont vu.

Il y a plusieurs façons d'y parvenir. Tu peux gagner, tu peux t'investir à fond, mais ce n'est pas une garantie de succès. Autrement dit : apprends à relativiser. Il ne s'agit pas seulement de gagner. Cela, j'en ai toujours été persuadé. On essaie toujours de gagner, évidemment, mais plus important encore, c'est la façon dont tu vas gagner. Il faut comprendre ce qu'attend ton public et te régler là-dessus. Ils le savent très bien, en Amérique. Ils savent ce que les fans veulent voir sur la pelouse, ils savent ce qu'ils veulent acheter, ce qu'ils veulent manger, ils savent tout.

C'est pareil pour le soccer, même si, à mon époque, les extrêmes se côtoyaient dans le football, aux États-Unis. D'un côté, je devais fonctionner au top dans une organisation dirigée par des pros, de l'autre, on m'avait confié une émission de télévision dans laquelle je devais donner les dimensions du terrain, dire que la pelouse était verte et expliquer à quoi servaient les lignes. Le football était quelque chose de nouveau aux États-Unis ; il fallait l'expliquer aux Américains comme à des débutants. Dans mon émission, j'expliquais comment il fallait shooter et ce à quoi il fallait faire attention quand on regardait un match. C'était plutôt comique, je jouais au top et, en même temps, j'étais dans un jardin d'enfants. Mais cela fonctionnait.

Washington était rempli d'Italiens, des gens qui, tous, avaient joué au foot. C'était pareil pour les Anglais, qui rendaient les Américains de leur entourage enthousiastes envers le foot. Il y avait, en tout cas, tout un tas de gens qui, un beau jour, avaient joué au foot. Mais l'engouement pour ce sport, il fallait que quelqu'un le déclenche via la télévision.

Et en Amérique, quand on est connu, ce ne sont pas les opportunités qui manquent. Ainsi, on m'a donné cette émission de télé. C'était le summum pour tous les coachs italiens et anglais. Il y avait tout à coup du foot à la télé, c'était donc que leur sport était important. On pouvait même y voir des entraînements. Les émissions drainaient de plus en plus de gens et leur impact grossissait à vue d'œil. C'était formidable de vivre cela.

C'est à Washington également que j'ai vécu les premières expériences qui allaient mener, plus tard, à la création de ma fondation. J'ai déjà mentionné que le propriétaire du club était un démocrate. Il m'a mis en contact avec la famille Kennedy. À un moment donné, Eunice Kennedy Shriver, la sœur de John F. Kennedy, m'a demandé de devenir ambassadeur de Special Olympics. Elle avait fondé l'organisation des sportifs handicapés mentaux, connue de nos jours dans le monde entier. J'ai d'ailleurs été impressionné quand, il y a quelques années, j'ai accompagné son fils à un match de Special Olympics en Pologne.

L'idée de ma fondation allait germer lors de ma première saison aux Washington Diplomats. Le hasard m'a embarqué dans une aventure qui, ultérieurement, tiendrait une place importante dans ma vie. Mais je dois avouer que cela ne s'est pas fait tout seul.

Aux Washington Diplomats, dès le début, j'ai dû animer des ateliers de foot pour enfants handicapés chaque fois que je jouais un match à l'extérieur. Au début, j'avais du mal. Au bout de quelques mois, j'ai dit que j'arrêtais, que cela n'avait aucun sens. Si je disais aux enfants d'envoyer le ballon à droite, ils l'envoyaient à gauche et ainsi de suite.

C'est ce que j'ai expliqué aux organisateurs. Ils m'ont alors demandé de visionner une vidéo qu'ils avaient faite en précisant que, pour une fois, je ne devais pas regarder le ballon, mais les yeux des enfants et ceux de leurs parents. Et le plaisir que cela leur procurait chaque fois qu'ils réussissaient à attraper le ballon, à faire quelque chose dont ils se croyaient incapables. Évidemment, cela demandait beaucoup de patience de leur apprendre quelque chose, mais là n'était pas le sujet. L'important, c'était qu'avec le ballon, ils apprenaient à coordonner leurs mouvements.

Les Américains avaient ajouté : « Quand vous reviendrez, vous verrez un tout autre enfant, un tout autre être humain. Vous verrez le bonheur que lui procure le simple fait de pouvoir toucher le ballon avec les pieds. »

Leurs explications m'avaient fortement ébranlé. J'ai vu, en effet, le bonheur que je pouvais apporter. Je commençais à aimer visiter ces ateliers, je les voyais d'un autre œil, cela me faisait réfléchir. Je retirais soudain une énorme satisfaction de ce que je faisais. Je me rendais compte que je n'avais presque rien à faire pour que les choses bougent.

Par exemple, j'avais un petit voisin qui souffrait du syndrome de Down. Il s'est tout à coup pointé chez moi avec un ballon. Je lui ai appris à shooter, à faire des têtes, un peu de ci, un peu de ça. Comme cela pendant un ou deux mois. Et puis, un jour que je rentrais de voyage, je l'ai vu jouer au foot avec les autres dans la rue. Quand il m'a vu, il a couru vers moi, m'a sauté au cou et nous nous sommes claqué deux baisers sur les joues. Il était si heureux de pouvoir jouer au foot avec les autres.

Enfin, c'était plutôt les autres qui le laissaient jouer avec eux. Mais le simple fait que les autres enfants l'acceptent dans leur jeu lui donnait énormément confiance en lui.

Et cela avait des effets sur tout. La famille de ce gamin se relayait pour le surveiller quand il faisait chaud. Ils avaient une piscine et craignaient constamment de le voir tomber à l'eau et se noyer. Un jour que, pour une raison ou une autre, j'étais près de leur piscine, dès qu'il m'a vu, il a pris son élan et s'est jeté à l'eau. Grâce à cette nouvelle confiance en lui qu'il avait acquise en jouant au foot, il avait vaincu sa peur. Et comme il avait vaincu sa peur, il a pu apprendre à nager.

Je me suis alors rendu compte qu'avec un peu d'aide, un peu de ci et un peu de ça, un enfant pouvait se transformer. Le résultat est spectaculaire, alors que tu as l'impression de n'avoir rien fait. Une leçon de vie que, grâce à Special Olympics, j'ai pu transposer dans le football. C'est pourquoi j'ai du mal avec les gens qui pensent que seul le résultat compte. Ils ne savent pas ce qu'ils font et, de plus, c'est une bien médiocre excuse. Évidemment que les résultats comptent, mais le plus important, c'est de sentir le club couler dans nos veines. C'est ce qui donne chaud au cœur.

C'est on ne peut plus contradictoire, mais en cela, je suis un professionnel très idéaliste, qui sait de quoi il parle. Enfant, j'ai grandi avec l'Ajax. Plus tard, par trois fois, j'ai quitté le club fâché, mais j'ai toujours été heureux de le voir gagner. J'ai le club dans le sang. C'est un sentiment difficile à définir, mais c'est le plus beau qui soit.

Environ vingt-cinq ans plus tard, l'Amérique fait partie du Top 25 mondial du foot et les stades se remplissent de plus en plus, même pour les compétitions professionnelles au niveau national. Cela ne m'étonne pas. Les Américains sont capables de se hausser jusqu'au sommet. Ils savent reconnaître leurs faiblesses et les combattre pour que le succès soit au rendez-vous.

Bien sûr, le chemin peut être semé d'embûches. Ainsi, Jürgen Klinsmann, le coach de l'équipe nationale, n'avait pas les mains libres pour concocter la sélection idéale : il devait obligatoirement choisir un joueur dans chacune des franchises. Il ne pouvait pas prendre quatre joueurs du même club parce que les autres franchises, qui payaient aussi leur contribution, voulaient elles aussi pouvoir montrer des joueurs internationaux à leur public.

Honnêtement, je ne sais pas si ce problème est résolu à présent, mais ce que je veux souligner, c'est que cette restriction est un vrai casse-tête pour les entraîneurs et qu'il serait bon de le résoudre. Finalement, il s'agit de franchir une étape, ce que les Américains font à nouveau chaque année – et ce, depuis longtemps.

Un autre point à revoir, c'est la formation. Il faudrait que les enfants qui jouent au foot en dehors des structures scolaires puissent être intégrés au système. Cela stimulerait encore plus d'enfants à jouer ; la participation et le vivier dans lequel puisent les franchises augmenteraient. En Europe, les pros et les amateurs sont séparés, en Amérique, cela s'appelle autrement, ils font autrement, mais ça revient au même. La solution, ce serait donc de réunir ces deux mondes : ceux des talents découverts dans le cadre du système scolaire et ceux qui viennent de la rue.

Entre-temps, presque toutes les équipes américaines sont fortes. Que ce soit l'équipe nationale ou le top de la Major League Soccer, chacune d'elles peut jouer à l'international. Elles ont beaucoup de bons joueurs. Seulement, ils ne sont pas encore super forts. Il manque l'exception. Le talent qui ferait la différence.

C'est inhérent à la façon de considérer le top et le chemin qui y mène, du point de vue de la formation, de l'entraînement et de la tactique de match. Car ce talent exceptionnel, il doit bien être quelque part. Il faut l'aider à s'épanouir. À mon avis, c'est bien là un des plus grands défauts du système américain : il ne laisse pas l'exception confirmer la règle.

Et pas seulement dans le foot. Que ce soit dans le golf ou l'équitation, presque tous font la même chose. Ils s'accrochent à des règles immuables. Cela se retrouve à tous les échelons de la société. Beaucoup de règles et de normes, mais où sont les Einstein, finalement ? En étant plus souples avec les règles dans le football, les Américains lèveraient un obstacle de taille.

Mais je l'ai déjà dit, j'ai surtout beaucoup appris en Amérique. Ces leçons, je les ai plus tard appliquées dans ma vie. Je me souviens encore du jour où nous avons emménagé à Washington. Quelqu'un du club est passé afin de s'assurer que nous avions bien réglé nos assurances. J'ai pensé : assurances ? Il s'est avéré qu'il en fallait même une pour le bord du trottoir. En effet, si quelqu'un glisse sur le bord de ton trottoir et qu'il te traîne devant les tribunaux, tu as un problème.

Je n'en croyais pas mes oreilles. On m'a expliqué que quelqu'un pouvait affirmer qu'il y avait une peau de banane sur ma partie de trottoir, que cela soit vrai ou non – le plaignant pouvait très bien en avoir déposé une lui-même et l'avoir photographiée. Il fallait que je tienne compte de ce genre de choses.

Du coup, on commence à penser autrement, c'est-à-dire à ne pas hausser les épaules et à ignorer le message, mais à se mettre au diapason. Finalement, j'ai dit au type que ce serait sympa qu'il règle cela pour moi. Ce que je veux dire par là, c'est qu'il est peu commun, même à ce niveau-là, qu'un club s'évertue à vous éviter les ennuis. Il ne faut pas en rire, mais l'apprécier, au contraire.

C'est d'ailleurs l'une des choses qui sont très mal réglées en Europe. Chez nous, les gens n'essaient pas ou rarement de régler les problèmes. D'où les énormes difficultés que rencontre un très bon footballeur issu d'un milieu pauvre, qui devient riche d'un seul coup. Comment gérer cela ?. Pratiquement aucun club ne t'accompagne dans le processus. Parce que l'on a affaire à deux mondes. La direction, les directeurs et les managers qui devraient être attentifs à cela ne comprennent pas ce type de footballeurs. Ils ont étudié, sont bien placés sur l'échelle sociale, mais demeurent incapables de se mettre dans la peau de ces jeunes et de comprendre leur background. Qui les accompagne ? Qui les corrige ? Il y aurait encore bien des progrès à faire en Europe de ce point de vue-là.

En tout cas, j'ai passé des années très agréables aux États-Unis. Trois belles saisons instructives aux Aztecs de Los Angeles et aux Washington Diplomats, où j'ai eu tout loisir de poser un regard curieux autour de moi. D'autre part, j'ai reçu de nombreuses marques d'estime. Le maire de Los Angeles, Tom Bradley, m'a nommé citoyen d'honneur de la ville et j'ai été nommé président d'honneur des USA Special Olympics.

J'y ai aussi appris les principes de gestion d'une organisation professionnelle – le travail avec des spécialistes dans un environnement où tout est mis en place pour que l'équipe puisse réaliser de bonnes performances. Depuis le vendeur de billets jusqu'au responsable du matériel.

De plus, c'est en Amérique que les bases de ce qui deviendra ma fondation et mes écoles ont été posées. J'ai eu là-bas un avant-goût de ce que j'allais mettre en œuvre quinze ans plus tard. Grâce à mon expérience au Special Olympics et à la façon dont les Américains combinent le sport et les études.

Je suis souvent retourné en Amérique. Un pays fascinant et stimulant, certainement en ce qui concerne le sport. Mais trois ans, c'était suffisant pour apprendre l'essentiel, réfléchir à bon nombre de choses et jouer à nouveau à un certain niveau. Comme footballeur, cependant, cela ne me suffisait pas. Je voulais davantage. Un sentiment qui ne faisait que se renforcer quand je m'entraînais à nouveau avec l'Ajax, dans les périodes où il n'y avait pas de compétition en Amérique. J'ai vu que je pouvais encore très bien jouer au niveau européen et j'ai franchi le pas. Je suis retourné à l'Ajax. Je me suis décidé à la fin de l'année 1981.

Je suis toujours un peu fier d'avoir contribué, avec des gens comme Pelé, Franz Beckenbauer, Johan Neeskens et bien d'autres, à la conquête du dernier continent oublié du football. Quand je vois la façon dont le soccer se développe, je me dis que c'est juste une question de temps. L'Amérique finira par gagner la Coupe du monde. En tant qu'amoureux du football, je trouverais cela formidable.

13

C'était fantastique de revenir jouer à l'Ajax. L'équipe était composée de jeunes qui, tous, étaient en admiration devant moi. Pourtant, je me suis très vite heurté à un problème. Je revenais des États-Unis, où j'avais pu observer comment on gérait un club. Mes trois années aux Washington Diplomats, notamment, m'avaient pas mal influencé. À mes yeux, jouer pour l'Ajax ne signifiait pas seulement être présent sur le terrain ; je m'intéressais aussi à la façon dont le club était géré, aux motivations de ses dirigeants. Ce n'était pas vraiment réjouissant.

Heureusement, sur le terrain, l'Ajax restait l'Ajax. L'équipe était jeune. J'avais 34 ans et je me retrouvais entouré de jeunes pousses : Frank Rijkaard, Marco van Basten. On m'a tout de suite laissé le rôle de leader, dans tous les domaines – en premier lieu, comme footballeur. Mais d'abord, j'ai dû convaincre. Quand on parlait de moi, il n'était question que du retour du vieux schnock. C'est très néerlandais, cela, de considérer d'abord le côté négatif des choses. J'ai eu la chance de marquer un but dès notre premier match, contre Haarlem. Un beau, par-dessus le marché. Tout le monde en est resté baba. Les langues de vipère ont dû ravaler leur venin, je savais encore jouer au foot.

Après cela, j'ai surtout été le taulier de l'équipe, un rôle qui, en fait, avait toujours été le mien. Entre-temps, j'avais occupé à peu près toutes les positions. Attaquant, milieu de terrain, libéro, j'avais tout fait. De ce côté, rien de nouveau pour moi. Par contre, je me retrouvais avec une jeune génération de footballeurs pour lesquels tous les trucs dont on devait s'occuper soi-même il y a dix ou douze ans étaient réglés. Changement d'habitudes, changement de règles, très logique, tout ça. Pourtant – et surtout pour des footballeurs professionnels –, il faut faire travailler ses méninges. Être capable d'improviser. Si l'on commence en dehors du terrain, on en profite ensuite pendant les matchs.

Je parle surtout d'un point de vue social, des convictions que l'on se forge. Ma femme devait encore laver mon survêtement boueux, alors qu'à présent, les jeunes retrouvent le leur propre et plié le matin dans le vestiaire. On n'avait pas de Tante Sien pour préparer tous les jours le café, les jus de fruits frais, les sandwichs et un plat de pâtes dans le foyer. Il n'y avait rien. Absolument rien. Ce que j'ai vu, à mon retour à l'Ajax, c'est une structure qui facilitait la vie et réduisait les responsabilités. Des joueurs qui nettoyaient eux-mêmes leurs chaussures ? Je n'en ai pas vu. Résultat : de jeunes joueurs glissaient pendant l'échauffement et disaient alors, en rigolant : « Ben oui, j'aurais dû changer mes crampons. » C'était des failles dans leur éducation et j'essayais de les combler.

Kurt Linder avait remplacé Rinus Michels et Ştefan Kovács comme entraîneur à l'Ajax. Il m'a beaucoup appris. Lorsque je me suis présenté au stade De Meer en décembre 1981, la première chose qu'il m'a dite était : « À ton âge, il ne faut pas trop forcer à l'entraînement. L'important, c'est de ne pas faire caler le moteur. »

Pendant l'entraînement, on ne me demandait donc pas de courir aussi vite que les jeunes. Linder considérait que cela ne me servirait à rien. Il faisait aussi toujours attention à ce que je ne me blesse pas. Après Linder et durant ma deuxième saison, j'ai eu Aad de Mos comme entraîneur. Lui, il était encore jeune et ne demandait pas mieux que de profiter de mon expérience.

Non pas qu'il me l'ait dit explicitement. C'était plutôt qu'il me posait des questions, qu'il me faisait part de ses réflexions et que je lui disais ce que j'en pensais. Cela n'a jamais été : « Allez, je vais lui apprendre quelque chose. » Non, il y avait un sujet et on en discutait ensemble. De Mos et moi, on n'a jamais été en mode « j'en sais plus que lui ».

Tout se passait bien dans les vestiaires et sur le terrain. J'ai déjà mentionné que c'était loin d'être le cas avec la direction. Comme j'étais passé par les Washington Diplomats, qui avaient un manager d'exception, Andy Dolich, je remarquais pas mal de dysfonctionnements. Mes rapports avec la direction allaient se dégrader, surtout après la deuxième saison.

Mais commençons par le commencement. Retourner aux Pays-Bas signifiait payer à nouveau 70 % d'impôts sur le revenu. Lors des pourparlers avec le club, mes conseillers financiers ont obtenu que je me constitue une retraite. Je touchais le salaire maximum pour un joueur professionnel aux Pays-Bas. L'Ajax ne pouvait pas payer davantage.

D'où l'importance de la belle construction imaginée par mon beau-père. Nous avons demandé aux dirigeants de l'Ajax combien de spectateurs se trouvaient dans les tribunes durant une rencontre. Disons qu'il y en avait 10 000. Le deal était qu'au-dessus de 10 000 spectateurs, on partageait les revenus entre le club et moi. Par exemple, s'il y avait 20 000 spectateurs, la recette serait de 5 000 entrées pour l'Ajax et de 5 000 pour moi. L'argent de ces 5 000 entrées devant constituer un pactole pour ma retraite.

On a été champions la première année ; le stade a reçu énormément de spectateurs et j'ai gagné énormément d'argent. Et cet argent, je l'ai mis de côté pour mes vieux jours. Cette construction financière s'est révélée être une belle réussite. La deuxième année a été tout aussi lucrative. En partie parce que de nombreuses rencontres avaient eu lieu au stade olympique, qui pouvait contenir plus de 50 000 personnes. Le double, presque, de la capacité du stade De Meer.

En tout cas, on avait de bons résultats et le public était content. Quand tout va bien, on a parfois des éclairs de génie. Par exemple, ce penalty, tiré en duo, par Jesper Olsen et moi, pendant le match Ajax-Helmond Sport. La différence entre les deux équipes était tellement grande que le match risquait de sombrer dans l'ennui. Ce penalty, c'était cadeau pour les fans, pour qu'ils s'amusent quand même un peu. Au lieu de tirer droit dans le but, j'ai fait une passe à Olsen. Dans un premier temps, le gardien est resté perplexe, puis il a décidé d'aller du côté de Jesper, qui m'a alors nonchalamment renvoyé le ballon. Comme j'avais pris garde de bien rester derrière le ballon, j'ai pu l'envoyer tout aussi nonchalamment dans la cage. Les spectateurs ont adoré.

Cette seconde saison a été, elle aussi, positive à tous points de vue. Et puis, soudain, les dirigeants ont trouvé que je gagnais beaucoup trop d'argent. Ce à quoi j'ai bien évidemment répondu : « Mais vous, gagnez autant que moi ? Vous râlez, mais cet argent, vous le mettez aussi dans vos poches, non ? Vous n'avez jamais eu autant de spectateurs. »

Ils n'étaient pas d'accord, cela a fait du grabuge.

Mon beau-père avait toujours entretenu de bons rapports avec les gens de Feyenoord. Quand ils ont eu vent de mes problèmes avec l'Ajax, ils ont immédiatement réagi : « Viens donc chez nous, on appliquera ton système. » C'était évidemment extrêmement tentant ; leur stade pouvait accueillir 47 000 personnes, cela faisait de belles recettes en perspective.

Je suis donc allé à Feyenoord, parce qu'à l'Ajax, ils sont restés sur leur position. Selon eux, j'étais trop vieux, trop gros et autres amabilités. Ils m'ont dit tout ce qui leur passait par la tête. Et pour couronner le tout, ils voulaient que je me contente à nouveau d'un salaire normal, ce que j'ai bien évidemment refusé.

Je dois avouer que j'ai passé un moment formidable à Feyenoord. Super, vraiment super. Bien sûr, au début, j'étais l'ennemi juré ; il a donc fallu convaincre les supporters et gagner leur affection. Mission accomplie dès le premier match, comme cela avait été le cas au Barça, aux Aztecs de Los Angeles, aux Washingtons Diplomats et à l'Ajax.

J'ai marqué un très beau but durant ce qui s'appelait encore le « Tournoi de Rotterdam ». Les gens se sont mis à hurler de joie, avant de réaliser que leurs acclamations s'adressaient à quelqu'un qu'ils détestaient. Il y a eu un moment de confusion totale dans les tribunes. Puis, la joie que les joueurs de Feyenoord laissaient éclater avec moi sur la pelouse a gagné les spectateurs. Et, pour terminer en beauté, on a gagné le tournoi.

On insinue souvent que durant mes trois dernières années de carrière, les entraîneurs jouaient les potiches, que je décidais de tout. C'est une ineptie. Cela ne marche pas comme cela dans le sport de haut niveau. Ainsi, Kurt Linder restera toujours pour moi l'homme qui ne voulait pas que mon moteur cale. Aad de Mos, je n'en avais jamais entendu parler, mais cela a parfaitement collé entre nous. L'approche de Thijs Libregts à Feyenoord était en fait la même que celle de Linder. Quand on faisait un jogging en forêt, il me disait toujours : « Tu commences avec les autres, mais tu arrives quand tu veux. »

En ce qui concerne la partie technique et tactique, Rinus Michels m'en laissait déjà la responsabilité pendant les matchs quand j'avais 18 ans. Donc l'automatisme de repositionner un joueur sur le terrain, ou d'entrer en action si la situation l'exigeait, ou quoi que ce soit d'autre, il y avait bien longtemps que je l'avais acquis. Comme pendant la Coupe du monde de 1974, je l'ai fait sans réfléchir, machinalement. Je n'ai jamais eu l'intention de tirer la couverture à moi. Cela ne marche pas comme ça. Surtout pas quand on est le taulier et coresponsable du bon fonctionnement de l'équipe pendant le match.

Il n'a jamais été question que Linder, De Mos ou Libregts ne s'occupent que de l'entraînement et moi du jeu sur la pelouse. Les résultats dépendaient du tandem. Dire que l'un était mauvais et que l'autre était bon et vice versa, cela ne tient pas la route. Les deux équipes dont j'ai fait partie les trois dernières années où j'ai joué aux Pays-Bas ont été trois fois championnes et ont gagné deux fois la Coupe. On n'atteint pas ce résultat sans une bonne collaboration.

C'est pour cela que je m'arrangeais pour faire une remise en jeu près du banc de l'entraîneur trois ou quatre fois par match, pour qu'il puisse me glisser : « Fais attention à ceci, fais attention à cela. » Ou alors, je me dépêchais de lui poser une question. On laisse son orgueil de côté dans ce genre de situation ; on agit en professionnel. Cela compte autant pour le coach que pour son prolongement sur le terrain. C'est une question de respect mutuel. C'est pourquoi je ne me suis jamais disputé avec un entraîneur. Hennes Weisweiler a été l'unique exception à cette règle, lorsqu'il a été coach pendant un an à Barcelone. Je n'ai jamais eu de problème avec les autres.

Je le répète, ma dernière année de footballeur à Feyenoord a été une fête. J'ai bien travaillé avec Thijs Libregts et des gars comme Ruud Gullit ou André Hoekstra ; on formait une belle équipe. Sans compter Joop Hiele, Ben Wijnstekers, Stanley Brard et tous les autres. Vraiment, tout était parfait cette année-là.

Pour ma part, j'avais débuté la saison en me disant : « Vous allez voir ce que vous allez voir. » Et on a vu, et pas qu'un peu. J'ai encore du mal à y croire quand j'y repense. C'était fou. Surtout que l'on a commencé par perdre 8-2 contre l'Ajax au stade olympique. On s'est bien moqué de nous à ce moment-là. Mais on oublie qu'il faut toucher le fond pour mieux remonter à la surface. C'est la vie.

Après ce 8-2, on a tout gagné. Absolument tout. La Coupe, la compétition, et moi j'ai eu le Soulier d'or, qui récompense le meilleur joueur de l'Eredivisie. Aux environs de Pâques, Feyenoord était déjà prêt à renouveler mon contrat. Mais on a d'abord joué deux matchs de rang, une rencontre le samedi, il me semble, et l'autre le lundi. Le lendemain du deuxième match, j'ai eu des problèmes. Le matin, j'ai eu du mal à descendre l'escalier et ensuite, j'ai été incapable de le remonter. Alors j'ai dit à Danny : « Je ne tiens plus le coup. On arrête. C'est fini. »

En 1978, j'avais fait mes adieux sur deux matchs ratés. Ce n'était pas glorieux, cela ne pouvait donc pas être définitif, mais, cinq ans plus tard, j'ai mis un point final à ma carrière dans les règles de l'art. Au top. Avec des moments de foot dont on parle encore aujourd'hui à Feyenoord et à l'Ajax. Sans compter tous les prix que l'on a gagnés. Trois championnats nationaux et deux Coupes en trois ans. Impossible de faire mieux. C'était bien d'arrêter là. Cela suffisait comme cela.

J'aimerais éclaircir un dernier malentendu. Je n'ai jamais agi par esprit de revanche, même en 1983, quand j'ai utilisé Feyenoord parce que j'avais une dent contre l'Ajax qui m'avait mis au rebut. Mon ego blessé n'avait pas grand-chose à voir avec la vengeance que j'étais supposé vouloir exercer, comme on l'a si souvent suggéré. Avec moi, les choses ne sont jamais aussi simples.

Mon second père, Oncle Henk, est décédé en 1983 et cette perte m'a tant touché que mon jeu à l'Ajax en a souffert. La direction était au courant et, pourtant, des histoires pas possibles ont circulé à mon sujet, ce qui fait que je suis arrivé amoché psychologiquement chez Feyenoord.

À Rotterdam, j'ai rassemblé toute mon énergie pour terminer ma carrière comme l'aurait aimé mon second père. Cela m'a donné une énergie incroyable pour gagner, à 37 ans, tout ce qu'il y avait à gagner. Le championnat national, la Coupe, le Soulier d'or. Je m'étonne encore maintenant des forces qui étaient en moi. Pour y arriver, la vengeance ne suffit pas.

14

Après avoir quitté Feyenoord, j'ai décidé de raccrocher les crampons pour une année sabbatique et de prendre du recul. Cela m'a éclairci les idées. J'ai alors compris pourquoi l'équipe nationale n'avait pas été sélectionnée pour la Coupe d'Europe de 1984 et les Coupes du monde de 1982 et 1986, et pourquoi on critiquait la qualité des entraîneurs et la formation des juniors. J'ai constaté, durant cette année, que les clubs manquaient cruellement de professionnels du foot, de vrais spécialistes. De gens capables de peaufiner les qualités techniques d'un pro, de l'emmener jusqu'au top. Des types qui se contentaient d'énoncer des généralités, cela, il y en avait à foison, mais on manquait de gens capables de travailler les détails.

Lorsque j'ai commencé à jouer au foot, à l'Ajax, il y avait Jany van der Veen. Il avait lui-même été un bon joueur et entraînait ses équipes en s'appuyant sur l'expérience qu'il s'était forgée auprès de ses propres entraîneurs. Le mélange de ses idées perso et de ce qu'il avait appris des autres, il l'enseignait à une nouvelle génération de footballeurs. J'ai le souvenir de nos entraînements en salle, chez les juniors, quand il faisait mauvais temps. Je n'aimais pas vraiment cela. Je détestais, en fait. Van der Veen nous faisait travailler le jeu de tête. Qu'est-ce que l'on pouvait faire d'autre en salle ? On tendait un filet, une équipe se mettait de chaque côté et on faisait des têtes par-dessus le filet. On faisait de nécessité vertu.

Plus tard, j'ai marqué de la tête le but décisif contre l'Inter Milan pendant la finale de la Coupe d'Europe 1972. Exécution technique parfaite, alors que ma taille ne me destinait pas au jeu aérien. Tout cela grâce à un exercice que mon entraîneur d'équipe junior avait sorti de sa manche un jour de pluie.

Et puis, il y a eu ce changement à la KNVB. Il fallait avoir un diplôme pour être entraîneur. Mais quel footballeur avait envie de s'asseoir sur les bancs d'une école ? C'est ce qui a fait naître une autre sorte de coach que le footballeur des rues auquel nous étions habitués. Le processus n'a pas cessé de se développer. À un moment donné, il fallait étudier quatre ans pour être entraîneur.

Prenons mon exemple. Jouer au foot tout en étudiant, cela m'était impossible. Je me heurtais à un problème de temps. Quand j'étais libre, les écoles étaient fermées et elles ne voulaient pas faire d'exception. Plus tard, avec l'Institut Johan Cruyff, j'ai essayé de proposer une solution aux sportifs, mais à l'époque, la mentalité ne s'y prêtait pas. Si tu étais sportif et que tu voulais étudier, tu l'avais dans le baba.

C'étaient donc les moins bons joueurs qui devenaient entraîneurs, ceux qui n'étaient pas des footballeurs doués. Cela coule de source : ceux qui ne faisaient pas partie de l'équipe première ou de la sélection nationale n'étaient pas obligés de s'entraîner tous les jours et pouvaient étudier. Conséquence logique de cet état de choses : la qualité du football diminuait. Depuis, la KNVB a mis en place une formation courte pour les anciens internationaux. Mais bon, elle a lieu entre quatre murs et non sur le terrain.

La situation est inchangée dans le football d'aujourd'hui. Les constatations que j'ai faites il y a trente ans sont, à peu de choses près, toujours d'actualité. Et ce qui faisait la force du football néerlandais d'hier, notre compétence technique, est devenu notre point faible.

Début 1985, lorsque la Roda JC m'a demandé d'être le conseiller de leur équipe, j'ai senti que cela me démangeait à nouveau. J'avais également été contacté par Léon Melchior, qui voulait mettre une formation junior en place au MVV de Maastricht. Melchior était un homme d'affaires d'envergure qui, dans son temps libre, avait créé un haras mondialement connu où il élevait les meilleurs chevaux de course. Le MVV avait sollicité ses conseils pour la réorganisation de son club et j'étais pressenti par Melchior pour faire un audit de l'organisation de la formation junior.

Mes premières démangeaisons, je les ai perçues comme un signal précurseur à mon retour dans le monde du football. L'Ajax et Feyenoord ont bien vite sonné à ma porte. J'ai surtout apprécié l'intérêt que me portait l'Ajax. Cela signifiait que le club voulait tirer un trait sur le passé. Comme j'avais amplement pris ma revanche avec l'épisode Feyenoord, j'ai décidé de mettre un point final à notre brouille.

Ensuite, tout est allé très vite, l'Ajax m'a engagé comme directeur technique au mois de juin. C'était la première fois dans l'histoire du football néerlandais que l'on utilisait le terme de « directeur technique ». Cette petite astuce juridique me permettait d'être entraîneur sans en avoir le diplôme. Le syndicat des entraîneurs m'avait en effet menacé de procès si j'étais nommé entraîneur principal. « Directeur technique », cela nous convenait parfaitement, à l'Ajax et à moi.

C'est d'ailleurs la KNVB elle-même qui nous a soufflé cette astuce. Début 1985, j'avais envoyé une lettre à la Fédération royale néerlandaise de football afin de m'informer sur les conditions à remplir pour travailler comme coach professionnel. J'avais écrit cette lettre en concertation avec mon ancien entraîneur, Rinus Michels, alors conseiller technique auprès de la KNVB. L'idée était de modifier les règles pour donner une chance à ceux qui, de par leur expérience et leur savoir-faire, pouvaient être véritablement utiles au football professionnel. La formation complète durait alors de cinq à six ans ; c'était beaucoup trop long. Cinq ans pendant lesquels le football professionnel devait se passer de l'expérience d'un ancien pro.

« Aide-toi, le ciel t'aidera », dit le proverbe. J'ai donc proposé une alternative : faire passer un examen préalable aux ex-footballeurs internationaux et ne leur faire suivre des cours que dans les matières où ils n'avaient pas donné satisfaction. On accélérait ainsi le rythme de la formation et on permettait aux plus doués de revenir au plus vite là où on avait le plus besoin d'eux : sur le terrain.

À ce moment-là, le football néerlandais en son entier avait un besoin urgent d'hommes capables d'analyser et de tirer le meilleur tant d'une équipe prise comme un ensemble que de ses onze joueurs pris individuellement. À l'époque, déjà, j'étais persuadé que le top du top ne pouvait être atteint que si l'on accordait une grande attention aux « détails » tout au long de la formation. Ma proposition de faire passer un examen préalable et de concocter ensuite un cours sur mesure répondait aux besoins de la KNVB, qui cherchait à attirer rapidement de vrais pros.

Cela dit, personnellement, je courais de vrais risques avec ce système. Normalement j'aurais dû réussir les matières « tactique » et « technique » les doigts dans le nez, mais comme mes idées sur le football étaient loin de faire l'unanimité – et sans aucun doute, pas auprès des formateurs du cours –, je n'aurais probablement jamais réussi mon examen.

Cependant, les mois passaient et la KNVB ne donnait toujours pas signe de vie. La fédération m'avait annoncé qu'elle s'occupait de l'affaire, mais on en restait là. Comme les choses traînaient en longueur, j'ai fini par imaginer ce terme de « directeur technique », qui allait enfin me permettre de commencer mon travail à l'Ajax. Je risquais fort d'être baladé dans les méandres bureaucratiques, il était temps que j'intervienne.

Heureusement, mon expérience américaine m'avait montré que le sport professionnel pouvait fonctionner autrement. À l'Ajax, les circonstances me permettaient d'appliquer cette expérience au club. Il en avait bien besoin. Pour commencer, j'ai décidé de prendre sur moi la responsabilité du football en son entier. Des professionnels aux pupilles. Ce type de management impliquait que je forme une équipe englobant tous les entraîneurs et meneurs d'équipe. Ce serait à eux d'appliquer la politique du club.

J'ai très vite remarqué que mon rôle à l'Ajax ne plaisait ni à la fédération ni au syndicat des entraîneurs. Ils sont venus m'espionner et ont constaté que je participais activement aux entraînements. Je n'ai eu aucun mal à m'en expliquer. Je ne suis pas du genre à diriger les gens du haut de ma tour d'ivoire. Le football, c'est mon métier ; le terrain, c'est mon lieu de travail. J'ai donc allégué que ma longue carrière de professionnel m'obligeait à réduire l'entraînement étape par étape, que c'était pour cela que je courais au milieu des joueurs.

Mais, pour être franc, je ne dirigeais quasiment jamais un entraînement. J'avais une équipe technique composée de Cor van der Hart, Spitz Kohn et Tonny Bruins Slot, trois entraîneurs dont la grande expérience compensait à merveille mes failles dans ce domaine. Rester au milieu des joueurs me permettait de travailler au mieux les détails. Et cela, aucune formation, même si elle durait cent ans, ne pouvait le leur apprendre. Pour cela, tu es doué ou tu ne l'es pas.

De plus, toute l'organisation autour de l'équipe première s'est faite sur un modèle américain, c'est-à-dire avec des spécialistes. Durant ma carrière de footballeur, je m'étais déjà rendu compte que si j'étais, au dire de tous, le meilleur joueur de l'équipe, l'arrière gauche était tout de même un meilleur arrière gauche. C'est le message que j'ai fait passer à mon équipe technique.

En plus de trois entraîneurs, l'Ajax avait un préparateur physique. En outre, j'ai engagé le premier entraîneur de gardiens de but des Pays-Bas, qui devait se charger du gardien de l'équipe première, mais aussi de tous les gardiens du club. Plus tard, j'ai également travaillé avec des recruteurs sportifs en externe et en interne.

Je déléguais et laissais à d'autres le soin de faire les entraînements, le recrutement et ainsi de suite. Ils le faisaient mieux que moi. Je n'ai jamais fait ce que je ne savais pas faire. Moi-même, j'avais été formé par un entraîneur et un ou deux assistants, mais j'avais pas mal été influencé par mon époque, par le *flower power,* l'imagination au pouvoir. C'est ainsi que j'ai débarqué un jour à l'Ajax avec Len del Ferro – un chanteur d'opéra spécialisé dans les techniques de respiration – afin que mes équipes apprennent à tirer un rendement maximal de l'inspiration et de l'expiration. C'est très important dans le sport de pointe. Et del Ferro s'est donc mis au boulot avec les joueurs dans le vestiaire.

Plus tard, au Barça, j'ai aussi engagé un réflexologue, (spécialiste des pieds) ; toute l'énergie du corps y converge. On demandait à cette catégorie de patriciens d'intervenir pour apporter, si possible, un surplus de confort aux joueurs.

C'est ainsi que, secondé par divers techniciens, je m'attachais à travailler les détails. C'était vraiment une partie importante de mon travail. Surtout au début, parce que l'on n'était pas habitués à fonctionner de cette manière aux Pays-Bas. Je disais à mes collaborateurs : « Tu t'occupes de la condition physique, alors c'est toi, le responsable de la condition physique. Pas moi. Ne viens donc pas me demander ce que tu dois faire. Pour moi, il y a deux choses importantes : les joueurs doivent être capables de courir pendant cent vingt minutes et ils doivent s'amuser. Je ne suis pas le gendarme de service. Je ne suis rien. Mais si tu n'y arrives pas, tu es viré et j'en prends un autre. »

Autrement dit, c'est toi qui as les compétences, donc c'est toi qui as la responsabilité. C'est direct et cela pousse les gens, en tout cas la plupart, à prendre leurs responsabilités. Ils n'ont plus à se demander : qu'est-ce qu'il en penserait ? C'est la raison pour laquelle, généralement, j'évitais d'assister au premier entraînement. C'était leurs oignons, pas les miens.

Ainsi, au lieu de l'entraîneur principal et de son assistant, l'Ajax était soudain doté d'une équipe technique de sept personnes. Cependant, en dépit des divergences de spécialités, la base, c'était l'acquisition d'une meilleure technique. Et par « technique », je ne veux pas automatiquement dire « utilisation du ballon ». Prenons l'entraînement à la course, par exemple. Le but n'est pas de faire courir un joueur dix kilomètres d'affilée, mais d'améliorer sa technique de course. Une meilleure technique de course allait, très probablement, lui éviter des blessures. Ou l'aider à accélérer dans les petits espaces.

C'est tout un ensemble qui n'a pas de lien direct avec le ballon et que l'on classe sous le dénominateur « technique ». En plus de la course, il y a la détente verticale et le jeu aérien. On peut toujours toucher le ballon avec la tête, mais après, qu'est-ce que l'on fait ? Chaque facette de cet ensemble présente d'innombrables détails à régler.

Je m'occupais personnellement de la partie football, de chaque détail : où et comment placer son bras droit quand on tire du pied gauche ? Comment acquérir un meilleur équilibre ? Qu'est-ce qui pose problème et comment trouver la solution ? Ou alors, je discutais avec les autres spécialistes de la possibilité de combiner un entraînement technique et un test de condition physique. Souvent, il ne s'agit pas seulement d'améliorer tel ou tel point : il faut aussi savoir moduler l'intensité de l'entraînement.

Ainsi, à l'Ajax, on a créé les circonstances qui permettaient à chacun de donner le meilleur de soi-même et favorisaient ainsi l'émulation.

J'avais également remarqué que le football néerlandais s'était petit à petit éloigné du jeu avec lequel nous avions surpris le monde en 1974. J'avais décidé, dès mes débuts d'entraîneur à l'Ajax, de renouer avec les principes de base du football total. C'est ainsi que Stanley Menzo, le gardien de but, a été un gardien libéro, capable de jouer également loin de son but. Trente ans plus tard, ce changement mis en place à l'époque se pratique encore. C'est même ancré dans la philosophie de clubs comme le Barça et le Bayern Munich, ce qui est plutôt réjouissant à voir.

Mon intention était de changer l'image du centre de formation de l'Ajax, de remettre, entre autres, le jeu offensif à l'honneur, avec trois attaquants et sans libéro. Cela obligeait les défenseurs à apprendre, dans la pratique, en se cassant le nez, s'il leur fallait adopter un jeu de position ou marquer l'adversaire.

À l'époque, toutes les équipes de l'Eredivisie jouaient avec deux attaquants, si bien que je n'avais besoin que de trois défenseurs au lieu de quatre. Cela me permettait de placer quatre joueurs en milieu de terrain ; autrement dit, on remplaçait un arrière par le joueur qui est à présent connu sous le numéro 10, le milieu offensif. Demander à Menzo, le gardien, de ne pas reculer en deçà de la ligne des seize mètres lorsque l'on était en possession de balle, c'était forcer le reste de l'équipe à jouer loin du but.

De plus, le choix de Menzo montrait clairement la façon dont je concevais une équipe. Ma priorité n'était pas de rassembler les onze meilleurs footballeurs, mais plutôt le groupe de joueurs qui formerait la meilleure équipe. Mon premier critère dans le choix des défenseurs était leur compatibilité avec Stanley Menzo. Me creuser la cervelle pour voir si le joueur A formerait un bon tandem avec le joueur B, j'ai toujours adoré faire ça.

On peut dire que nos matchs étaient très souvent beaux à voir et qu'ils donnaient lieu à de nombreuses discussions. Selon moi, c'est ce qui fait l'intérêt du football professionnel. Les uns trouvaient ce type de football sensationnel, les autres pensaient qu'il était impossible de gagner avec ce jeu-là. Alors, j'expliquais aux uns et aux autres que, bien sûr, il nous arriverait de perdre au début, mais que dans le cadre de la formation, cela n'avait pas grande importance. On était en train d'investir dans l'équipe première. Telle quelle, cette équipe était assez bonne pour rester dans le trio de pointe du classement, mais je voulais que les résultats soient encore meilleurs et que le jeu soit attractif.

Je n'ai jamais transigé là-dessus. Je n'ai jamais eu le moindre doute, pas même après avoir perdu quelques matchs. Ni à l'Ajax ni plus tard, au Barça. D'autant plus que je gagnais toujours un prix. Durant cette première saison à l'Ajax, nous avons gagné la Coupe des Pays-Bas, ce qui nous a permis de participer ensuite à la Coupe d'Europe des vainqueurs de coupe. Et cette coupe aussi, nous l'avons gagnée, en 1987. Un but de la tête de Marco van Basten nous a permis de battre le Lokomotive Leipzig sur le score de 1-0 en finale à Athènes. Cette équipe de l'Ajax était la plus jeune à avoir remporté une finale internationale. C'était d'autant plus remarquable que l'on affirmait depuis des années que les clubs néerlandais ne feraient plus jamais le poids face aux gros chèques de l'Italie et de l'Espagne.

La victoire en Coupe d'Europe a également eu un effet bénéfique sur un tout autre plan. J'ai enfin reçu une réponse positive de la KNVB.

J'avais envoyé ma lettre depuis six mois environ quand, au début de l'année 1985, l'on m'a annoncé que ma demande de formation écourtée avait été rejetée. Le président du conseil de l'Ajax, Ton Harmsen

– également membre du conseil d'administration de la fédération –, m'a rapporté que c'était Michels qui avait fait obstruction. J'ai quand même trouvé son histoire bizarre. C'était Michels lui-même qui m'avait aidé à écrire cette fameuse lettre, sachant que le conseil d'administration de la fédération la lui remettrait, puisqu'il occupait la fonction de conseiller technique. On était ainsi assurés que la lettre arriverait entre de bonnes mains. Et, selon Harmsen, c'est Michels, au final, qui m'aurait saqué. J'ai encore beaucoup de mal à le croire. Je n'en ai jamais parlé à Michels, parce que cela me semblait trop absurde. Aujourd'hui encore.

Toujours selon Harmsen, le conseil d'administration aurait finalement décidé d'ignorer l'avis de Michels et de m'accorder la fameuse dispense, début 1986. La fédération de football a tenu compte de six critères : 1. mérites dans le domaine du football néerlandais ; 2. contribution à la promotion du football en général ; 3. niveau de formation et carrière ; 4. aptitudes à diriger et qualités didactiques et méthodologiques présumées ; 5. connaissance de l'équipe technique et du groupe des joueurs ; 6. disposition à éventuellement participer à une formation sur mesure.

Après la victoire en Coupe d'Europe, la KNVB a, d'un coup, abandonné toutes ses réserves concernant ma fonction de directeur technique. Le 1er juin 1987, elle m'a non seulement loué pour le succès de l'Ajax à l'international, mais elle m'a également offert le diplôme de « coach de football professionnel » sur un plateau.

C'était un passe-droit, bien évidemment. Cependant, si l'on me demandait aujourd'hui si une formation accélérée m'aurait été utile, je crois que j'émettrais quelques doutes. Ou plutôt non, je suis sûr que cela ne m'aurait servi à rien. Aussi bien à l'Ajax que plus tard, au Barça, je ne me suis jamais occupé que de ce que je maîtrisais. Et les spécialistes que j'intégrais à mon équipe technique m'étaient complémentaires. Il faut dire aussi que j'ai eu la chance de travailler avec deux grands clubs, qui avaient les moyens de se les payer.

15

J'étais davantage coach qu'entraîneur et davantage footballeur que coach. De préférence, je jouais avec les footballeurs pendant l'entraînement ; ensuite, je réfléchissais aux positions et je développais la stratégie pendant le match. J'adorais faire cela.

Naturellement, en tant que coach, j'ai été influencé par d'autres. Des coachs et des entraîneurs, on peut d'ailleurs dire que j'en ai eu plus d'un. Quand tu as travaillé avec des gens comme Jany van der Veen, Rinus Michels, Georg Kessler, Ştefan Kovács, Frantisek Fadhrone, Hennes Weisweiler, Gordon Bradley, Kurt Linder, Aad de Mos et Thijs Libregts, il t'en reste toujours quelque chose. L'un t'apprend ce qu'il faut faire et l'autre ce qu'il ne faut pas faire.

Ce sont eux qui m'ont formé, mais finalement, on se forme soi-même.

Inutile de préciser, je pense, que van der Veen et Michels sont ceux qui m'ont le plus influencé. En tant qu'entraîneur, van der Veen m'a appris à bien jouer techniquement. Michels, comme coach et manager, était très sévère, très dur. Les gens que tu fréquentes, eh bien, ils te marquent.

On l'a vu dès ma première intervention en tant que coach. C'était d'ailleurs cinq ans avant que je n'endosse véritablement cette fonction. En 1980, j'étais encore aux Washington Diplomats et l'Ajax m'a demandé d'être conseiller technique par eux, provisoirement, pendant la pause hivernale en Amérique. Leo Beenhakker était alors l'entraîneur et l'équipe première ne fonctionnait pas comme il aurait fallu. Lors du premier match contre FC Twente, j'ai décidé de m'asseoir non pas sur le banc de touche, mais dans les tribunes, d'où j'avais une meilleure vue.

À un moment donné, alors que l'Ajax était en train de perdre 3-2, j'ai entrevu la possibilité de changer la donne. Je suis descendu des tribunes, j'ai donné quelques indications de changement le long de la ligne de touche puis je suis allé m'asseoir sur le banc, à côté de Beenhakker. Finalement, l'Ajax a gagné 5-3. Ensuite, la presse a rapporté que j'avais ridiculisé Beenhakker.

Honnêtement, je pense que si c'était à refaire, je le referais. Beenhakker savait pourquoi on m'avait engagé et comme conseiller, tu te dois d'intervenir si la situation l'exige. C'était le cas contre le FC Twente. L'Ajax était sur le point de perdre le match et je voyais la façon de changer la donne. Alors, bien sûr, j'interviens. J'aide.

Bon, il faut, évidemment, que l'intervention soit un succès. Si cela n'avait pas été le cas, tout le monde aurait eu le droit de me tomber dessus. Mais c'était le cas, cela a super bien marché. Il suffisait de permuter quelques positions pour que l'équipe soit plus performante ; si j'avais été entraîneur, j'aurais été content d'avoir un tel conseiller. Et puis ce n'était qu'un instantané ; après, tu te concentres sur le prochain match. C'est pour cela que, moi, je n'en ai jamais fait un pataquès.

En tout cas, le match Ajax-Twente a montré où était ma force. De même que lorsque j'étais footballeur, j'avais, en tant que coach, une vision totale de ce qui se passait sur la pelouse.

Cinq ans plus tard, je choisissais définitivement d'être coach. J'ai toujours adoré jouer au foot. Coach, c'était un second choix. Il n'en a été question qu'au moment où j'ai décidé de mettre fin à ma carrière de footballeur et de continuer cependant à travailler dans le monde du football. Le coaching, c'était pour moi une façon de participer aux matchs. C'est pourquoi à l'Ajax comme à Barcelone, dans la première phase de préparation à la saison, je m'arrangeais pour que l'équipe ait tous les jours un match à disputer.

C'est une approche qui diverge de celle que la plupart des autres entraîneurs adoptent aux mois de juillet et août. Ce n'est qu'un exemple, parmi d'autres, de ce qui peut différencier les entraîneurs entre eux. Ainsi, au cours des années, j'ai pu distinguer deux groupes d'entraîneurs : ceux qui ont toujours voulu l'être et ceux qui le sont devenus parce qu'ils n'avaient plus la condition physique qui leur aurait permis de rester sur le terrain. Il est clair, je pense, que je fais partie de ce dernier groupe. Et je suis aussi le type d'entraîneur qui préfère s'occuper du coaching et qui laisse les autres s'occuper de l'entraînement.

Si un club choisit un type comme moi, il doit l'envisager en combinaison avec un « véritable » entraîneur. Et il faut que la combinaison soit bonne. Quelqu'un comme Tonny Bruins Slot à l'Ajax puis, plus tard, à Barcelone, était en parfaite complémentarité avec moi.

À l'Ajax, la combinaison de l'ancien directeur Arie van Eijden avec moi n'a, en tout cas, pas été des plus heureuses. Si la direction avait été plus avisée, elle ne nous aurait jamais fait travailler ensemble. Du moins, pas de la façon dont cela s'est fait. Il aurait fallu, comme ligne directrice, que l'ancien directeur soit mon porte-parole auprès de la direction. Qu'il soit un des éléments de l'équipe, comme tout un chacun se doit de l'être. Depuis la dame qui sert le café jusqu'au directeur, comme cela devrait être le cas dans un club au top.

Mais ce n'était pas la façon dont on envisageait les choses à l'Ajax. Moi qui avais pu observer le fonctionnement de clubs professionnels modernes en

Amérique, j'étais confronté à une organisation qui n'était plus de son temps.

C'est pénible de devoir constater que presque rien n'a changé en trente ans. On investit beaucoup plus d'argent dans le football de haut niveau, c'est vrai, et pourtant, on fait toujours les mêmes erreurs. Des décisions sont prises par des dirigeants qui ne savent absolument pas où mettre les priorités. Des choix sont faits sur la base d'interviews ou de lobbying dans les bureaux de l'administration ou de la direction. Avec parfois des conséquences désastreuses qui font tomber l'entraîneur et laissent les véritables responsables à l'abri.

Ce que je veux dire par là, c'est que pour bien savoir choisir les entraîneurs et mettre la bonne personne au bon endroit, il faut être un fin psychologue. C'est pourquoi je suis chaque fois stupéfait de voir qui, dans les clubs, s'en charge. Ce sont des choix qui ont des effets inimaginables, qui peuvent provoquer des dégâts durant des années. C'est ainsi que l'on gâche des millions et que l'on fait inutilement du tort à des entraîneurs et, certainement aussi, à des joueurs.

Je sais de quoi je parle ; j'en ai fait les frais en tant qu'entraîneur, à l'Ajax comme à Barcelone. Dans les deux cas, au début, le succès était au rendez-vous, si bien que les joueurs et moi étions sous les feux des projecteurs tandis que les dirigeants restaient dans l'ombre. Ils n'y sont pas restés longtemps, ils se sont manifestés en dépit du bon sens et nous ont fait plus de mal que de bien. Ils créaient eux-mêmes les problèmes dont ils allaient me rendre responsable par la suite.

En fait, on peut dire que la situation a été tendue dès le premier jour à l'Ajax. J'avais, en raison de mon expérience américaine, quelques notions du côté financier du business. À Washington, j'avais appris auprès d'Andy Dolich, par exemple, la façon dont les finances pouvaient influencer le vestiaire et donc le résultat.

C'est pour cela que je me suis toujours mêlé des questions de salaire et de primes, pour tous les joueurs, sans distinction – et ce, alors que le sujet ne m'intéressait pas plus que cela. Mais le travail de formation que je faisais avec ma sélection m'amenait à ajuster ma façon de penser. Il n'était pas question, par exemple, que le numéro 9 dans l'ordre hiérarchique gagne plus que le numéro 3 parce que son agent était plus roublard.

Cela finit toujours par se savoir et cela crée des tensions inutiles. C'est pourquoi, pour éviter les frictions dans le vestiaire, j'ai toujours voulu savoir exactement combien chacun gagnait.

L'Ajax avait également créé un autre problème. Le club fonctionnait avec un montant limité pour les transferts. Une belle idée peut-être, surtout à court terme, mais qui n'a pas tardé à montrer ses failles. Surtout quand le milliardaire Silvio Berlusconi a acheté l'AC Milan et mis de grosses sommes sur le marché des transferts. La politique des transferts pratiquée au sein de l'Ajax n'a pas permis au club d'en profiter, contrairement à notre grand concurrent, le PSV Eindhoven. L'AC Milan lui a acheté Ruud Gullit pour dix fois plus que ce que l'Ajax a touché pour Marco van Basten. Le pire, c'est que très peu de clubs néerlandais partageaient cette politique de l'Ajax. Alors que nos meilleurs joueurs partaient pour une somme dérisoire, pour un remplaçant en Eredivisie, le club devait payer presque autant que ce que van Basten avait rapporté.

Dans des moments pareils, ma grande gueule pose problème. Je suis allé voir les dirigeants pour leur dire en face ce que j'en pensais. Je les tenais responsables de l'appauvrissement de l'équipe. Évidemment, ce n'est pas comme ça que l'on se fait des amis.

C'est ainsi qu'après avoir gagné la Coupe des coupes, je me retrouvais dans une situation ubuesque. Le club avait toutes les chances de devenir un grand club et la direction nous mettait des bâtons dans les roues. J'ai proposé plusieurs fois aux dirigeants d'envoyer le directeur faire un stage auprès de Dolich. Cela aurait été bénéfique et pour l'Ajax et pour lui. Mais ils ne m'ont pas pris au sérieux et ils ont ignoré ma proposition.

Ensuite, sur le marché des transferts, tout est allé à vau-l'eau. Van Basten était parti à l'AC Milan pour une bouchée de pain et j'avais Cyrille Regis, du Coventry City, dans le viseur. Un buteur très physique et charismatique, excellent joueur par-dessus le marché. Comme, avec son club, il était très bien placé pour gagner la FA, la Coupe d'Angleterre de football, on voulait régler l'affaire avant qu'il ne soit trop en vue. Seulement, au bout d'un mois, l'Ajax n'avait toujours pas commencé à négocier sérieusement, Coventry a remporté la FA, Regis a été brillant et il est devenu trop cher pour nous.

Trois autres transferts ont échoué cet été-là à cause de la lenteur des négociations. Finalement, un de mes joueurs, Arnold Mühren, m'a signalé que Frank Stapleton était libéré de ses obligations contractuelles. Arnold et lui avaient joué ensemble au Manchester United et je me souvenais de Stapleton comme d'un bon attaquant. Il n'était pas cher, entre autres parce qu'à ce moment-là, il se blessait souvent. Et voilà à quoi j'en étais réduit pour me procurer mes joueurs.

Rabah Madjer a été la goutte d'eau qui a fait déborder le vase. Son club avait gagné la Coupe d'Europe des clubs champions face au Bayern Munich grâce à une belle talonnade de sa part. De plus, c'était un joueur qui m'intéressait particulièrement. J'avais appris qu'il était un de mes grands fans et qu'il rêvait de jouer sous ma direction. De plus, il avait imposé à son club, le FC Porto, un montant de transfert limité à 800 000 dollars. Comme trois transferts avaient échoué, j'ai entamé moi-même la première partie des négociations. Pas correct peut-être, mais j'avais perdu confiance. J'ai attendu que l'accord entre son club et moi soit conclu avant de faire intervenir la direction.

Nous étions convenus que le transfert ne devait à aucun prix s'ébruiter avant le match de la Super Cup[1] Ajax-FC Porto, qui devait se tenir une semaine plus tard. Les Portugais avaient été très clairs là-dessus. La Super Cup, pour eux, c'était le gros lot et ils ne voulaient pas donner l'impression qu'avec ce transfert, ils faisaient cadeau de la finale.

Les accords étaient clairs, le transfert était pratiquement fait. Pourtant, cela a capoté. Et la façon dont cela s'est fait montre à quel point la situation s'était dégradée à l'Ajax. Seuls trois dirigeants, dont le directeur, étaient au courant des accords conclus avec le FC Porto et il a fallu que l'un d'eux révèle l'affaire à la presse, un jour avant le match. À la suite de quoi le président du FC Porto, furieux, m'a fait savoir que le transfert était annulé. Après quoi le Bayern Munich s'est dépêché d'acheter Madjer. Quant à moi, j'avais une fois de plus raté le coche.

Les problèmes continuaient à s'enchaîner. À l'Ajax, van Basten avait toujours été l'incontestable numéro 1. Après son départ pour l'AC Milan, j'ai dû chercher à remplacer non seulement ses qualités, mais aussi son autorité. Comme je n'avais pas pu avoir les joueurs que je voulais, j'ai dû faire mon choix parmi ceux qui me restaient.

1. Le match du Trophée des champions.

Van Basten parti, je voulais un nouveau leader naturel dans l'équipe. Je pensais à Frank Rijkaard. C'était, sans conteste, le meilleur joueur, mais les circonstances ont fait que cela n'a pas fonctionné. Frank est d'un naturel timide ; j'ai essayé de le secouer. Malheureusement, il a craqué et quitté l'Ajax du jour au lendemain. Il ne voulait plus, il en avait sa claque. Cela m'a fait un sacré choc. On comprendra, j'espère, que si la direction du club avait eu une attitude plus professionnelle sur le marché des transferts, ce problème n'aurait pas existé.

Rijkaard a, malheureusement, mal interprété mes critiques. Je voulais le pousser à aller plus loin comme footballeur. Je ne l'aurais pas fait si je n'avais pas été convaincu qu'il en valait la peine. Je n'ai pas de temps à perdre. Il faut pouvoir être très dur quand on corrige et dire les choses telles qu'elles sont, surtout dans le sport de haut niveau.

Le problème est le même pour les joueurs que l'on va éliminer à la fin de la saison. Chaque fois, j'ai dû me faire violence, m'endurcir. Mais puisqu'il faut sélectionner, on est obligé de laisser le facteur humain de côté. C'est une des choses les plus dures qui soient, mais on n'a pas le choix. Dès que l'on commence à marchander avec l'un, on ne peut plus corriger l'autre et c'est tout le groupe qui vous file entre les doigts.

C'est comme cela que cela fonctionne quand on est au top et, honnêtement, c'est le seul niveau qui m'intéresse. C'est probablement mon grand défaut. Je suis incapable de me mettre dans la peau de quelqu'un qui n'y arrive pas. Avec moi, un joueur doit apprendre et s'améliorer. Car s'il ne le fait pas, je suis obligé de l'éliminer. Je vise le top et je n'ai pas de temps à perdre avec quelqu'un qui n'y arrivera jamais.

L'ennui, c'est que ceux qui n'y arrivent pas, ce sont souvent les plus gentils. Et il faut les renvoyer. C'est toujours pénible, un véritable crève-cœur. Également parce que, dans certains cas, il s'agit d'amis.

La rupture avec Rijkaard était d'un tout autre ordre. La mauvaise gestion du club avait affecté les rapports d'équilibre dans l'équipe et j'ai été obligé de pousser quelqu'un qui n'était pas encore prêt pour ce que j'exigeais de lui.

En tant que coach, j'ai toujours voulu une équipe composée d'un beau mélange de joueurs que j'aurais formés moi-même, de jeunes talents recrutés tôt et de quelques achats pour renforcer l'équipe. À l'Ajax, de ce point de vue-là, le démarrage avait été fantastique. Les supporters prenaient plaisir au jeu et nous avions recruté le jeune Aron Winter et fait débuter Dennis Bergkamp à 17 ans. De plus, j'avais convaincu quelques grands entrepreneurs amstellodamois d'investir un million de florins – une très grosse somme pour l'époque – dans la formation des juniors, surtout pour le développement des talents.

Alors que le stade était rempli et que l'Ajax gagnait de nouveaux trophées, les dirigeants cherchaient de plus en plus à s'imposer. Cela s'est avéré au moment des transferts et, plus tard, quand leur a pris la fantaisie de se mêler de la gestion technique. Début 1988, j'en avais soupé et j'ai démissionné. Alors que je prenais de brèves vacances aux sports d'hiver, le président du club, Ton Harmsen, m'a téléphoné pour m'annoncer qu'il avait réglé mes problèmes. Il me suffisait de m'expliquer avec la direction au grand complet. J'ai écourté mes vacances pour me rendre compte que l'on m'avait trompé. Loin de rechercher l'apaisement, tous les membres de la direction me sont tombés dessus. Harmsen n'est pas intervenu.

Le lendemain, je résiliai mon contrat. Pourtant, Dieu sait si je voulais rester aux Pays-Bas, et certainement à l'Ajax. Je n'en ai pas dormi des nuits entières, d'autant plus que ma famille se plaisait beaucoup à Amsterdam. Mais ce n'était plus possible. À l'Ajax, ils auraient fini par avoir ma peau. Ils sont même allés raconter leurs salades à la presse. Malheureusement, seuls quelques journalistes n'ont pas été dupes. Ils voulaient démolir tout ce que j'avais construit. Je ne leur ai pas fait ce plaisir. Je voulais pouvoir dire, sur mon lit de mort, que je n'avais pas trahi mes convictions.

Par la suite, il leur a fallu payer l'addition. On ne peut pas raconter impunément des mensonges, nuire impunément à quelqu'un. Harmsen avait commencé quand j'étais joueur et avait continué quand j'étais coach. Cela devait un jour lui revenir en pleine poire. On ne s'est jamais réconciliés.

C'était tellement formidable de travailler à nouveau à l'Ajax et d'un coup, c'était terminé. En fait, cela a été une période très bizarre. J'étais entraîneur alors que je n'avais pas les papiers requis. J'ai gagné un trophée international alors que personne ne s'y attendait. Et j'ai dû quitter le club parce que je voulais le hisser jusqu'au top. Les faits sont éloquents. Par trois fois, je suis arrivé à l'Ajax quand les caisses étaient vides. Cette fois-ci, je repartais pour la troisième fois et, pour la troisième fois, les caisses étaient pleines.

Heureusement, ce sont surtout les bons souvenirs qui restent, grâce aux joueurs, notamment. On avait une équipe fantastique – un groupe de gens sympas. On s'amusait bien et on était heureux d'être ensemble ; c'est finalement ce qui nous a permis de tenir aussi longtemps. Jusqu'à ce que ce soit devenu invivable et que j'en arrive à m'engueuler avec quelqu'un comme Rijkaard. Heureusement, nous nous sommes réconciliés plus tard, Frank et moi, mais rien que le fait que l'on en soit arrivés à se fâcher, cela en dit déjà assez long.

Nous souhaitions tellement nous installer définitivement à Amsterdam, ma famille et moi ; malheureusement, cela ne s'est pas fait. L'alternative, c'était Barcelone. Pour la deuxième fois et à nouveau parce que l'on m'avait poussé à quitter l'Ajax.

16

J'ai déjà dit que, pour moi, le football devait avant tout séduire le public. Il ne s'agit pas seulement de gagner. Je pense : « Que vas-tu faire pour gagner et comment vas-tu le faire ? » Il faut en tout cas incorporer les fans dans la réponse – les supporters dans les tribunes, pour lesquels le club est une partie de leur vie.

En tant que joueur ou en tant que coach, il faut pouvoir se mettre dans la peau de ces gens. Aux Pays-Bas, les attentes ne sont pas les mêmes qu'en Allemagne, qu'en Angleterre, en Espagne ou en Italie. Les mentalités diffèrent. C'est la raison pour laquelle on ne peut pas jouer à l'italienne si l'on habite aux Pays-Bas. C'est exclu. Qui que tu sois et d'où que tu viennes.

Mon grand avantage, quand je suis devenu entraîneur au Barça, c'est que j'y étais déjà allé en tant que joueur. J'en connaissais les limites et je savais comment les repousser et produire de la qualité. Pour ce faire, il faut connaître la façon de vivre, la politique et la mentalité du pays.

Pour commencer, il fallait que j'en finisse avec une tradition à Barcelone. Celle des grands noms, de beaucoup d'argent, mais peu de victoires. Techniquement, par exemple, le niveau était nettement moins bon qu'à Amsterdam. De plus, à Amsterdam, tous les joueurs pensaient en termes d'attaque tandis qu'à Barcelone, on jouait à l'arrière. Je devais donc commencer par changer les mentalités.

C'était d'ailleurs dans mon propre intérêt. Je ne veux travailler qu'avec des clubs pour lesquels la priorité, c'est le foot. Le foot comme on l'aime : bon techniquement et attrayant. Je dois sentir l'ambiance et respirer l'odeur du vestiaire.

Un club qui joue dans un stade entouré d'une piste cendrée, très peu pour moi. Le terrain d'entraînement ne doit jamais être loin du vestiaire. Les joueurs doivent avoir l'illusion de pouvoir passer directement de leur espace familier à la pelouse. C'est formidable et stimulant quand les juniors, comme à l'Ajax ou à Barcelone, peuvent s'entraîner sur un terrain d'où le stade – l'endroit où ils espèrent jouer un jour – est visible en arrière-plan.

Le football, pour moi, c'est de l'émotion. Je ne suis pas là pour empêcher l'équipe adverse de jouer, au contraire. Je ne veux pas m'ennuyer sur le banc. En tant qu'entraîneur, je veux me régaler et tendre vers un football parfait. Alors, les résultats viennent d'eux-mêmes.

Partout où j'ai travaillé, j'ai voulu que les gens discutent et pensent football. De préférence, à longueur de journée. À Barcelone, cette atmosphère particulière au foot me manquait. Les gens n'avaient pas d'histoires à raconter. C'est cela que je voulais en premier lieu donner au club et aux supporters. Parler de foot, parler de la meilleure façon dont il aurait fallu jouer, commenter. Même les pires ragots devaient parler de foot.

Pour mettre cela en place, il faut sortir des sentiers battus et posséder une bonne dose de persévérance. Je vois cela comme un puzzle. Un problème se présente et j'essaie immédiatement de le régler en gardant en tête la prochaine pièce qu'il faudra placer. Cela finit par payer. Somme toute, nous avons affaire à un jeu. Un jeu fascinant.

Évidemment, après mes déboires comme entraîneur à l'Ajax, j'étais sur mes gardes. Mais à Barcelone, la situation était, si possible, encore pire. Il y avait des crises à tous les étages. Et dans les tribunes, on comptait à peine 40 000 spectateurs.

Aussi je savais très bien pourquoi Josep Lluís Núñez, le président du club, tenait tant à m'avoir. Ce qui l'intéressait avant tout, c'était de sauver sa peau. Il ne m'a pas engagé parce qu'il partageait ma vision ; je n'étais qu'un instrument pour servir sa politique. Je le savais à l'avance, mais en raison de mon expérience à l'Ajax, j'étais un homme averti et j'ai posé mes conditions dès le départ.

J'ai exigé, par exemple, d'être le seul maître dans le vestiaire. Donc, pas les joueurs, pas la direction, moi. Si j'avais quelque chose à dire aux dirigeants, je savais où les trouver, mais je ne voulais pas les voir dans le vestiaire. Je l'ai très clairement dit à Núñez, tout en sachant qu'il ne serait pas d'accord. Les présidents tels que lui sont habitués à ce que l'on leur obéisse, mais j'ai retourné la situation. Pour cette raison, notamment, notre relation n'a jamais été chaleureuse.

À la présentation de la saison, j'ai tout de suite mis les choses au clair. Le public a applaudi Núñez et sifflé Alexanko, que je venais de nommer capitaine. J'ai pris le micro et j'ai dit aux supporters que je pouvais aussi bien m'arrêter sur-le-champ s'ils continuaient comme cela. Lors d'un conflit avec les dirigeants, Alexanko, en tant que capitaine de l'équipe, avait défendu ses joueurs. Il avait fait preuve de caractère et j'avais besoin de quelqu'un comme lui pour relever le club. J'ai donc dit aux fans que le passé du club ne m'intéressait pas. Il était fait de haines et de ressentiments entre ses membres. Ce n'était pas mon truc. J'avais l'intention de changer tout cela et j'ai demandé aux supporters de me soutenir.

Ensuite, j'ai joué cartes sur table avec la presse. Il fallait que les journaux se remplissent à nouveau de messages positifs. J'ai annoncé : « Je vais être coopératif. Vous pouvez écrire, analyser et commenter ce que vous voulez, mais si vous nous citez, vous ne devez pas déformer les propos de mes joueurs, ni les miens. »

Et puis j'ai autorisé les gens à venir assister librement aux entraînements. Cela créait une bonne ambiance et c'était bon pour le lien avec le public. Parfois, cela pouvait me servir, quand un joueur devait à nouveau être remis à sa place. Je demandais à un footballeur droitier qui commençait à marcher à côté de ses pompes de tirer un but de la jambe gauche. Le ballon partait dans tous les sens et les fans étaient morts de rire. Le problème était vite réglé.

Ensuite, je me suis mis au boulot, en commençant par réduire au maximum les petites fautes. En général, ce ne sont pas les grosses fautes qui posent problème, mais les petites. S'attaquer aux petites fautes, c'est le premier travail du coach. C'est pourquoi je m'entraîne avec les joueurs. Cela me permet de mieux voir et de réagir de façon adéquate.

Souvent, j'étais assis sur un ballon, au bord du terrain. Il y a des gens qui en concluaient que j'étais fainéant. C'est possible. Les gens ont le droit de penser ce qu'ils veulent, mais quand je suis immobile, je vois plus que lorsque je suis en mouvement. Quand je suis assis comme cela, je peux mieux analyser un joueur, je vois mieux les détails. Je pense que 99 % des gens ne les voient pas, ne se rendent même pas compte qu'ils existent.

Dès le début, à Barcelone, j'ai inversé les rôles. J'y ai trouvé un jeu dans lequel les défenseurs couraient moins que les attaquants. J'ai tout de suite décidé de changer cela, en gardant à l'esprit que, dans le football, il s'agissait d'additionner les mètres et de réfléchir logiquement.

Donc, comme je l'ai déjà dit, j'ai commencé par changer complètement l'identité du jeu. J'ai dit à l'attaquant de pointe qu'il était le premier défenseur, fait comprendre au gardien qu'il était le premier attaquant et expliqué aux défenseurs que c'étaient eux qui déterminaient la longueur du terrain. En gardant à l'esprit que la distance entre les lignes ne doit jamais dépasser les dix à quinze mètres. De plus, chacun devait avoir intégré que lorsque l'on est en possession de balle, il faut agrandir l'espace ; dans le cas contraire, il faut le réduire. Pour que ce soit efficace, il faut se surveiller les uns les autres. Donc si l'un se met en mouvement, l'autre suit.

Une technique de jeu qu'il fallait répéter à longueur de journée. Et dès que j'avais l'impression que mes joueurs commençaient à s'ennuyer, j'inventais un exercice qui laissait la place au rire durant l'entraînement. Pour moi, ce qui importait, c'était de bien utiliser l'espace, de calculer les mètres. Cela me préoccupait tellement que l'on me demandait parfois si, par hasard, je n'avais pas la bosse des maths. Qui sait ? Une chose est sûre, c'est que j'ai toujours été fasciné par les chiffres et les distances. J'essaie de transmettre cela le plus efficacement possible aux joueurs.

À Barcelone, par exemple, notre duo de défenseurs centraux, Pep Guardiola et Ronald Koeman n'étaient ni rapides, ni à proprement parler des défenseurs. Pourtant, on jouait toujours sur la moitié de l'adversaire. Je faisais un calcul de probabilités sur la base de trois passes que l'adversaire pouvait faire. En premier lieu, le ballon est joué en profondeur au-delà de notre dernière ligne. Si le gardien est bien placé et loin du but, alors le ballon est toujours pour lui. Ensuite, les passes croisées. Pour cela, j'avais deux défenseurs rapides qui avaient eu une formation d'ailier. Ils arrivaient toujours à intercepter le ballon à temps. La troisième option, c'était la passe en avant par le centre. Guardiola et Koeman étaient si forts dans leurs positions qu'ils interceptaient le ballon à tous les coups. À première vue, ils n'étaient pas les défenseurs centraux idéaux, mais en fait, cela fonctionnait bien. Parce que le gardien était, lui aussi, bien positionné et que les défenseurs étaient utilisés à bon escient.

Nous étions, mes joueurs et moi, toujours à la recherche de ce type de solutions, comme mettre la pression. Pas en faisant un sprint sur trente mètres, mais en bougeant de quelques mètres au bon moment. J'expliquai alors que tous ceux qui te procuraient cinq mètres d'espace passaient pour de bons footballeurs. Si tu en retirais trois mètres, c'était une autre paire de manches. Pour jouer ainsi, il fallait avoir une très grande vitesse d'exécution et être capable d'accélérer le tempo à tout moment. Il avait fallu plus de dix mille heures d'entraînement pour atteindre le niveau de la Dream Team.

C'est pourquoi j'ai une préférence pour les sports dans lesquels la tactique est primordiale, comme le baseball et le basket. Quand je jouais au baseball, dans ma jeunesse, j'ai appris qu'il fallait anticiper à 100 %, mais au football, ce n'est pas suffisant. Ce serait plutôt 110 %. Parce qu'au football, on n'a pas de time-out. L'entraînement doit donc compenser le time-out.

Tout comme l'Ajax, le jeu du Barça s'est vite fait remarquer. Les gens étaient enthousiastes et, dès le début, 90 000 spectateurs sont venus remplir le stade. Il faut avouer que les circonstances nous étaient favorables. De plus en plus d'équipes avaient un jeu défensif alors que nous, nous voulions surtout marquer des buts. Tout notre jeu visait à cela. Parfois, cela marchait bien, parfois moins bien, mais on ne s'ennuyait jamais. Le jeu était dynamique et il y avait toujours de l'action près du but.

Notre jeu se basait sur un système de trois attaquants en pointe, dont deux latéraux, et l'intention de coincer l'adversaire dans sa moitié de terrain. Ainsi, nous avions moins à courir et nous étions plus en forme pour effectuer des actions. Mentalement également. C'est pourquoi nous devions nous entraîner aussi souvent et de façon si intensive. Plus vite nous acquérions les automatismes, moins cela nous demanderait d'énergie mentale. Cela devenait une sorte de concentration innée. On est concentré à 100 %, mais comme cela va de soi, on ne le remarque pas.

Mais ces 100 % sont nécessaires pour exécuter le jeu de position qui fait naître à chaque fois de nouveaux triangles et place toujours le joueur qui a le ballon entre deux possibilités. Sachant que c'est le troisième homme qui décidera de ce qui est possible. Je veux souligner ici que ce n'est pas celui qui a le ballon qui décide du trajet que le ballon va suivre, mais bien ceux qui ne l'ont pas. C'est la direction qu'ils prennent qui décide de la passe suivante.

C'est pourquoi cela me rend dingue de voir des joueurs immobiles sur le terrain. C'est impardonnable. Quand on est en possession de balle, onze joueurs doivent s'activer sur la pelouse. Ils doivent évaluer minutieusement les distances. L'important, ce n'est pas combien de mètres tu parcours, mais comment tu les parcours. Pour pouvoir continuellement créer de nouveaux triangles et ne pas interrompre la circulation du ballon.

À Barcelone, nous avons tout repris de zéro, si bien que nous avons mis quatre ans avant d'atteindre le top en gagnant la Coupe d'Europe des champions en 1992. Jusque-là, il avait surtout été question d'entraînements très pointus, de bonne formation et d'achats judicieux. Sur ce dernier point, il fallait aussi être très attentif, car la règle limitant à trois maximum les joueurs étrangers était encore en vigueur. Ce n'était pas comme aujourd'hui où l'on peut recruter autant de joueurs étrangers que l'on veut par équipe. Aussi n'avions-nous pas à nous plaindre du choix de joueurs comme Hristo Stoitchkov, Michael Laudrup et Ronald Koeman. Stoitchkov et Laudrup n'ont d'ailleurs pratiquement rien coûté au Barça.

Même si nous ne sommes pas devenus champions la première année, nous avons quand même, comme auparavant à l'Ajax, gagné la Coupe d'Europe des vainqueurs de coupe. La Sampdoria a été battue 2-0 grâce aux buts de Salinas et López Rekarte. La Coupe a également été gagnée la saison suivante. Après, il était temps de récolter du plus gros. Le changement de style de jeu était pratiquement assimilé, il fallait donc se mettre à bricoler les positions. Entre autres en faisant venir quelqu'un comme Hristo Stoitchkov, un Bulgare encore inconnu qui, par-dessus le marché, n'était pas cher. J'avais besoin de lui non seulement pour ses qualités de footballeur, mais aussi pour son mental. Hristo était un fonceur et aussi un rebelle, mais une bonne pâte. Il pouvait secouer notre équipe, qui comptait trop de gars bien élevés. Pas seulement dans le vestiaire, aussi sur la pelouse.

À cette époque, j'avais souvent des douleurs à l'estomac. Je pouvais transpirer tout à coup ou me mettre à vomir. J'avais commencé à moins fumer, mais fin février 1991, ma femme a décidé de prendre les choses en main. Elle m'a obligé à la suivre à l'hôpital ; une fois là-bas, les médecins ne m'ont plus laissé repartir. Il s'est avéré que mon artère coronaire était obstruée. J'ai subi une opération de trois heures pendant laquelle on m'a posé deux stents. Heureusement, ce n'était pas un infarctus, mais de l'athérosclérose.

Quand c'est arrivé, je n'ai pas stressé un seul moment. J'ai traversé cette période en me disant que si autant de gens s'affairaient pour me guérir, il n'aurait pas été très logique que je me mette à faire le malade. En plus, dans de pareils moments, c'est bien pratique d'être connu. Le chirurgien cardiologue savait parfaitement que le monde entier suivait l'opération. Alors on se doute bien que l'homme va faire de son mieux. C'est rassurant.

Ensuite, j'ai pris conscience que l'on ne m'avait pas opéré et guéri pour que j'arrête de vivre, mais pour que je continue. Alors, j'ai arrêté de ressasser sur la mort, de me dire que je mourrais jeune, comme mon père. Cette obsession m'a quitté depuis ma crise cardiaque. Définitivement.

Ce que j'ai appris alors, c'est que les mauvaises habitudes, cela finit toujours par vous jouer des tours. Entre fumer et ne pas fumer, il faut savoir trancher. Pour le reste, j'ai continué à vivre le plus possible comme je l'avais toujours fait. J'ai tout de suite été dans cet état d'esprit : « Mets-toi le plus vite possible à vivre normalement. Mais avec de nouvelles règles, cependant. »

Bien sûr, à cette époque, je me suis posé pas mal de questions sur mon addiction à la cigarette. Je me suis demandé pourquoi je fumais tant et depuis si longtemps. Surtout quand les médecins m'ont appris que le tabac était à 90 % responsable de mes problèmes cardiaques. Cela force à réfléchir quand même. Et je me suis rendu compte de la contradiction dans laquelle je vivais depuis de nombreuses années. Je savais que fumer pouvait provoquer le cancer, je savais que c'était mauvais pour mon cœur et, pourtant, je me mentais à moi-même. Je me racontais que c'était bon pour le stress. Je me trouvais toujours des excuses.

Après l'opération, je suis passé d'un extrême à l'autre. J'ai arrêté du jour au lendemain. Fini la cigarette. Définitivement. En même temps, j'étais obsédé par l'idée de donner un avertissement clair aux autres. Pas comme une espèce d'homme-sandwich pour toutes sortes de campagnes antitabac ainsi que l'on me le proposait régulièrement, mais quelque chose qui me ressemblerait et qui serait efficace. Quelque chose qui provoquerait action et réaction, qui contiendrait une morale universelle. Chacun, partout dans le monde, devrait le comprendre immédiatement.

C'est ainsi qu'est née cette idée d'un clip, financé par le ministère catalan de la Santé. On m'y voit jongler non pas avec un ballon, mais avec un paquet de cigarettes. Chaque fois que je touche le paquet de la tête, de l'épaule, du genou ou du pied, on entend un battement de cœur, puis, le texte suivant : « Dans la vie, j'ai deux passions, le football et les cigarettes. L'une m'a tout donné… » et, après une courte pause, j'envoie d'un coup de pied balader le paquet de cigarettes qui éclate en morceaux et j'ajoute : « … l'autre a failli tout me prendre. »

Le clip, enregistré en espagnol, en catalan, en anglais, en allemand, en français et en néerlandais, a fait le tour du monde. C'était exactement le genre de message que je voulais faire passer.

Mes problèmes cardiaques ont également dévoilé un phénomène surprenant. Trois semaines après mon opération, les médecins ont décidé de me tester pendant un match important à Barcelone. Un match qui allait générer pas mal de stress. Ils voulaient savoir comment mon cœur réagirait. Il s'agissait du match Barcelone-Dynamo Kiev dans les quarts de finale de la Coupe d'Europe des vainqueurs de coupe. La clinique Sant-Jordi avait livré un émetteur avec un tas de fils et de boutons que l'on a placés sur ma poitrine. On pouvait ainsi suivre mon rythme cardiaque pendant le match et à la maison, devant la télé. C'était un match très stressant que Barcelone n'a gagné qu'à la toute dernière minute ; pourtant, mon rythme ne s'est pas accéléré d'un poil.

Ensuite, ils m'ont à nouveau testé quand j'étais dans le dug-out, mais là non plus, rien de signifiant n'a été constaté. Il y a même eu un match au cours duquel mon rythme cardiaque s'apparentait à celui de quelqu'un qui fait la sieste. Deux fois seulement, on a mesuré une augmentation de mes pulsations cardiaques : pendant des réunions avec les dirigeants du Barça.

Un mois exactement après mon opération, je faisais mon retour comme coach et, quelques semaines plus tard, mon équipe gagnait, pour la première fois, le championnat d'Espagne. Sans que j'aie allumé une seule cigarette, mais avec une sucette dans la bouche. J'aimais bien, et comme cela, j'avais quand même quelque chose contre le stress, que, d'après les examens médicaux, je n'avais pas.

L'année 1991 a donc été très particulière. Et très instructive. Après avoir gagné la Coupe d'Espagne, nous avons perdu la Coupe d'Europe en finale contre le Manchester United sur un score de 2-1. C'est surtout la façon dont nous avons perdu qui m'a montré que, certes, nous avions beaucoup progressé, mais que nous n'avions pas encore atteint notre but.

La Coupe, nous l'avons gagnée la saison suivante. L'année 1992 a été une belle et heureuse année, à tout point de vue. Cela a commencé avec le transfert de Richard Witschge, qui venait de l'Ajax, mon ancien club. L'Ajax venait de changer de direction et le président de la nouvelle équipe n'était autre que mon ami d'enfance Michael van Praag. Il s'était avéré que la gestion de l'ancienne direction, celle qui m'avait limogé, avait été catastrophique et qu'elle laissait le club avec une ardoise de plusieurs millions.

J'avoue qu'à l'époque, Barcelone a payé le prix fort pour ce transfert. Je voulais ainsi aider l'Ajax à sortir d'un seul coup de la mouise. Je crois que l'on a versé huit millions de dollars, alors que l'on aurait pu l'avoir pour six. Mais bon, on dépensait si peu d'argent pour les transferts depuis quelques années que Barcelone me devait bien ça.

Pour le reste, cela a été une année inoubliable. Surtout le mois de mai. D'abord, le 14 mai, le mariage de ma fille Chantal, et une semaine plus tard, le Barça gagnait pour la première fois la Coupe d'Europe des vainqueurs de coupe.

Beaucoup de bonheur donc cette année-là. L'année où nous étions les meilleurs d'Europe, nous avons failli être éliminés par le champion allemand FC Kaiserslautern dans un tour préliminaire. Bakero a sauvé la mise en marquant le but décisif dans la dernière seconde. Sans lui, la finale contre la Sampdoria n'aurait pas eu lieu. Une action *in extremis* – comparable au but marqué dans les dernières secondes par Iniesta contre le Chelsa des années plus tard – et qui a permis au FC Barcelone de battre le Manchester United en finale de la Ligue des champions.

Comme quoi, le bonheur est parfois directement lié au succès. Mais ce bonheur, il faut le forcer. C'est pour cela qu'en tant que footballeur, j'ai toujours voulu avoir l'initiative afin d'orienter le match – faire les choses à ma façon. Comme ce 20 mai 1992 à Wembley, contre le Sampdoria : après quatre-vingt-dix minutes, le score était encore de 0-0 et Ronald Koeman allait marquer un but historique dans les prolongations.

Au bout de quatre années, j'avais atteint mon but. Ce soir-là, sur la pelouse, j'avais une équipe telle que je l'avais rêvée. Une équipe qui plaisait au public, faisait vibrer les supporters, composée d'un mélange de Catalans que j'avais formés et renforcée par des recrues minutieusement choisies. Naturellement, cela libérait des émotions en moi. L'image de mon pied coincé derrière un panneau publicitaire, celle qui a fait le tour du monde, c'est l'exemple type d'un moment où tu agis instinctivement, sans pouvoir expliquer pourquoi. Tu le fais parce que c'est la première chose qui te vient à l'esprit. Peut-être que c'était l'émotion, mais peut-être pas. Je voulais être avec mes joueurs sur la pelouse et c'était la façon la plus rapide d'y arriver. J'étais peut-être quand même guidé par le bon sens, finalement.

La Catalogne entière s'est déchaînée après cette victoire à Londres. On était en plein délire quand on a été champions pour la seconde fois d'affilée. C'était à peine croyable. Nous n'avions été qu'une seule fois en tête du classement cette saison-là, pendant la dernière journée de compétition. Nous avons gagné à domicile face à l'Athletic Bilbao et le Real Madrid allait perdre 3-2 face à Tenerife. Question émotions, ce championnat a été encore plus explosif que la victoire à Wembley. Nous étions tous dans le rond central à attendre le coup de sifflet final à Tenerife. C'est le genre de choses que l'on n'oublie pas.

Malheureusement, Ronald Koeman n'a pas pu partager ce bonheur avec nous. Rinus Michels, qui était alors le sélectionneur de l'équipe nationale néerlandaise, avait exigé qu'il soit présent à un match amical international. Quand j'ai entendu ça, j'ai cru qu'il s'agissait d'une blague. Qui va priver un footballeur d'un tel moment ? Eh oui, Michels. On croit rêver ! Tu joues une année entière pour le titre et tu n'aurais pas le droit de venir chercher ta récompense ? Cela dépassait l'entendement.

Encore un exemple qui montre que, parfois, les fédérations abusent de leur pouvoir. Ce sont les clubs qui paient les footballeurs et qui prennent les risques. À un moment donné, j'ai décidé de ne plus engager de joueurs qui mettaient l'équipe nationale au-dessus des intérêts du club.

Cela peut paraître contradictoire, mais c'est en 1992, une année couronnée de succès, qu'ont surgi les problèmes qui allaient provoquer la rupture entre le club et moi. À ce sujet, on pourrait faire un parallèle avec 1987, à l'Ajax, année au cours de laquelle nous avions gagné la Coupe des coupes. Le succès fait tourner les têtes. Il n'y a pas eu d'exception à Barcelone : dans l'euphorie générale, les contrats ont été prolongés, même ceux de joueurs qui n'avaient pas été particulièrement brillants.

C'est ainsi que Núñez et le vice-président Joan Gaspart ont remis la main sur le vestiaire. Gaspart était responsable des contrats, mais il était avant tout le bras droit du président. Et en dépit des succès récoltés, ma relation avec Núñez demeurait purement professionnelle. Je ne lui faisais pas confiance. Je ne pouvais pas m'empêcher de penser que j'étais là uniquement pour que l'on ne l'éjecte pas de son siège. Il fallait donc que je sois en position de force, sinon j'avais un problème.

L'influence du succès s'est fait sentir sur tout un chacun dès le début de la nouvelle saison. Nous avons été éliminés dès le premier tour de la Ligue des champions par le CSKA Moskou. Ensuite, nous avons perdu 2-1 la Coupe du monde des clubs contre São Paulo. C'est une des rares fois où un échec ne m'a pas affecté. J'ai toujours admiré le coach brésilien Telê Santana pour sa philosophie, qui témoignait d'un amour sincère du foot. Il méritait de gagner la Coupe du monde en 1982 quand il entraînait l'équipe nationale du Brésil. L'élimination de sa fantastique équipe par l'Italie m'avait fait penser à notre défaite contre l'Allemagne en 1974. Plus encore que la victoire des Italiens, c'est le football des Brésiliens qui avait marqué les esprits, et les joueurs de leur fantastique milieu de terrain, Zico, Sócrates, Falcao et Cerezo.

Dix ans plus tard, Telê Santana était donc le coach du champion sud-américain São Paulo. En finale à Tokyo, les véritables amateurs de foot se léchaient les babines en regardant évoluer l'équipe qu'il avait envoyée sur la pelouse. D'accord, la défaite, j'ai eu du mal à l'avaler, mais sur le banc, je m'étais quand même régalé. J'ai d'ailleurs dit à la presse, à la fin du match : « Tant qu'à se faire écraser, autant que ce soit par une Rolls-Royce. »

Pour le championnat d'Espagne, la saison a de nouveau été sauvée le tout dernier jour. Et une fois encore, Tenerife nous a facilité la tâche en battant le Real Madrid 1-0. Même chose l'année suivante, pour la troisième fois d'affilée. En 1994, le Deportivo La Corogne, le club en tête, a vu la Coupe lui passer sous le nez en ratant un penalty contre Valence, terminant ainsi le match sur un score de 0-0. Exactement ce qu'il nous fallait pour que nous soyons à nouveau champions.

Nous sommes aussi allés jusqu'en finale de la Ligue des champions. Nous avons joué contre l'AC Milan quelques jours après avoir célébré notre victoire en championnat. Encore un exemple de la façon dont les choses peuvent aller de travers quand on a toujours un temps d'avance ou un temps de retard... mais que l'on n'est jamais à temps. C'est alors l'addition de nombreuses petites erreurs qui, contre un adversaire aussi bon que l'AC Milan, peut mener à une défaite 4-0.

Ensuite, les problèmes se sont accumulés. Pendant six ans, Barcelone avait été sur la pente ascendante, avec des joueurs qui avaient grandi en suivant le mouvement. Comme du temps de l'Ajax, nous avions une équipe pleine de talents. De plus, les joueurs étaient des types sympas, des sportifs qui me donnaient la pêche – et pas qu'à moi.

Avec certains de ces jeunes, j'avais également une bonne relation en privé. Je n'ai jamais complètement séparé le travail et le privé. Je sortais régulièrement avec eux, on fêtait leurs anniversaires.

Les relations professionnelles entre nous étaient bonnes, elles aussi. Bien sûr, il y avait des joueurs qui étaient déçus quand ils restaient sur la touche. D'un autre côté, j'étais aussi le genre de coach qui allait contrôler, au bloc, que le bistouri ne se trompe pas de jambe quand un de mes joueurs se retrouvait à l'hôpital.

J'avais pris l'habitude de les suivre en salle d'opération, pour les mettre à l'aise. Si l'entraîneur est là, tout va bien. Alors j'enfilais l'habit, avec la charlotte et le masque devant la bouche. Cela rassurait le joueur, c'est pour cela que je le faisais.

Ainsi, au cours des années, je me suis progressivement passionné pour la médecine. Cela amusait la plupart des chirurgiens, qui me laissaient assister à toutes sortes d'opérations. Une des plus intéressantes a été une opération du cerveau dans un hôpital auquel le médecin des Washington Diplomats était attaché. C'était fantastique de voir comment une partie du crâne était retirée et la précision avec laquelle le chirurgien travaillait. Cela me fascine toujours de voir de super pros pratiquer leur métier.

J'ai ainsi assisté ainsi à des dizaines d'opérations. Et en ce qui concerne les opérations de la jambe notamment, j'ai fini par en savoir long sur la question. Si bien que plus tard, avec Jordi, j'ai pu évaluer ce qui avait mal été fait.

Mais bon, après six années consacrées à la formation de la Dream Team, vint la phase où, étape par étape, ses joueurs ont dû être remplacés. Le tournant s'est amorcé au cours de la saison 1994-1995. C'est un processus qui doit absolument se dérouler en bonne intelligence avec les dirigeants du club et qu'il faut considérer sur le long terme et non dans l'illusion du jour.

Nous avons laissé Michael Laudrup et notre gardien, Andoni Zubizarreta, partir au Real Madrid et à Valence. Nous avons eu toute une discussion à ce sujet, mais je ne voulais pas prendre le risque de voir d'aussi grands joueurs finir sur le banc. Ils ne méritaient pas d'être le douzième homme.

Je me répète, il aurait fallu travailler ensemble. Núñez avait là l'occasion de montrer qu'il ne m'avait pas engagé uniquement pour servir ses propres intérêts, mais pour que nous puissions défendre ensemble ceux du club. En fait, ce dont je me doutais depuis des années s'est confirmé. Tout comme Ton Harmsen à l'Ajax, Núñez a commencé à bavarder avec la presse. En arrangeant les choses à sa sauce, dans l'intention de me nuire. Et comme aux Pays-Bas, seuls quelques journalistes n'ont pas été dupes.

La seule lueur d'espoir de cette saison, cela a été les débuts de mon fils Jordi. Le 10 septembre, contre Santander. À tout juste 20 ans, il a rapidement marqué son premier but, contribuant ainsi à la victoire finale sur le score de 2-1. Ensuite et malheureusement, ma présence dans le club a joué en sa défaveur – à cause de Núñez.

Ma dernière saison au Barça aurait pu être un copier-coller de mes derniers mois à l'Ajax. Alors que nous avions su réagir vite et avec succès sur le marché des transferts les années précédentes, en 1995, la direction m'a tout d'un coup mis des bâtons dans les roues. Ainsi, je voulais faire venir le talentueux Zinédine Zidane de Bordeaux, mais les dirigeants n'ont pas trouvé que c'était une bonne idée et ils n'ont pas bougé.

Il devenait clair que la direction s'attachait à miner progressivement ma position. Entre autres, par le biais de types tels que le docteur Borrell, le médecin du club. Se sentant couvert par Núñez, il m'a joué des tours pendables. Le pompon, cela a été une opération pour laquelle une équipe de spécialistes avait été convoquée. Arrivé au bloc, il s'est retourné et a dit : « Ici, c'est mon hôpital et je suis le seul qui opère. » Comme le joueur était déjà dans la salle d'opération, personne n'a rien pu faire. Alors que pour l'opération en question, il aurait probablement été préférable de prendre n'importe lequel des autres spécialistes présents. Son ego a prévalu, contre les intérêts du joueur et du club.

Au lieu de renvoyer Borrell sur-le-champ, la direction l'a couvert. Malheureusement pour moi et malheureusement pour Jordi, que Borrell a opéré fin 1995. Il s'agissait d'une opération du ménisque, à peu près la plus simple opération qui soit pour un chirurgien orthopédique. Et il a fallu qu'il la rate, et par là, qu'il entrave la carrière de Jordi, qui a toujours, et aujourd'hui encore, des problèmes de genou.

Dès le mois d'avril 1996, il était clair que, pour la première fois depuis mon arrivée en 1988, nous ne décrocherions aucun prix. Pourtant, je n'étais pas mécontent des premières démarches entreprises pour renouveler l'équipe. Mais il y avait aussi du négatif, qu'en tant que responsable de mes joueurs, je jugeais inacceptable. Les dirigeants ne faisaient plus passer l'info et ne respectaient pas leurs engagements. L'atmosphère devenait irrespirable, mes liens avec la direction ne cessaient de se détériorer. Puis, j'ai appris, par les journaux, mon limogeage et que Núñez et Gaspart avaient choisi Bobby Robson pour me remplacer. C'était surréaliste. Quelques jours plus tôt, j'avais discuté de la nouvelle saison avec Núñez et personnellement persuadé Luis Enrique de quitter le Real Madrid pour le Barça. Enrique le faisait pour travailler avec moi. Núñez le savait, pourtant, il n'a pas joué cartes sur table avec lui.

Mais le pire, c'est que Carles Rexach, mon bras droit et ami, avait accepté de me remplacer provisoirement. En plus, il faisait comme si c'était la chose la plus normale qui soit, lui qui avait toujours été beaucoup plus dur que moi envers Núñez.

Il a dû le payer dès son premier entraînement : Jordi a refusé de s'entraîner avec lui. Cela a tout de suite fait du grabuge. Finalement, pour éviter que le public ne se déchaîne, il a été décidé que Jordi participerait au match à domicile contre le Celta de Vigo. Et heureusement, car c'est un très beau souvenir. Après avoir été menée 2-0, l'équipe, grâce à des attaquants, dont Jordi, a fini par gagner 3-2. Mais le plus beau, c'est qu'après le but gagnant, il a obligé Rexach à le remplacer sous les applaudissements du public et qu'il a déclaré ensuite que c'était pour que les supporters aient l'occasion de remercier son père à travers lui.

Du coup, cela a été le dernier match de Jordi pour le Barça.

Au Barça comme à l'Ajax, c'était triste que l'aventure se termine de cette façon. Je voulais changer l'image du FC Barcelone, qui certes avait la réputation d'être un club très riche, mais pas le meilleur sur le terrain et certainement pas en ce qui concerne le beau football. C'est pourquoi réussir ce pari était plus qu'atteindre un but pour moi, c'était une mission. Mon implication dépassait celle d'un simple entraîneur.

Mais le plus gros problème de Barcelone, c'est le club lui-même. Il a toujours été miné par les jeux de pouvoir. C'est la raison de mon aversion pour le cirque des dirigeants qui jouent sur l'affect afin de défendre leurs intérêts et se fichent pas mal de détruire le club. Mais pour finir, ils sont toujours démasqués. C'est ce qui est arrivé à Harmsen à l'Ajax et, plus tard, à Núñez. Je n'ai même pas eu à m'en mêler.

17

Ma carrière a eu un grand impact sur ma famille. Nous sommes très liés et nous avons toujours essayé de nous laisser influencer le moins possible par la folie ambiante. Pourtant, cela n'a pas toujours été facile pour Danny, Chantal, Susila et Jordi. Surtout pour Jordi. De tous mes enfants, c'est lui qui a été le plus touché, mais c'est aussi ce qui en a fait l'homme remarquable qu'il est devenu.

La quasi-totalité de mes décisions ont joué un rôle déterminant dans sa vie. En 1983, quand j'ai dû quitter l'Ajax en tant que footballeur, lui y est resté, alors que je me vengeais de son club en rejoignant Feyenoord. Plus tard, lorsque j'ai quitté l'Ajax en tant qu'entraîneur, il a dû abandonner à nouveau son club et ses amis. Mon influence sur sa vie ne s'est pas arrêtée là. Au Barça comme à l'Ajax, il entendait dire que s'il était dans l'équipe, c'était parce qu'il était le fils de l'entraîneur.

C'est pour cela que sa première sélection dans l'équipe nationale des Pays-Bas et, plus tard, sa participation au championnat d'Europe de 1996 étaient ce qui pouvait m'arriver de plus beau. Aussi parce qu'il n'y avait rien à dire sur l'équipe formée par Guus Hiddink, le sélectionneur de l'équipe nationale – je n'avais pas eu à y mettre mon grain de sel. J'étais très ému, et pendant la Coupe d'Europe, cette émotion a atteint son comble à Birmingham, lorsque Jordi a marqué le premier but durant le match contre la Suisse. À ce moment-là, en un éclair, tout le passé m'est revenu en mémoire : les vexations, les médisances, la tristesse et puis ici, sur le terrain, à trente mètres de ma tribune, la preuve que Jordi ne s'était pas laissé abattre. J'étais extrêmement fier de lui.

J'ai rarement de tels moments d'émotion. Parfois, quand je suis témoin d'une performance extraordinaire, je peux avoir la chair de poule. Si quelqu'un est juste bon, cela me laisse de marbre. Mais si quelqu'un crève le plafond, comme l'a fait l'athlète Edwin Moses, je suis aux anges. Edwin Moses a remporté plus de cent victoires consécutives ; c'est formidable, c'est une prestation incroyable. Ce serait humain de se sentir blasé lorsque l'on est si bon et que l'on gagne toujours. Pourtant – et des années durant –, Moses a eu la force mentale d'accomplir une performance exceptionnelle le mercredi et de l'améliorer le dimanche. Quand tu peux livrer ce genre d'exploit, c'est que tu es grand, et pas uniquement sur le plan sportif.

C'est un trait de caractère que l'on retrouve chez tous les sportifs professionnels d'exception. Tous, hommes ou femmes et quel que soit leur sport, dès le coup de sifflet, n'ont plus qu'une chose en tête : gagner. Être doué ne suffit pas, il faut aussi un mental d'acier, ce qui n'est donné qu'à quelques-uns. C'est dans l'ADN et cela ressort aux plus beaux moments.

Ces sportifs savent que c'est difficile et à quel point ça l'est. Ceux qui, comme moi, sont passés par là les tiennent en grande estime. Ils pressentent le moment où l'athlète va devoir agir, et quand il le fait, c'est immense, c'est magique. C'est difficile à cerner, cela dépasse de loin le simple talent. C'est l'art d'utiliser tous les détails importants. Mais bon, du talent, il en faut aussi, évidemment, sinon on arrive à rien. J'ai toujours éprouvé une joie incommensurable à voir évoluer les meilleurs parmi les meilleurs.

D'où ma fierté avec Jordi. Lui qui a si souvent répondu présent dans la vie lorsqu'il devait le faire. Petit, déjà, il était doué pour le foot. Je l'avais remarqué à la façon dont il tapait le ballon. Mais, dans ses premières années, on ne peut pas dire que je me suis beaucoup occupé de lui. À Barcelone, on habitait dans un appartement ; bien sûr, on peut s'amuser avec un ballon dans un appart, mais je n'appellerais pas cela du football. Il n'a véritablement commencé que quand je suis retourné jouer à l'Ajax ; il devait alors avoir dans les 10 ans.

Avant, je le laissais surtout faire ce qu'il voulait. Aux États-Unis, contrairement à Barcelone, il a pu jouer dans la rue. Dans ce pays, il y a des colonies de vacances estivales dans lesquelles les enfants jouent au foot toute la journée. Washington est très européen et de nombreux parents envoient leurs enfants dans ce type de colonies. Nous aussi. C'était parfait pour Jordi, cela lui permettait à la fois d'améliorer son anglais et de faire du sport.

Ensuite, quand nous sommes revenus aux Pays-Bas, il a été sélectionné pour jouer à l'Ajax. Dès le début, Jordi était plutôt bon. Il a pas mal progressé grâce au petit terrain de foot pourvu de buts qui se trouvait au fond de notre jardin à Vinkeveen. C'est alors que c'est devenu intéressant. Entre autres parce que j'ai remarqué qu'il possédait un talent singulier. Jordi était gaucher, mais cela ne se voyait qu'au moment de tirer des penalties. Pour le reste, Il s'avérait être tout aussi bon de la jambe droite. À un si jeune âge, ce n'est pas commun.

Très tôt, Jordi a dû s'endurcir. Ma célébrité n'y était pas étrangère. Lorsqu'il jouait mal, on disait que, pour le foot, il tenait de sa mère, lorsqu'il jouait bien, qu'il tenait de son père.

On survit à ce genre de remarques, mais cela a été une autre paire de manches quand je suis allé jouer à Feyenoord et qu'il est resté à l'Ajax. Il en a bavé à ce moment-là. C'est pour cela que, maintenant encore, je suis reconnaissant à l'entraîneur-éducateur de l'équipe junior, Henk van Teunenbroek, d'avoir très vite décidé de nommer Jordi capitaine de son équipe. C'était un beau geste. Surtout envers un enfant. C'est le genre de choses que l'on n'oublie pas. Loin de l'accabler, l'entraîneur-éducateur de l'équipe avait décidé de le ménager. C'était, à ce moment-là, la chose la plus importante que l'on pouvait faire pour Jordi. Ce Van Teunenbroek avait pris la peine d'y réfléchir. J'ai énormément apprécié.

En fait, je ne pense pas que Jordi ait eu à essuyer de remarques désagréables à l'Ajax à propos de privilèges ou autres parce qu'il se trouvait être mon fils. Si cela avait été le cas, Danny m'en aurait parlé, elle l'accompagnait toujours à l'Ajax. Moi, cela m'était impossible pour des raisons pratiques lorsque je jouais encore au foot et, plus tard aussi, quand j'entraînais l'Ajax.

Bien que Jordi se plaise énormément à l'Ajax, il a dû nous suivre à Barcelone en 1988. Il a aussi été sélectionné au Barça et y a joué durant les huit ans où j'y ai été coach, c'est-à-dire de ses 14 à ses 22 ans. Il s'approchait chaque année un peu plus du niveau de l'équipe A et finalement, en 1994, je l'ai trouvé assez bon pour débuter. Il avait 20 ans, mais c'était sans importance.

Pourtant, cela ne s'est pas fait sans mal. Dès son arrivée à Barcelone, à l'âge de 14 ans, il s'est retrouvé dans l'étrange situation d'avoir – en tant qu'étranger – le droit de jouer au niveau régional, mais pas au niveau national. C'était complètement absurde. Cela signifiait que Jordi pouvait jouer dans l'équipe B qui se produisait dans la compétition catalane, mais pas dans l'équipe A, qui jouait au niveau national.

C'est le genre de truc qui ne passe pas chez nous, aux Pays-Bas. J'ai donc commencé à faire du ramdam. J'ai téléphoné à la fédération et je leur ai dit : « Je vous informe que Jordi va jouer dimanche. Comme cela vous êtes au courant, et pour le cas où vous auriez l'intention de le suspendre, je vous signale que je combattrai votre décision. J'habite ici, je suis néerlandais, mais je suis l'entraîneur de Barcelone, je ne suis pas un touriste. J'exige donc que mon fils ait les mêmes droits que n'importe quel enfant en Espagne, en Catalogne ou dans toute autre région du pays. C'est clair. Je paie mes impôts, je suis dans les règles, donc mes enfants doivent jouir des mêmes droits que ceux des autres. »

Jordi a été sélectionné, il a joué et tout s'est bien passé. Je pense que la fédération a fini par admettre qu'il lui était impossible d'appliquer cette vieille règle que l'on avait certainement oublié de modifier, parce qu'elle avait échappé à l'attention générale.

En bref, il y a toujours eu des embrouilles autour de Jordi. Ce n'est pas pour rien qu'on a inventé l'expression « syndrome de Jordi ». D'une part, il y avait le stress de porter le nom de Cruyff sur le terrain ; d'autre part, ce n'était pas toujours évident de travailler ensemble à Barcelone. Il fallait constamment veiller à ce que la décision de faire entrer ou non Jordi sur le terrain se prenne de façon extrêmement objective.

D'un autre côté, être coach à Barcelone m'a permis de suivre sa progression, parce que je tenais à avoir le contrôle permanent sur trois équipes : l'équipe première, l'équipe seconde et la A1. Pour cela, il était indispensable d'avoir des lignes de communication courtes et d'entretenir un contact direct avec les éducateurs durant la dernière phase de la formation. En partie parce que j'ai toujours pensé qu'il fallait donner le plus tôt possible sa chance à un joueur, qu'il joue dans l'A1 ou dans l'équipe seconde. L'idée était de choisir des joueurs qui commençaient à être bons, de les lâcher sur le terrain et de voir ce que cela donnerait.

Jordi était soumis exactement au même traitement. Enfin, pas tout à fait. Il se devait d'être le meilleur dans sa catégorie. Car il n'y a rien de plus flippant pour un père que de voir un stade entier siffler son fils. Ceux qui m'accusent d'avoir mis mon fils en avant racontent n'importe quoi. J'ai fait tout le contraire. Pour parer aux attaques auxquelles il risquait d'être confronté, Jordi n'aurait que ses compétences et son talent. C'étaient les armes dont il disposait pour s'en sortir.

Mon raisonnement était donc aux antipodes de celui qu'on me prêtait. Jordi est passé par une série d'épreuves avant que je ne me décide à le faire débuter. Il n'était pas question que je le lâche sur la pelouse avant qu'il ait le niveau requis – avant qu'il puisse s'imposer devant des milliers de spectateurs. Le football est un jeu dans lequel, fatalement, on commet des erreurs ; ce n'est pas grave, à condition de savoir les dépasser. Mais, pour cela, il faut être à la hauteur de la tâche, physiquement et mentalement.

Évidemment, il s'est trouvé des tas de gens pour crier au favoritisme et dire que j'avantageais mon fils, mais comme c'étaient des gens qui n'y connaissaient rien au foot, leurs bavardages m'importaient peu. Seul comptait l'avis des personnes qui m'étaient proches, avec lesquelles je travaillais au quotidien et en qui j'avais confiance quand il s'agissait d'évaluer les joueurs. Un jour, nous nous sommes réunis, Tonny Bruins Slot, Rexach et moi. À l'ordre du jour, une seule question : « Il est prêt ? Oui, il est prêt. Bien, dans ce cas, il joue. »

Et l'affaire était réglée. Les joueurs ne s'attendaient pas à autre chose. Ils étaient habitués à voir Jordi s'entraîner avec eux et partager leur vestiaire : tout le monde le connaissait. Mais l'essentiel, c'est quand même la compétence du joueur. Il va maîtriser ou non ? Jordi saurait maîtriser. Et donc, il a fait ses débuts durant le match à domicile contre Santander.

Le plus grand choc a été pour Danny. On ne l'avait pas mise au courant. Elle était assise dans la tribune quand Jordi a fait son entrée sur le terrain. Les vrais problèmes, ce n'est pas au club, mais à la maison que je les ai eus.

Heureusement, tout s'est bien passé pendant le match, et même mieux que cela. Au bout de huit minutes, Jordi a marqué de la tête et on a gagné le match 2-1. Jordi était l'un des meilleurs joueurs de l'équipe ; il a même eu droit à une standing ovation.

Malheureusement, Jordi a dû quitter le Barça après mon licenciement en 1996. On s'y attendait. C'était de l'ordre des petites mesquineries destinées à me faire débarrasser le plancher. Au Barça, les joueurs signaient leur nouveau contrat un an avant que l'ancien ne s'achève. Suivant la longueur des contrats, tous avaient ainsi deux ou trois ans devant eux. Cela évitait les chamailleries au sujet des contrats en fin de saison et permettait au club de conserver leurs droits sur les joueurs en cas de transfert.

Mais pour Jordi, cela ne s'est pas passé comme ça. Bien qu'il ait fait partie des jeunes joueurs promus en équipe première, son contrat n'a pas été modifié. Malgré ce qui avait été convenu et alors qu'il jouait depuis un an déjà dans une catégorie supérieure où il avait régulièrement fait bonne impression.

Et puis, fin 1995, Jordi s'est fait opérer du genou. Le ménisque, rien de bien compliqué, mais hélas, l'intervention s'est mal passée. De nos jours, l'arthroscopie est une opération de routine ; à l'époque, c'était encore tout nouveau. Borrell, le médecin de notre club, un esprit borné, a décidé de faire l'opération lui-même et l'a ratée. Ratée dans les règles.

Jordi a les jambes un peu tordues, il fallait donc tenir compte de l'équilibre dans l'articulation lors de l'opération du genou, sinon on aggrave le problème. Ce type, Borrell, ne l'a pas fait ; du coup, Jordi s'est retrouvé avec un genou fragilisé à vie. Il subit à présent encore les conséquences de cette opération. C'est très triste. Depuis, il n'a plus jamais pu s'entraîner à 100 % et n'a donc pas été en mesure d'exploiter au maximum ses capacités de joueur.

Il devait de plus en plus souvent se reposer la veille et parfois même le lendemain d'un match. Tout cela à cause d'un boucher qui non seulement lui a pourri la santé, mais a aussi pris une part active aux sales combines visant à lui refuser un nouveau contrat.

En effet, après cette opération, la direction n'a plus donné signe de vie, alors qu'un accord oral avait été conclu en décembre, que des sommes avaient été fixées. Il n'en a plus été question. Chaque fois, ils lui resservaient le prétexte qu'il leur restait certains détails à régler. Entre-temps, je voyais bien où ils voulaient en venir.

En avril, Jordi a nouveau demandé à ce qu'il en était de son contrat, mais, à ce moment-là, il était déjà clair qu'ils se servaient de lui comme d'un pion dans le petit jeu qu'ils jouaient avec moi. C'était vraiment très moche. Donc, lorsqu'ils m'ont limogé, le contrat de Jordi n'était toujours pas renouvelé. S'est alors posée la question de savoir qui avait les droits sur Jordi : on a décidé de ne pas leur faire de cadeau.

Heureusement, Jordi a pu prouver que son contrat n'avait pas été prolongé ; il a donc quitté le Barça libre de frais de transfert. Nùñez a traîné mon fils dans la boue lors d'une conférence de presse en débitant tout un tas de mensonges. Un comble. Non content d'avoir essayé de mettre Jordi au rebut, il se permettait de déclarer publiquement qu'il était entré en équipe première parce que je l'avais pistonné et qu'en plus, il avait magouillé pour quitter le club libre de frais de transfert.

Tout arbre bon donne de beaux fruits, Jordi l'a vite remarqué : Alex Ferguson, le manager du Manchester United, était très intéressé par sa personne. Entre autres parce qu'un an plus tôt, il avait fait un excellent match contre le Manchester United en Ligue des champions, match que nous avions gagné 4-0.

C'est ainsi que Jordi est parti à Old Trafford à l'âge de 22 ans. Après avoir vécu dans le nid de guêpes de Barcelone, il a enfin rencontré des gens bien. Des gars comme Éric Cantona et David Beckham. En fait, tout le monde l'a bien accueilli là-bas. C'est quelque chose qui m'a toujours frappé. Les joueurs les plus doués sont souvent les types les plus réglos. Je ne connais pas un seul excellent sportif – quelle que soit sa discipline – dont je pense : « Quel sinistre personnage » ou : « Quel pauvre type ». C'est simple, il n'y en a pas. On peut penser ce que l'on veut de

Cantona ou de Beckham ou de tout autre footballeur du Manchester United, mais tous ces gars tendaient la main aux nouveaux. Cela faisait chaud au cœur.

On se forme une opinion sur ces gens, on s'en fait une idée d'après ce que l'on lit dans la presse et ce que l'on entend dire à la radio ou à la télé. Et puis, on les rencontre en vrai et tous les commérages s'effacent. Tous les sportifs professionnels auxquels j'ai demandé un service ont toujours répondu présent. Ceux qui disent non, c'est simple, ils n'existent pas.

Notre famille a continué d'habiter à Barcelone, mais Jordi a quitté le nid en 1996. Cela ne m'a pas posé problème. Je n'ai pas non plus assisté à tous ses matchs à domicile. Une décision qui était d'ailleurs mûrement réfléchie. Jordi était enfin indépendant et débarrassé de la présence encombrante de son père. J'ai essayé de trouver une forme d'équilibre. Je savais naturellement que si j'allais voir un match à Old Trafford, cela n'en resterait pas là. Une fois sur place, j'aurais affaire à la presse. C'était à prévoir, dans mon cas. Ou alors le manager m'inviterait spontanément en coulisse. Mais Jordi était l'un de ses joueurs et se trouverait alors en porte à faux.

C'était une situation plutôt inconfortable. Je mourrais d'envie d'y aller, mais je ne l'ai pas fait.

Les fois où j'allais voir Jordi à Old Trafford, je ne pouvais évidemment pas éviter sir Alex Ferguson. Parfois, le contact restait formel et distant. Cela dépendait de la prestation de l'équipe, de la prestation de Jordi, et bien sûr de leur victoire ou de leur défaite. J'ai dû jouer à cache-cache à certains moments. Danny et moi étions convenus de ne pas aller à Manchester lorsqu'il y aurait des complications au club. On s'y rendait deux semaines plus tard.

On a fait de même lorsque Jordi est allé jouer à Alavés en 2000. De temps en temps, le coach me demandait mon avis. Rien d'anormal, cela l'intéressait. Tout comme cela intéressait le président du club, qui m'invitait chaleureusement à m'asseoir à ses côtés. Bien sûr, c'était normal, mais en même temps, cela ne l'était pas. Cela risquait toujours d'avoir un impact sur mon enfant. Cela n'a jamais été facile, je le reconnais honnêtement.

En tout cas, Jordi a passé quatre belles années à Manchester. J'en ai profité moi aussi, indirectement. Je ne travaillais plus en tant que coach et pouvais occuper mon temps comme il me plaisait. Ainsi, je regardais régulièrement le football anglais, dont je suis un grand amateur. De plus, j'adorais la formidable ambiance qui régnait dans ces clubs. Hélas, je n'ai jamais pu jouer en Angleterre, parce qu'à l'époque, il y avait des restrictions sur les joueurs étrangers. Aussi était-ce fantastique que Jordi ait cette chance, et dans un des plus grands clubs du pays, par-dessus le marché. L'occasion que je n'avais jamais eue, c'est à mon fils qu'elle s'est présentée. Je trouvais cela absolument génial.

Je me régalais dès que je pénétrais dans le stade d'Old Trafford. Tout le monde se connaissait. Je voyais des gens avec lesquels j'avais joué. Bobby Charlton, évidemment, qui était un pilier du stade. En principe, je ne connaissais personne, mais en fait, je connaissais tout le monde. C'est étrange comme sensation, de se rendre quelque part où vous connaissez tous les gens que vous croisez. Pas tous personnellement, peut-être, mais l'impression est quand même là.

C'était formidable également d'être assis dans une des tribunes d'Old Trafford et de voir mon fils évoluer sur la pelouse. Je me plaisais énormément en Angleterre, où l'on a un vrai respect pour les footballeurs. Non seulement pour le talent unique qu'ils possèdent, mais aussi pour leur capacité à tout donner d'eux-mêmes. Aux Pays-Bas, on ne connaît pas ce sentiment, en Espagne non plus, sauf à l'Atlético Madrid. Là aussi, quelqu'un qui se donne à 200 % et plus pendant un match, on le respecte. En Angleterre, les supporters sont entièrement dévoués à leur club. C'est dans leur ADN. Ils répondent toujours présent, dans les bons comme dans les mauvais moments. S'ils sont bons perdants, c'est que tout le monde se donne à 100 %.

C'est en Angleterre aussi que Jordi a trouvé le frère que Danny et moi n'avons jamais pu lui donner. C'est bien ainsi que nous avons fini par considérer Roberto Martínez. Jordi jouait au Manchester United et Roberto au Wigan Athletic. Ils sont devenus des amis intimes et je n'exclus pas qu'ils se lancent un jour dans un projet footballistique commun. À cette époque, c'étaient encore deux jeunes et beaux gars qui aimaient bien déconner. C'était de leur âge, évidemment.

Plus tard, mon petit-fils a joué deux ans à Wigan sous la houlette de Roberto. Il jouait dans l'équipe seconde ; cela lui a permis, en tout cas, d'améliorer son anglais. À ce moment-là aussi, j'allais régulièrement voir des matchs et j'ai pu constater que Roberto était devenu un bon manager. Avec un petit club comme le Wigan, il a quand même réussi à gagner la Coupe d'Angleterre. Roberto, c'est quelqu'un de bien, cela se voit tout de suite. Un homme franc, avec un visage ouvert.

Jordi se plaisait donc beaucoup en Angleterre. Et le plus beau souvenir que j'ai de lui en tant que footballeur est aussi lié à ce pays : son but décisif contre la Suisse en équipe nationale durant la Coupe d'Europe qui s'y est tenue en 1996. Ce sont de beaux moments, qui m'ont apaisé en quelque sorte. À ces moments-là, on se dit : « Je ne me suis pas trompé sur lui, il fait ce qu'il faut faire et il le fait au bon moment. »

Jordi n'est pas un joueur qui participe au jeu collectif, plutôt quelqu'un qui marque lorsque c'est nécessaire. Ou qui quitte le terrain dès que le match est conclu, en disant : « Salut la compagnie, je me casse », comme cela a été le cas lors de son dernier match avec Rexach, qui avait pris ma place comme entraîneur à Barcelone. En dehors de ses qualités de footballeur, il a aussi un sacré caractère. Au moment décisif, il sait ce qu'il faut faire et il le fait.

Cela m'émeut, évidemment. Oui, quand même. L'émotion est là, en moi. C'est d'ailleurs plus de la fierté que de l'émotion. Je ne le montre pas vraiment, mais c'est là. Les gens m'ont vu m'agiter sur la tribune après ce but important contre la Suisse ; de même, j'avais soudain grimpé par-dessus un panneau publicitaire lors du fameux match contre Sampdoria. J'ai besoin de bouger dans des moments pareils.

Si je considère la carrière de Jordi, je dirais qu'il y a eu des moments sympas, d'autres moins et d'autres pas du tout. Mais avec le recul et dans l'ensemble, ce que nous avons vécu était fantastique, pour moi certainement et pour Jordi aussi. Je suis heureux de voir qu'il suit son propre chemin et s'affirme en tant que directeur technique à Maccabi Tel-Aviv. Et, plus important encore, c'est un homme droit. Il n'a pas peur de dire ce qu'il pense, et ce qu'il dit, il le fait.

On ne peut jurer de rien, mais en tout cas, Jordi fait du très bon boulot. Et certainement en ce qui concerne l'honnêteté et la loyauté. C'est son joker sur le terrain glissant où il évolue en ce moment. Au Maccabi, ils ont trois sortes de joueurs : les Juifs, les Palestiniens et les Arabes. Tous jouent et habitent au même endroit. Le boulot de Jordi est de mettre en place la meilleure équipe possible, mais à un certain moment, la moitié du public – qui est peut-être juive – fulmine parce qu'un Palestinien ou un Arabe évolue sur la pelouse. Jordi est le genre de personne à défendre tout le monde. Je suis sûr que ce poste est une sacrée école de vie pour lui.

Finalement, Jordi a eu une très belle carrière, en dépit de ses problèmes de genou. Il a fait partie de l'équipe nationale. Il a joué dans de beaux clubs comme l'Ajax, le Barça, Manchester United, Alavés et Espanyol. Puis, il a joué et s'est beaucoup plu à Donetsk, en Ukraine, où son coach était Co Adriaanse, et a fini sa carrière de footballeur à Malte, en 2010, au Valletta FC, avant de devenir manager. Via Malte et Chypre, il est à présent en Israël, où il fait un travail fantastique.

Il ressort de tout cela que Jordi est doté d'une très grande force de caractère. D'un autre côté, il avait une sacrée tignasse lorsqu'il était jeune et il n'en reste plus rien. Je soupçonne que toutes ces histoires l'ont quand même affecté. C'est pourquoi je suis particulièrement touché quand je vois tout le chemin qu'il a parcouru.

18

J'ai pu suivre de près la carrière de Jordi à Manchester United parce que, pour la première fois de ma vie, je n'étais plus actif dans le monde du football. Je m'étais arrêté comme joueur et je m'étais arrêté comme coach. Pourtant, je ne me suis pas ennuyé une seconde. C'est parce que je veux constamment me développer ; cela fait partie de ma personnalité. En tant que footballeur comme en tant que coach, j'étais un idéaliste ; j'ai donc voulu capitaliser mon expérience pour m'attaquer à de nouveaux défis.

Cela a marché illico. Tout ce dont je m'occupais était en lien plus ou moins étroit avec des domaines que je maîtrise. J'allais voir les matchs de Jordi, j'écrivais une chronique hebdomadaire pour *Telesport*, le cahier sportif du *Telegraaf*[1], des chroniques pour des journaux espagnols et je commentais des matchs pour

1. Quotidien néerlandais.

la chaîne néerlandaise NOS. On me demandait aussi de soutenir des centres de santé. J'élargissais mon univers et cela me plaisait bien. Je pouvais occuper mon temps comme je l'entendais.

C'est d'ailleurs pour cela qu'être entraîneur ne m'a jamais manqué ; je n'avais pas envie de refaire ce que j'avais déjà fait. Je ne voulais pas me répéter, je voulais avancer.

Comme j'ai l'esprit ouvert et que je m'intéresse à de nombreux sujets, il m'arrive parfois des choses surprenantes. Par exemple, le 6IX que j'ai mis en place avec Craig Johnston et Jaap de Groot. Craig est un Australien né en Afrique du Sud. Il a fini par se retrouver dans l'équipe nationale anglaise via le club de Liverpool. La mère de Jaap est américaine, son père était attaquant à l'Ajax et il a passé une partie de sa jeunesse au Texas. Disons que les deux étaient cosmopolites. Ils ont eu l'idée de monter un spectacle autour de la structure d'entraînement six contre six. Cela revient à jouer sur un terrain plus petit, mais avec des buts de dimension normale. On crée ainsi plus d'action devant le but, plus de tirs et plus de buts.

Associer match de foot et musique conférait un petit côté américain à l'événement. L'objectif était de divertir le public et d'inspirer la jeunesse. J'ai tout de suite été emballé. J'avais souvent participé à des matchs de six contre six comme entraînement lors de ma formation à l'Ajax et j'ai aussi utilisé cette formule plus tard, quand j'étais coach à Barcelone. Tout est là, quand on joue à six contre six. La technique, la rapidité d'action et le jeu de position. Comme on peut jouer sur trois lignes, on reste aussi dans l'ambiance du onze contre onze.

On a décidé de mettre ce tournoi 6IX à la sauce Cruyff en ajoutant du « 14 » un peu partout dans les règles de jeu, comme fil rouge. Un match durait deux fois quatorze minutes et le terrain était long de 56 mètres et large de 35,32. Soit quatre fois 14 en longueur et 14 mètres en largeur de chaque côté d'un but qui mesurait 7,32 mètres.

On a, de plus, imaginé tout un tas de règles pour rendre le jeu plus rapide et plus attrayant. Les joueurs avaient, par exemple, le choix de faire une rentrée de touche en lançant le ballon ou en shootant. En lançant le ballon avec les mains, on n'avait pas le droit d'être hors jeu, mais c'était permis si la touche se faisait par un coup de pied.

De plus, en cas de carton jaune, le joueur devait quitter le terrain durant deux minutes et ne pouvait pas être remplacé. Un second carton jaune signifiait un carton rouge.

Une autre règle sympa était qu'un ramasseur de balle devait lancer le ballon en direction du point central si les ovations du public duraient plus de dix secondes après un but. L'adversaire pouvait alors directement donner le coup d'envoi et attaquer.

De plus, un coup franc et une rentrée de touche devaient s'effectuer en cinq secondes, autrement, l'avantage revenait à l'adversaire.

Impossible de terminer sur un match nul. Comme le facteur divertissement primait, un match devait se conclure par des tirs au but en cas d'égalité. Un joueur commençait à dribbler à partir de la ligne médiane et devait marquer en cinq secondes.

Une victoire procurait trois points à l'équipe et une défaite zéro point. Le vainqueur des tirs au but recevait deux points, le perdant un point.

Tout cela prouve que nous avions très sérieusement réfléchi à ce 6IX. C'est certainement pour cela que ce n'est pas un hasard si ce qui a commencé en 1997 comme une blague s'est soldé six ans plus tard par l'ouverture du premier « Cruyff court » (terrain Cruyff).

Cela arrive souvent que je commence quelque chose et que, des années plus tard, il s'avère que c'était la base d'un tout nouveau plan. Comme pour le 6IX. En fait, c'était le premier pas en direction des mini-terrains de foot qui forment à présent une partie importante de la fondation Cruyff.

Les 6IX se sont déroulés le 27 janvier 1997 dans le stade de l'ArenA d'Amsterdam, qui venait d'être inauguré. L'Ajax, Liverpool, AC Milan et Glasgow Rangers y participaient. John Lennart, président de l'UEFA à ce moment-là, a trouvé l'idée excellente et nous a immédiatement donné son accord.

C'était du football de haut niveau combiné à des spectacles d'artistes des pays participants. Comme atout supplémentaire, nous avions placé un grand écran derrière chaque but, ce qui fait que l'on avait une espèce d'image tridimensionnelle lorsque l'on rediffusait les buts : le joueur revivait littéralement l'action qu'il venait d'accomplir.

Nous voulions proposer un beau spectacle et aussi le retransmettre en direct pour qu'il puisse être vu dans le monde entier. Pour ce faire, on a contacté CNN et MTV ; la chaîne musicale a voulu immédiatement en être. À condition que des joueurs connus comme Paul Gascoigne, Paolo Maldini, Steve McManaman et Patrick Kluivert parlent aussi de musique entre les matchs.

Le succès a été phénoménal. Près de 47 000 spectateurs dans le stade et des millions de téléspectateurs dans plus de cent pays ont vu l'AC Milan remporter le tournoi, après des concerts de Gary Marsden, Youssou N'Dour, Massimo Di Cataldo et René Froger.

Ce tournoi m'a aussi permis de rencontrer Peter Brightman, alors responsable de la section divertissement de l'ArenA. Peter habitait à Londres et était en contact avec un groupe d'hommes d'affaires qui voulaient importer le football professionnel en Irlande. Une étude avait prouvé que 100 000 Irlandais allaient tous les week-ends en Angleterre pour assister à des matchs de football.

Du coup, les investisseurs ont eu l'idée de construire un grand stade à Dublin. Le club londonien « Wimbledon », encore en Ligue 1 à ce moment-là, ne disposait pas de son propre stade et avait accepté de déménager dans la capitale irlandaise à condition de pouvoir conserver sa licence. Cela permettrait à l'Irlande, qui adore le foot, d'avoir enfin un club en Ligue 1.

Ce qui me plaisait le plus dans ce projet, c'était son aspect pacifique. Il s'agissait d'un club de Ligue 1, les catholiques et les protestants se retrouveraient donc ensemble dans le stade, à soutenir le même club. Et ils se réjouiraient ensemble des buts marqués. J'ai trouvé cela fascinant, de créer un club de foot sous l'égide de la paix en une période de violences et de troubles.

J'étais impartial ; on m'a donc demandé d'être la figure de proue du projet. Les catholiques et les protestants n'arrivaient pas s'entendre, mais je n'étais ni l'un ni l'autre et donc l'intermédiaire idéal.

Je devais souvent me rendre à Londres pour discuter avec les investisseurs. J'adorais ça. Travailler à un projet exceptionnel et passer du temps dans l'une de mes villes préférées.

Hélas, le projet dublinois n'a pas abouti parce que la Fédération d'Irlande de football a refusé de coopérer. Elle est restée sur sa position : pour jouer en Irlande, il fallait participer à la compétition irlandaise. J'ai trouvé cela dommage et je n'ai pas compris leur raisonnement. Andorre et Monaco participent bien à la compétition espagnole et française ? Mais le problème n'a pas pu se régler et l'Irlande doit, aujourd'hui encore, se passer de club de haut niveau.

Mais bon, j'ai à nouveau appris quelque chose, comme cela m'arrive souvent : sans vraiment savoir ce qui se passe, mais en sachant que quelque chose se passe.

Il en avait été ainsi pour le jugement prononcé par le juge espagnol en 1999, trois ans après mon départ de Barcelone. L'une des clauses de mon contrat stipulait que j'avais droit à deux matchs de bienfaisance, sauf que Núñez, le président du club, se moquait pas mal de mes droits. La cour de justice m'a donné raison, tout en exigeant que les deux matchs soient organisés rapidement après le jugement. Cette mission est impossible *a priori*, a pourtant été accomplie. D'abord le 10 mars à Barcelone, puis le 10 avril à Amsterdam – deux soirées inoubliables.

Au Camp Nou, 100 000 spectateurs ont assisté à l'hommage que l'on a enfin rendu à la Dream Team. Les joueurs l'avaient plus que mérité. Des années durant, Núñez avait essayé d'effacer tout souvenir de cette époque fantastique, mais heureusement, ce premier match de bienfaisance a permis aux fans de montrer ce qu'ils en pensaient.

Cela ne m'arrive pas souvent, mais après le dernier coup de sifflet, j'ai eu la chair de poule. Surtout au moment où tous les joueurs m'ont entouré dans le rond central et où j'ai remercié le public en notre nom à tous. J'étais sonné à ce moment-là et, sans réfléchir, j'ai entonné l'hymne du club, et le stade entier a chanté avec moi. Un moment fantastique, mais le plus beau, c'était quand même, évidemment, que justice soit enfin faite.

J'ai à nouveau eu la chair de poule un mois plus tard, lors du second match de bienfaisance. À Barcelone, cela avait été la fête pour la Dream Team et les supporters, mais à Amsterdam, tout l'Ajax était impliqué : les joueurs, les supporters, la dame de la cantine, les ramasseurs de balle, le responsable de l'équipement, tout le monde.

L'année suivante, l'Ajax allait fêter ses cent ans et nous ne voulions pas marcher sur les plates-bandes des organisateurs. Le thème du match était « Trente ans de finales ». Tous les joueurs ayant participé à une finale internationale étaient invités. Cinquante footballeurs en tout, de Piet Keizer à Bryan Roy, de Johan Neeskens à Aron Winter et de Marco van Basten à Dennis Bergkamp. On voulait une soirée nostalgique, dédiée entièrement au foot, à ce qui symbolise l'Ajax. On a donc commencé la soirée avec un match des anciens de l'Ajax entre eux, on a continué avec une mi-temps de l'Ajax contre le FC Barcelone et on a conclu la soirée par quarante-cinq minutes de l'Ajax International contre le Barça. L'Ajax International était composé d'anciens Ajacides jouant à l'étranger.

CHAPITRE 18

À Amsterdam comme à Barcelone, la fête a été grandiose. D'autant plus que l'on a eu droit au retour de Marco van Basten. Après son adieu forcé à l'AC Milan, il était resté loin des terrains, car sa cheville fragilisée continuait à le frustrer. Il avait annoncé qu'il ne jouerait pas, mais qu'il donnerait le coup d'envoi. Mais le moment venu, pas de Marco. On avait déjà commencé à jouer quand tout à coup, j'ai vu Marco en tenue de foot le long de la ligne de touche. L'alchimie du vestiaire avait eu raison de lui et il était prêt à entrer en action.

Un moment magique. Tout d'abord, le silence s'est fait dans l'ArenA. Le public doutait encore qu'il s'agissait bien de Marco, mais, lorsqu'ils en ont été sûrs, 50 000 fans se sont levés les uns après les autres pour l'acclamer.

Plus tard, au Hilton, on a tout de suite jeté les bases d'un nouveau projet. Beaucoup d'Ajacides s'étaient rendus à l'hôtel pour discuter encore du match. Entre autres Søren Lerby et Simon Tahamata, qui avaient dû se contenter de regarder le match sans jouer, car s'ils avaient bien participé à une finale, ce n'était pas sous les couleurs de l'Ajax. Ils n'avaient donc pas eu le droit de jouer.

Cela m'ennuyait un peu ; ces joueurs méritaient aussi d'être mis à l'honneur. Quelques semaines plus tard, une solution m'a été présentée sur un plateau. À plusieurs reprises, j'avais laissé entendre à mon beau-père que j'aimerais créer ma propre fondation. Cette idée ne m'avait pas quitté depuis mon expérience avec les Jeux olympiques spéciaux à Washington. On me demandait souvent de participer à des actions de bienfaisance, mais je voyais rarement les effets de ma contribution.

C'est pour cela que j'avais créé la Johan Cruyff Welfare Foundation en 1997 et les recettes du match de bienfaisance du 6 avril me permettaient enfin de l'établir sérieusement aux Pays-Bas. D'abord en partenariat avec Terre des Hommes, pour voir comment fonctionnait le caritatif, et partiellement grâce à une aide financière de la Postcode Loterij[2].

Durant l'une de nos sessions de brainstorming, on a eu l'idée de mettre en place un événement qui serait un cadeau du football professionnel à la société. Pour finir le XXe siècle en beauté.

Le *Telegraaf* devait publier ma sélection de la meilleure équipe nationale du siècle et les lecteurs du journal pourraient acheter les bustes miniatures des joueurs. L'événement que nous projetions de faire et l'argent rapporté par la vente des bustes financeraient un projet pour les jeunes du quartier de Bijlmer[3] à Amsterdam et un cadeau pour les supporters de l'équipe nationale.

Restait un problème à résoudre : les ventes des bustes miniatures ne suffiraient jamais à couvrir

2. Loterie nationale néerlandaise.
3. À l'époque, quartier défavorisé de la ville, aujourd'hui rénové.

le coût de cette opération. C'est pour cela qu'il fallait trouver autre chose, un match de prestige dans lequel le meilleur du football néerlandais du xxe siècle se présenterait une dernière fois devant le public.

C'était un projet magnifique. Le 21 décembre 1999, les meilleurs sélectionneurs de l'équipe nationale et les meilleurs internationaux de notre histoire, ainsi que les meilleurs joueurs étrangers qui avaient participé à l'Eredivisie, se sont réunis une dernière fois à l'ArenA d'Amsterdam. La première équipe était menée par Rinus Michels, qui avait, avec son assistant Guus Hiddink, dirigé plus de quarante internationaux, du benjamin Dennis Bergkamp au doyen Faas Wilkes. Barry Hughes dirigeait l'équipe des joueurs étrangers, dont Søren Lerby et Simon Tahamata – le duo qui nous avait donné l'idée de ce projet – faisaient partie.

La fin du xxe siècle a été dignement fêtée. Ove Kindvall, Ralf Edström ou Stefan Pettersson ont tous joué dans leurs maillots de Feyenoord, de PSV et d'Ajax, tout comme leurs autres coéquipiers. Trois clubs ont donc formé une équipe.

La soirée s'est conclue sur le cadeau que l'« équipe oranje du siècle » a offert aux supporters : l'inauguration des douze statues des onze meilleurs joueurs et du meilleur sélectionneur. Rinus Michels, Edwin van der Sar, Ruud Krol, Ruud Gullit, Frank Rijkaard, Johan Neeskens, Wim van Hanegem, Abe Lenstra, Marco van Basten, Piet Keizer, Faas Wilkes et moi étions sculptés dans le bronze. Nous nous tenons encore tous les douze à l'entrée du centre des sports de la KNVB à Zeist.

La recette nette du « match du siècle » était de plus d'un million de florins – assez pour construire un complexe sportif multifonctionnel dans le quartier de Bijlmer. La somme restante revenait à la fondation Johan Cruyff. Mais le message que nous avions transmis avec les internationaux était tout aussi important : nous avions montré qu'ensemble, on pouvait accomplir bien des choses grâce au sport.

Nous réfléchissions constamment à de nouveaux événements à mettre en place, par exemple le bal de Winter. Jaap de Groot, le chansonnier Raoul Heertje et moi avons eu l'idée d'organiser un match de foot dans un théâtre. L'idée nous est venue en plaisantant autour d'un verre. Nous sommes partis du principe que les excellents footballeurs étaient en fait des artistes et qu'ils pouvaient, à ce titre, se produire dans un théâtre. D'abord, cela nous a bien fait rire, mais, en 2003, l'idée s'est concrétisée au Concertgebouw[4] d'Amsterdam et à l'occasion des adieux d'Aron Winter, qui avait débuté sous ma direction à l'Ajax.

Son ancien coéquipier Frank Rijkaard cherchait des idées pour conclure en beauté la carrière d'Aron. Il s'est avéré une fois de plus que l'on peut toujours

4. Cette salle de concert est considérée comme l'une des meilleures du monde.

compter sur la solidarité des footballeurs. À peu près tous les joueurs avec lesquels Aron avait joué à l'Ajax, au Lazio Rome, à l'Inter Milan et dans l'équipe nationale ont répondu présent – de Marco van Basten à Ronaldo et de Paul Ince à Roberto di Matteo – pour jouer au foot non pas dans un stade, mais dans l'une des plus belles salles de concert des Pays-Bas.

Un gazon artificiel de vingt-cinq mètres sur vingt-cinq avait été posé dans la grande salle du Concertgebouw transformée ainsi en terrain de foot. Les quatre cents invités ont pris place sur la scène – où joue normalement l'orchestre du Concertgebouw – pendant que l'Opéra national des Pays-Bas mettait l'ambiance durant les matchs qui étaient inspirés de la carrière d'Aron.

La soirée a commencé par un match entre l'équipe de l'Ajax que je coachais en 1987 contre la sélection nationale que dirigeait Rinus Michels en 1988, celle qui est devenue championne d'Europe. Ensuite, il y a eu un match entre la Lazio Rome et l'Inter Milan. Pour finir, l'Ajax de Louis van Gaal a affronté les Black Ties. Les Black Ties jouaient en maillot noir avec un nœud papillon. Une idée originale pour des joueurs d'exception comme Ronaldo, Clarence Seedorf et Patrick Kluivert.

Comme Aron voulait absolument terminer sa carrière sur un cadeau à la communauté, il a été décidé que la recette du bal de Winter financerait un nouveau projet de ma fondation : les mini-terrains de foot

Cruyff. La pelouse artificielle du Concertgebouw pouvait immédiatement être réutilisée pour le premier d'entre eux, à Lelystad, la ville où Winter résidait.

La soirée au Concertgebouw était très réussie. Les joueurs sont venus sur le terrain en empruntant un tapis rouge et l'arbitre portait le smoking. CNN a retransmis le bal de Winter dans le monde entier et le *Herald Tribune* lui a consacré un bel article.

Ces soirées festives sont évidemment bien plus que de « beaux souvenirs », car elles ont engendré des choses plus sérieuses. Le 6IX a fait naître l'idée des terrains de foot Cruyff ; le match d'hommage à l'Ajax et le « match du siècle » ont mis la fondation Cruyff sur les rails et c'est en partie grâce au bal de Winter que le premier mini-terrain de foot Cruyff a pu être mis en place. On trouve à présent ces terrains dans le monde entier.

Je ne jouais plus au foot, pourtant, j'avais des tas d'activités qui me permettaient d'être toujours utile. La vie peut être simple et agréable.

19

Mes rapports avec les dirigeants ont souvent été conflictuels. Alors qu'il me semble que j'ai toujours été de bonne foi. Même lorsque j'avais cessé d'être coach. À cette époque, j'ai été pressenti pour être conseiller à l'Ajax, comme à Barcelone. Parfois, cela se passait bien pendant un certain temps, souvent pas.

Disons que la relation que l'on a avec le club peut avoir des hauts et des bas. Tout dépend des présidents. Par exemple, avec Michael van Praag à l'Ajax et Joan Laporta à Barcelone, j'avais d'excellentes relations. En 1999, l'Ajax m'a nommé membre d'honneur du club. Dans ce cas, tu peux faire deux choses : soit tu es membre d'honneur juste pour porter l'insigne, soit tu veux signifier quelque chose pour le club, représenter des valeurs. Mais si tu remarques que pour d'autres, le mot « valeur » ne recouvre pas la même chose que pour toi, tu es poussé à faire comme si tu n'étais là que pour porter l'insigne.

À l'Ajax, à cette époque, je me suis fait avoir deux fois. D'abord en 2000, quand Co Adriaanse a été engagé comme coach, et en 2003, quand Louis van Gaal a été nommé directeur technique. On est venu deux fois me demander mon avis et, chaque fois, je me suis rendu compte après coup que les décisions étaient déjà prises et que l'on s'était servi de moi comme alibi.

En 2000, quand on m'avait demandé de choisir un candidat adéquat, j'avais nommé Frank Rijkaard. Frank était un excellent sélectionneur et il aurait dû gagner la Coupe d'Europe avec l'équipe nationale. L'équipe avait été éliminée en demi-finale contre l'Italie en manquant deux fois un penalty pendant le match et encore quelques autres pendant la série de tirs au but, mais l'équipe avait eu un jeu fantastique. D'où mon choix pour Rijkaard.

Et j'ai appris ensuite qu'un accord de principe avait été conclu avec Co Adriaanse quelques semaines plus tôt. Entendons-nous bien, je n'ai rien contre Co Adriaanse, mais alors, que l'on me laisse tranquille. Quand je me suis exprimé là-dessus, la direction a répondu par voie de presse que les intérêts de l'Ajax passaient par-dessus tout. Mais qui décide de ce que sont les intérêts de l'Ajax ? Si cela se passe comme cela s'est passé avec moi, on peut m'en raconter d'autres.

Rebelote trois ans plus tard, avec la nomination du nouveau directeur technique. Ronald Koeman était un excellent coach, mais soudain, j'apprends par les journaux que j'étais nommé conseiller de l'Ajax. Quelques jours plus tard, on me demandait ce que je pensais de la fonction de directeur technique et qui je voyais pour ce poste.

Au cours de cet entretien, le directeur, Arie van Eijden, et le vice-président, John Jaakke, m'ont demandé par trois fois si j'avais quelque chose contre Louis van Gaal et, trois fois, je leur ai répondu que là n'était pas la question. L'important, c'était de savoir si Louis van Gaal était le type de directeur technique dont l'Ajax avait le plus besoin à ce moment-là. J'ai essayé de m'expliquer en me servant d'exemples. Mais bon, si le choix est déjà fait, on peut me prêter l'oreille que l'on veut.

Plus tard, van Gaal a été engagé, mais je suis tombé des nues quand il a déclaré qu'il avait été pressenti pour la fonction des mois avant que l'on me demande mon avis. Il s'est avéré qu'il avait même donné son accord avant l'entretien que j'avais eu avec le club. Autrement dit, le choix était déjà fait. La question qui se pose alors, c'est à quoi rime leur petit jeu ? Pourquoi m'avait-on nommé conseiller, pourquoi me demandait-on mon avis si l'on n'avait pas l'intention d'en tenir compte et pourquoi ce que je disais au cours d'entretiens avec la direction était aussitôt relayé par la presse ?

J'ai vraiment été en rogne lorsque j'ai appris qu'avant d'en discuter avec moi, le choix du nouveau directeur technique avait été approuvé par tout le club. Ah bon ? Mais par qui, alors ? D'abord par les gens qui sont toujours d'accord ? Et lorsque c'est fait, amener mine de rien les autres à se rallier, comme on s'y était pris avec moi ?

Mais le pire, bien sûr, c'était qu'une décision purement technique avait été prise par des gens qui n'en avaient pas les compétences. Et l'on va dire après ça que c'est supposément dans l'intérêt du club. Comme c'était aussi dans l'intérêt du club que van Gaal et moi nous nous réconciliions. Après nous avoir opposés, toujours dans l'intérêt du club. Pourquoi ? Laissez-moi donc en dehors de cela et continuez à faire votre cuisine entre vous.

D'autre part, il n'y avait aucune raison d'ajouter un directeur technique à l'équipe de Koeman, qui fonctionnait très bien. Mais les dirigeants trouvaient que Koeman et ses assistants, Ruud Krol et Tonny Bruins Slot, s'isolaient trop, si bien que la direction n'était pas très au courant de ce qui se passait avec les joueurs. Je connaissais, j'avais vécu cela avec Núñez, à Barcelone. Un autre dirigeant qui voulait s'introduire dans le vestiaire.

En engageant van Gaal, les dirigeants espéraient avoir plus de prise sur Koeman, alors qu'il venait d'être champion, qu'il avait remporté la Coupe et atteint les quarts de finale de la Ligue des champions. Exactement ce qui m'est arrivé en 1987, après avoir gagné la Coupe des coupes : la direction a trouvé moyen de démolir en moins d'un an une équipe qui fonctionnait très bien. Van Gaal, frustré, a quitté le club et Koeman en a fait autant. Tous deux victimes de magouilles de dirigeants qui sont encore à l'Ajax.

Mais pour moi, l'Ajax, ce n'est pas eux. J'aime le club dans lequel j'ai grandi. Pour moi, c'est cela, l'Ajax. Tous les problèmes, toutes les irritations disparaissent dès que j'entre dans la cantine. Je sais à l'avance que cela va être sympa. C'est ce qui compte pour moi. Le reste, finalement, je m'en balance.

Même topo pour Barcelone, où, en plus, les dirigeants sont toujours acteurs du jeu politique qui se joue en Catalogne. Je ne m'en suis jamais mêlé. Bien que, surtout du temps de Franco, les gens voulaient que tu t'exprimes pour Barcelone et contre Madrid. Ton opinion comptait. Seulement le problème avec moi, c'est que, souvent, je soufflais inconsciemment sur les braises. J'étais trop jeune, trop apolitique, pas assez éduqué, appelez cela comme vous voulez.

Ce n'est que vers la fin de l'année 1974 que j'ai commencé à comprendre, et ce grâce au dirigeant Armand Carabén – une intelligence supérieure qui savait très bien expliquer d'où venaient les dissensions et ce qui risquait de ranimer les tensions. À commencer par le catalan, une langue interdite par Madrid, mais aussi, par exemple, les prénoms. Comme je l'ai déjà dit, nous ne nous en sommes rendu compte que lorsque l'on a voulu nous empêcher d'appeler notre fils Jordi. C'était inacceptable. C'est même incompréhensible pour nous.

Mais à Barcelone non plus, je ne laissais personne me dicter sa loi. Je me conduisais comme à Amsterdam, comme l'on m'avait éduqué ; j'étais un baby-boomer. Tous les gens de ma génération avaient été influencés par les Beatles, qui inauguraient une nouvelle ère de liberté. Je faisais de même dans le domaine du sport et du football. Cela pouvait heurter les esprits en Catalogne. J'étais prêt à comprendre bien des choses, mais plus j'y réfléchissais, moins je comprenais.

Carabén a été le premier à me dire que je ne devais pas m'insurger. Je répondais : « Mais c'est ridicule » et il rétorquait : « Oui, mais c'est comme cela, c'est leur éducation. »

Plus tard, l'ancien ministre Pieter Winsemius m'a dit la même chose : « Tu n'es pas d'accord et moi non plus. Seulement, ce type est là depuis vingt ans et il a été élevé comme cela. Il fait ce que son éducation lui commande de faire. Nous trouvons qu'il faudrait faire autrement, c'est vrai, et nous avons raison. Mais ces gens, tu ne peux rien leur reprocher. Par contre, tu peux essayer de changer les choses. »

Des gens comme Carabén et Winsemius m'ont appris à nuancer ma pensée.

Pourtant, aujourd'hui encore, je considère avec étonnement la situation actuelle en Catalogne, où, comme il y a quarante ans, on parle encore de se séparer ou non de l'Espagne. C'est fifty-fifty. Autrement dit, en cas de séparation, le peuple sera coupé en deux. C'est vraiment cela qu'ils veulent ?

En bon néerlandais, j'ai l'habitude du « *poldermodel* ». On discute et on discute encore et on finit par se mettre d'accord. Ils ne savent pas ce que c'est en Catalogne. Personne n'a jamais voulu mettre de l'eau dans son vin. Personne. Pas ceux qui veulent la séparation, pas ceux qui n'en veulent pas, pas ceux qui sont à Madrid. Mais quand il n'y a pas de majorité, il faut quand même pouvoir travailler ensemble. Et comment travailler ensemble si on n'a pas la volonté de comprendre les problèmes de l'autre ? C'est pour cela qu'en ce moment, c'est intéressant de lire les articles politiques pour voir qui y comprend quelque chose.

En attendant, tout le monde se met sur les rangs pour le poste de président. Et je vois l'attitude de certains partis politiques qui pensent : « Sans moi, vous ne pouvez pas gouverner, alors, je veux tout le gâteau. » Sauf que ce n'est pas une bonne idée de vouloir tout le gâteau. Alors, recule d'un pas et essaie de penser comme le peuple. Mets-toi à sa place et tu verras que les différences ne sont pas aussi énormes que cela. Enfin bon, je lis les journaux, mais pour le reste, je n'y connais rien.

Pourtant, il y a des choses qui me dépassent. C'est quand même formidable de donner aux enfants la possibilité d'apprendre plusieurs langues, c'est un super cadeau que tu leur fais. Cela leur permet de communiquer avec tout le monde, d'optimiser leur culture générale. Alors, comment peut-on décider qu'une heure de catalan à l'école, c'est plus que suffisant ? Pourquoi pas deux ou trois ? C'est quand même une richesse que d'être bilingue. C'est ce qui me semble, en tout cas. Moi, mon éducation, cela a toujours été : « Mon gars, voyage et apprends la langue des pays que tu traverses. Car si tu peux parler avec tout le monde, tu peux créer des ponts, ou non. »

Ma nomination comme coach de l'équipe nationale de Catalogne n'était évidemment pas un signe d'engagement politique pour moi. Mais finalement, cela l'est devenu. C'est devenu un embrouillamini de choses et d'autres. Pour commencer, la fonction n'est pas officielle. Il y a un match entre A et B et je suis l'entraîneur de l'une des deux équipes. Mais après, cela se complique, cela devient un vrai micmac. Au final, comme les politiciens se mêlaient de plus en plus de notre équipe, leur charge politique a été de plus en plus forte. C'est exactement ce qu'il ne faut pas faire. Il vaut mieux réfléchir à la façon dont on peut composer dans une telle situation. Naturellement, c'est beau de conforter la fierté catalane. Il n'y a rien contre. Mais il ne faut pas pour autant perdre l'aspect sportif de vue. Les Catalans qui remplissent le stade ne doivent pas seulement venir pour le drapeau, mais aussi pour le football.

L'équipe catalane ne gagne en force que tant que l'on fait du beau football. Si ce n'est pas le cas, les retombées sont moins spectaculaires. Donc les politiques ont tout intérêt à ce que l'événement sportif soit à la hauteur. C'est ce que je veux dire quand je parle d'embrouillamini. Les footballeurs, par exemple. Ils sont en pleine saison footballistique et ce qui compte pour ces joueurs d'envergure, ce n'est pas la politique. Possible qu'ils s'y intéressent, mais un soir de match, ce qui les occupe, surtout, c'est d'éviter les blessures. Donc tout ce qui vient s'y ajouter, c'est bien beau, mais leur seule obsession, c'est : « Comment est-ce que je vais jouer ce match ? Comment est-ce que je vais le gagner et comment je fais pour éviter les blessures ? » Et moi, en tant que sélectionneur, j'ai les mêmes préoccupations que mes joueurs. Il y avait beaucoup de salades autour des matchs, mais si quelqu'un se déchirait un muscle ou se cassait quelque chose, c'est là que l'on avait un gros problème.

Je compatissais avec les Catalans, j'éprouvais une profonde sympathie pour eux. Mais je suis et je reste un Néerlandais. Je dis et je fais ce que bon me semble, dans le cadre de la loi. Je ne suis pas le mouvement, non. J'ai une capacité de réflexion raisonnable et quand je réagis à une situation, je ne le fais pas en tant que catalan, ni en tant que néerlandais, mais en tant qu'individu – un individu qui a été élevé dans un pays où la liberté de penser est un bien commun. C'est quelque chose de très important, de pouvoir s'exprimer, de ne pas avoir à surveiller constamment ses paroles par crainte de ce qu'elles pourraient provoquer.

Cette attitude m'a causé bien des problèmes avec les dirigeants. Cela m'a valu d'être licencié, à l'Ajax comme à Barcelone, mais les deux présidents de ces clubs ont fini par avoir ce qu'ils méritaient. Et ils ont mis leur club en grande difficulté.

À ce propos, Barcelone peut dire un grand merci à Joan Laporta. Il a été nommé président en 2003 et, alors que l'ancien président de l'Ajax s'était payé ma tête en me nommant conseiller, lui a été loyal envers moi. Quand il a sollicité mes conseils, il les a écoutés. Il a nommé Frank Rijkaard entraîneur et Txiki Begiristain directeur sportif. Avec l'aide d'anciens footballeurs, ils se sont penchés sur le fonctionnement du club. Pas une seule commission ne s'en est mêlée, si bien que l'on a pu travailler rapidement et de façon efficace. Les problèmes ont été réglés en un tournemain.

Barcelone en tire encore profit.

20

Fils de l'Ajax, je me suis pris d'affection pour Barcelone. C'est pourquoi je me suis trouvé impliqué dans la réorganisation des deux clubs, ces dernières dix années. Barcelone me l'a demandé ; quant à l'Ajax, cela m'est tombé dessus. À Barcelone, on l'a fait en trois ans ; à l'Ajax, on a échoué parce que l'on n'a pas pu faire tout ce qui était prévu. Cela n'a pas fonctionné. C'est clair comme deux et deux font quatre.

La grande différence, c'est que l'Ajax est une entreprise cotée en Bourse, tandis que Barcelone est un club. À Amsterdam, j'avais affaire à des dirigeants et à des commissaires ; à Barcelone, seulement à un président. Cela fonctionne mieux ainsi parce que c'est plus direct ; on n'a pas à passer par des commissions et des plates-formes. À l'Ajax, les procédures sont plus nombreuses, tout prend plus de temps.

Le plus beau, c'est que l'aventure avec Barcelone et, finalement, avec la Dream Team II, a commencé avec le premier joueur avec lequel je me suis accroché. Mais après son départ de l'Ajax dans de pénibles circonstances, en 1987, nous nous sommes progressivement rapprochés, Frank Rijkaard et moi. Il fallait laisser faire le temps. À un moment donné, on se calme et on aborde différemment la phase suivante de sa vie.

Disons que nous en avons tous deux tiré des leçons. Nous étions devant quelque chose de nouveau, lui comme joueur, moi, comme entraîneur. Mais ensuite, nous avons évolué. Frank, certainement. Aussi bien comme joueur que comme entraîneur. C'est pourquoi j'étais heureux de pouvoir conseiller le président du FC Barcelone, Joan Laporta, de le prendre comme entraîneur ; pas seulement parce que je l'apprécie, mais aussi parce que je l'en savais capable.

Car, entendons-nous bien, à ce niveau-là, on ne fait pas de cadeau. On ne peut pas se le permettre. Ni vis-à-vis du club ni vis-à-vis de la personne qui doit faire le boulot. C'est pourquoi j'ai d'abord bien réfléchi à la situation du FC Barcelone. À ce dont il avait besoin, à ce que le nouvel entraîneur devrait faire.

Frank remplissait toutes les conditions. Il se débrouillait bien dans plusieurs langues et avait joué au top dans de nombreux clubs de classe internationale. Cela, c'était pour ses prestations de footballeur, sur lesquelles il n'y avait rien à redire. Pour le reste, il avait un certain charisme et il était assisté par Henk

Cruyff en 1981 avec ses enfants – Susila, Jordi et Chantal – en Espagne.

En 1985, Cruyff rejoint l'Ajax en tant qu'entraîneur. « *Parfois, je m'asseyais simplement sur le ballon à côté du terrain, et j'observais. Certaines personnes disaient que j'étais paresseux. C'est sans doute vrai, mais je remarque plus de choses en étant assis qu'en bougeant partout. Avec cette position, je peux mieux analyser le joueur, et voir des détails plus clairement. Des détails que 99 % des gens ignorent la plupart du temps, ne voient pas ou ne comprennent pas.* »

En 1987, Cruyff suit les traces de son mentor Rinus Michels, et remporte son premier trophée international en tant qu'entrenaîneur de l'Ajax – la Coupe d'Europe des vainqueurs de coupe, victoire 1-0 face au FC Lokomotive Leipzig de l'Allemagne de l'Est.

Photographie de Cruyff avec son fils Jordi en 1988, quelques minutes après qu'il a renoncé à son poste d'entraîneur de l'Ajax. Sa carrière au sein de ce club a nourri la philosophie d'un football auquel son nom s'était attaché.

En 1988, Cruyff, que l'on voit ici avec le président Núñez, rejoint le FC Barcelone en tant qu'entraîneur. Entre 1991 et 1994, cette « Dream Team », qui compte Pep Guardiola, remporte quatre fois la Liga, la Coupe d'Europe des vainqueurs de coupe en 1989, et la finale de la Coupe d'Europe en 1992.

Cruyff célèbre la victoire de la Liga avec Ronald Koeman en mai 1993.

Le jeune Jordi Cruyff jouait à Barcelone aux côtés de son père, avant que celui-ci ne soit licencié en 1996. Il est alors transféré au Manchester United de Sir Alex Ferguson.

En 1991, Cruyff subit une chirurgie cardiaque et doit rompre avec une dépendance de longue date au tabac, troquant les cigarettes pour des sucettes. Il dira plus tard : « *Le football m'a tout donné, le tabac a failli tout me reprendre.* »

Photographié ici avec Leo Beenhakker et Louis Van Gaal (en bas, au premier plan), l'implication de Cruyff auprès de la direction managériale du FC Ajax – alors même qu'il avait abandonné le coaching – continuait de faire les gros titres.

a Fondation Johan Cruyff,
réée pour donner une
hance aux enfants
andicapés et défavorisés
e pratiquer un sport,
onstitua la principale
mbition de Cruyff après
être retiré du football.

Dennis Bergkamp, Johan Cruyff et Wim Jonk, tous ex-joueur de l'Ajax, à l'ArenA d'Amsterdam, le 30 mars 2011. Le conseil d'administration de l'Ajax démissionna pendant une réunion spéciale entre les membres du conseil et le club de football d'Amsterdam, en raison d'un conflit avec Cruyff.

En mars 2016, Cruyff s'éteint après un court combat contre un cancer du poumon. Le match amical entre les Pays-Bas et la France, joué quelques jours plus tard, fut interrompu à la quatorzième minute pour immortaliser son souvenir.

ten Cate, un coach que je suivais lui aussi avec beaucoup d'intérêt. Partout où il travaillait, il y avait de l'animation, ce qui n'était pas fait pour me déplaire. Frank et lui se complétaient.

Mais le plus important, c'était que Laporta était un président qui mettait les footballeurs au premier plan et qui leur laissait le soin de prendre les décisions footballistiques. Durant toutes ces années, Laporta a été la seule exception à la règle. Ce n'était pas quelqu'un qui disait : « Je suis le président, c'est moi qui décide. » Il préférait nous dire : « Voilà le problème, concertez-vous et réglez-le. » En fait, c'était quelqu'un qui avait la même approche que nous. Et c'est aussi grâce à lui que la Dream Team II a pu voir le jour, avec sa série de succès.

Quand je lui ai soumis les noms de Frank Rijkaard comme entraîneur et de Txiki Bequiristain comme directeur technique, il a immédiatement réagi et l'affaire a été réglée en moins de deux. Comme il se doit. Je suis chaque fois stupéfait de voir la façon dont on juge les entraîneurs et qui le fait. Cela explique les énormes boulettes que je constate constamment au moment de leur choix, parce que les décisions sont prises par des dirigeants ou des directeurs qui n'ont pas la moindre idée de ce qu'il faut mettre dans la balance. Leurs décisions se basent sur des entretiens dans leurs bureaux et des intrigues de couloir. Avec parfois des résultats désastreux qui font tomber les entraîneurs, alors que les dirigeants, eux, sont épargnés.

Par exemple, quelqu'un peut être un coach fantastique pour les juniors, mais un entraîneur principal désastreux. Ou bien quelqu'un peut faire du très bon boulot dans un club de second plan et ne pas faire le poids dans un club de classe internationale. Et vice versa. Un entraîneur peut très bien ne pas tenir le coup dans un petit club et très bien fonctionner dans un grand. De même, un entraîneur principal n'est pas automatiquement un bon directeur technique.

Ce que je veux souligner, c'est qu'il faut être un fin psychologue en matière d'entraîneur pour pouvoir mettre la bonne personne à la bonne place. Et je suis toujours consterné de voir qui, dans la plupart des clubs, est habilité à trancher. Des choix aux conséquences énormes, qui peuvent entraîner des dégâts à long terme. On jette des millions par les fenêtres, on bousille inutilement des entraîneurs et certainement, aussi, des joueurs.

Ainsi, un coach-éducateur est quelqu'un dont la tâche principale est la formation. Le grand danger, durant cette formation, c'est le coach qui s'attache à désapprendre au lieu d'arrondir les angles. Prenons un joueur qui a tendance à trop dribbler. Il ne faut pas lui interdire de dribbler, mais, par exemple, le mettre face à un adversaire au physique imposant. Quand il se sera bien fait bousculer plusieurs fois, il apprendra de lui-même à passer le ballon à temps.

Et puis il faut aussi tenir compte de l'âge des juniors. On n'a pas la même approche avec les jeunes ados qu'avec les joueurs de 16, 17 ans sur le point de passer en sélection A. Pour ces derniers, on ne peut pas nommer n'importe quel entraîneur-éducateur.

Il en est de même pour les entraîneurs principaux. Dans un club au top, un club secondaire ou au bas de l'échelle, on a des types d'entraîneur totalement différents. Non seulement les qualités de leurs joueurs diffèrent du tout au tout, mais il n'y a aucune comparaison possible entre les tensions qu'ils auront à gérer.

Un directeur technique, lui, va chercher quelles sont les lignes directrices du club et veiller à ce qu'elles soient respectées. Pour cela, il doit être capable de communiquer avec les dirigeants et de gérer les entraîneurs. Si les directeurs techniques négligent ces lignes directrices et qu'ils n'en font qu'à leur tête, cela peut signifier la fin du club.

C'est pourquoi je peux, maintenant encore, me mettre en boule quand je vois que l'on engage untel à tel endroit alors que l'on peut dire à l'avance que cela n'a aucune chance de fonctionner. Et quand les décideurs s'en aperçoivent, ils laissent souvent les choses traîner pour ne pas passer pour des imbéciles. Au moment où ils décident enfin de rétropédaler, il est souvent trop tard et c'est au club de payer les pots cassés.

À Barcelone, cela n'a pas été le cas. Certes, à son arrivée au Barça, Rijkaard a eu quelques mois difficiles. Cela n'avait rien d'étonnant et cela ne m'a pas surpris. Quand on veut tout chambouler, on ne peut pas s'attendre à ce que tout fonctionne immédiatement.

Naturellement, nous avons été en contact durant cette phase. Rien de plus normal entre amis que de s'entraider lorsque c'est nécessaire. Mais que ce soit bien clair : il n'a jamais été question que je m'immisce dans la gestion technique de l'équipe. Malgré les difficultés du début, avec Frank, le club était en bonnes mains. Il avait grandi à l'Ajax, qui mêlait jeu offensif et spectacle, et durant son passage à l'AC Milan, il avait appris la rigueur défensive et le réalisme des Italiens. On peut dire qu'il avait un énorme bagage. Pour moi, c'est un des meilleurs footballeurs complets que je connaisse. C'était un excellent défenseur ; il était capable d'organiser le milieu de terrain et pouvait aussi marquer des buts. Il réunissait tout cela en lui, sans compter qu'il avait le bon mental et qu'il était loin d'être bête. Qu'il m'ait appelé de temps à autre pour avoir une seconde opinion ne fait jamais que prouver son professionnalisme.

Le professionnalisme est d'ailleurs la marque du Barça sous la présidence de Laporta. À cause de toutes les luttes de pouvoir à l'intérieur et autour du club, le FC Barcelone a toujours été un volcan en ébullition. Johan a su écarter les questions politiques, protégeant ainsi coachs et joueurs de leurs effets pernicieux, ce qui leur a permis de se concentrer sur la progression de l'équipe.

Et les résultats ne se sont pas fait attendre. En quelques mois, cela a commencé à fonctionner, le public s'est mis à y croire et le succès a été au rendez-vous. Mais ce qui était crucial, c'était que l'on avait posé les bases d'une identité footballistique qui allait faire de Barcelone un exemple.

L'important, cela a été de rester soudés dans les moments difficiles. La loyauté, dans des clubs comme l'Ajax et Barcelone, c'est essentiel. Lorsque tout va mal... mais aussi lorsque tout va bien.

Quand, au bout d'environ quatre mois, Rijkaard a réussi à redresser la situation, les mauvaises langues ont insinué que j'avais la mainmise sur l'équipe, que je me faufilais parfois dans les vestiaires et que je bombardais le club de mes conseils. Alors que je n'y suis allé que deux fois, que j'évitais les vestiaires, surtout pendant les matchs, et que je n'ai discuté qu'une seule fois avec le directeur technique. Et nous n'avons pas parlé des joueurs. Je ne me suis donc jamais mêlé des transferts.

Et quand on voit tout ce qui n'a pas été dit dans la presse ! Et pas seulement dans la presse... D'abord, les journaux écrivent des âneries, ensuite des émissions de radio et de télé en débattent. Et on nous sert en boucle la même mauvaise soupe, alors que l'équipe de Rijkaard améliorait de jour en jour tant son jeu que ses prestations.

Il n'y avait pourtant pas de quoi fouetter un chat. L'entraîneur comme le président étaient de bons amis. S'ils avaient un problème, il arrivait qu'ils m'appellent pour me demander mon avis, voilà tout.

Pourtant, une partie de la presse catalane jugeait que c'était discutable, que c'était néfaste pour le club.

Les critiques n'avaient d'ailleurs rien à voir avec le football, mais avec des luttes de pouvoir. On essayait de nous monter les uns contre les autres.

Mais bon, c'est comme cela à Barcelone, le tout est de garder son sang-froid. Sur ce point, Laporta savait donner l'exemple et, ce faisant, assurait la stabilité du club.

Et, comme par hasard, le maillon faible durant ces premiers mois difficiles, c'était Sandro Rosell, celui qui allait succéder à Laporta. Laporta l'avait engagé comme vice-président, mais la relation entre les deux hommes est devenue conflictuelle lorsqu'au bout de quelques mois, Rosell a voulu se débarrasser de Rijkaard. En tant que directeur de Nike, il avait une bonne relation avec Luiz Felipe Scolari, le sélectionneur de l'équipe nationale du Brésil, et voulait le faire venir au Barça.

Cela illustre bien ce que je disais. Il avait été décidé en petit comité de changer l'identité footballistique du Barça et, pour cela, il fallait des coachs et des directeurs techniques hautement qualifiés. La décision était prise, il n'y avait plus qu'à s'y conformer.

Au bout de quelques mois, Rosell a voulu faire machine arrière et choisir un autre type de coach. Et donc une autre façon de jouer au football. Comme, peu après, on a commencé à engranger des succès, personne ne l'a suivi. Rijkaard n'avait pas oublié la façon dont Rosell s'était comporté avec lui au moment où il avait bien besoin du soutien de la direction.

Rosell était un élément perturbateur au sein du club. Au bout de deux ans, il a tiré ses conclusions, puis est parti.

Pendant cinq ans, Frank, Henk ten Cate et, plus tard, Johan Neeskens ont fait un boulot formidable. Non seulement, quatorze ans après la Dream Team I, ils ont à nouveau gagné la Ligue des champions en 2006, mais, en plus, ils avaient affiné leur jeu. Et Pep Guardiola, qui a succédé à Frank, a suivi la même ligne dès 2008. Pep avait passé son diplôme d'entraîneur en 2007 et, aussitôt après, il a été engagé par le FC Barcelone B.

Ainsi, Barcelone prouvait à nouveau que le football pouvait offrir à la fois du spectacle et des buts. Cela lui donnait même plus d'impact parce que des millions d'amateurs de foot veulent avant tout être conquis par la beauté de notre sport. L'honneur en revenait à Frank Rijkaard et à Pep Guardiola, qui ont ainsi laissé à Barcelone le plus bel héritage qui soit.

En mars 2010, c'était à mon tour d'être récompensé. J'ai reçu un coup de téléphone du Barça, qui m'annonçait que j'avais été nommé président d'honneur à l'unanimité. Tu as alors envie de savoir sur quels critères. Il s'est avéré que c'était pour la façon dont j'avais influencé et transformé le football à Barcelone et dans toute l'Espagne, en tant que joueur et en tant que coach. Une façon de jouer qui avait même été adoptée par l'équipe nationale.

Quand tu entends cela, c'est formidable. Et en plus, tu es fier. Mais l'honneur en revient aussi au staff de Laporta. Cette direction m'a toujours donné le sentiment que j'étais pris au sérieux sans pour autant prendre pour argent comptant tout ce que je disais. C'est d'ailleurs bien la dernière chose que j'aurais voulue.

On se comportait en adultes responsables. C'est pourquoi j'étais toujours ouvert à la discussion avec eux, qu'il s'agisse d'engager un nouvel entraîneur ou d'offrir un partenariat gratuit à l'Unicef. Cette dernière initiative, surtout, a pas mal été critiquée, mais je la trouvais excellente. Elle ne manquait pas d'allure et était digne d'un club comme le FC Barcelone.

Il en va de même avec la nomination de Frank, puis de Pep, deux footballeurs avec lesquels j'avais travaillé quand j'étais entraîneur à l'Ajax, puis à Barcelone. Quand Laporta m'a demandé pourquoi je lui conseillais de les engager, j'ai dit que non seulement ils savaient quel type de jeu convenait au club, mais que c'était aussi des garçons qui respiraient le calme et l'intelligence.

Ce que je disais à l'époque, on peut le constater aujourd'hui encore. Guardiola, il gagne, et il faut voir comment et avec quelle élégance il gère tout cela. Comme Rijkaard, c'est un exemple pour la jeunesse. Il a un rayonnement extrêmement positif, qui se répercute sur les clubs dans lesquels il travaille.

À cette époque, je me suis vraiment senti chez moi à Barcelone. L'entraîneur comme le directeur technique avaient joué sous ma direction et j'avais de bons contacts avec le président avant même qu'il ne soit nommé. Ce sont, tous trois, des gens qui ont fait avancer le club. C'est ce que montrent, par exemple, les négociations du contrat de Guardiola. Il s'est contenté d'un salaire relativement bas et n'a commencé à bien gagner que lorsque le succès s'est annoncé. Qu'il ait accepté de travailler sous ces conditions prouve qu'il était un membre du club avant que d'être entraîneur.

D'ailleurs, cette formule me vient de l'Ajax. Au club d'Amsterdam, j'étais rémunéré sur la base d'un salaire modeste, auquel s'ajoutaient de fortes primes quand les bénéfices du club étaient élevés. On évite ainsi de dépenser des sommes qui n'ont pas encore été gagnées et on garantit l'équilibre financier du club.

J'étais heureux de voir que l'on pouvait reprendre la formule à Barcelone. Le club suivait sa propre politique, mais me donnait l'impression que mon opinion comptait. Ainsi, je me sentais non seulement directement impliqué, mais aussi responsable. Guardiola était dans le même état d'esprit. Le club passe avant tout, car on sait que si le club va, le reste suivra. C'est pourquoi c'était très gratifiant d'être le président d'honneur de ce club.

Malheureusement, cela n'a pas duré longtemps. Quelques mois plus tard, Joan Laporta arrivait à la fin de son mandat et les *socios* choisissaient Sandro Rosell comme son successeur. Avec lui, les jeux de pouvoir réintégraient le club. Au bout de quelques semaines, on m'obligeait à renoncer à la présidence d'honneur. Lorsque j'ai lu dans la presse que mon titre honorifique était à l'ordre du jour de la première réunion de la nouvelle présidence, je me suis méfié. Quand j'ai ensuite appris que le nouveau directeur envisageait de consulter un avocat pour examiner si cette nomination s'était bien faite dans les règles, j'ai tiré mes conclusions et je me suis rendu en personne dans les bureaux du Barça pour restituer mon insigne de président à vie du club.

C'était évidemment un acte de vengeance envers l'ancienne direction ; les petits jeux de pouvoir revenaient en force au club. Quelqu'un comme Guardiola avait lui aussi du mal à les supporter et je n'ai pas été étonné qu'il quitte le club deux ans plus tard. Malgré tous les succès remportés.

Heureusement, le style de Guardiola était entretemps si bien intégré qu'il a continué à influencer le jeu pendant des années. Il était devenu un élément de la philosophie du club. Exactement ce que j'avais l'intention de faire quand j'ai commencé au Barça, un grand club en 1988, très riche, mais sans trophée et avec un football fade. C'est beau de voir la façon dont le témoin est passé de main en main. D'abord de moi à Rijkaard et, ensuite, de Frank à Pep, qui a magistralement repris le flambeau faisant du FC Barcelone une institution. Un club devenu le symbole d'une nouvelle philosophie footballistique.

21

Cela aurait été formidable, évidemment, que l'Ajax et Barcelone évoluent de concert. D'autant plus que question philosophie du foot, l'Ajax avait plusieurs années d'avance grâce à mes entraîneurs, Jany van der Veen et Rinus Michels, qui ont combiné à la perfection développement technique et professionnalisation du club.

Bien que l'on m'ait roulé dans la farine à plusieurs reprises lorsque j'étais conseiller de l'Ajax, j'ai quand même essayé, en 2008, de réorganiser une nouvelle fois la formation des jeunes. Marco van Basten avait été engagé comme entraîneur, mais, le moment venu, il n'était pas prêt à me suivre. Ce qui l'ennuyait le plus, c'est qu'en tant que coach, il aurait dû immédiatement remplacer divers entraîneurs. Par la suite, on a suggéré qu'entre Marco et moi, il y avait de l'eau dans le gaz car nous avions des vues différentes sur la façon d'aborder la formation.

Ce n'était pas le cas à ce moment-là. Pour des raisons tant pratiques que sociales, je voulais que les décisions soient prises avant le 1er avril. Il fallait que les entraîneurs concernés par un licenciement sachent rapidement à quoi s'en tenir. Ils auraient ainsi le temps de chercher un autre boulot et l'Ajax, celui d'engager les personnes dont le club avait besoin. Si l'on dépassait la *deadline* légale du 1er avril, il faudrait continuer à fonctionner une saison entière de la même manière, ce qui représentait une perte de temps considérable.

Marco n'était pas d'accord, il trouvait que tout allait trop vite. Comme je n'ai pas réussi à le convaincre, j'ai jeté l'éponge. J'étais déçu, bien sûr, mais j'aurais été bien mesquin si j'avais tiré un trait sur notre amitié pour si peu.

C'est vrai que je me suis moins investi à l'Ajax après cela, mais c'est logique. Je passais environ cinq fois par an dans le complexe de formation De Toekomst (L'avenir), en général pour regarder un match de l'équipe seconde ou de l'A1, ou pour suivre un entraînement. Avant ou après, j'allais bavarder un peu à la table des habitués, au fond de la cantine. Autrefois, on disait « aller derrière » pour signifier que l'on allait à Voorland, c'est-à-dire sur les terrains avec la cantine à l'arrière du stade De Meer où les équipes moins qualifiées s'entraînaient et disputaient leurs matchs. Aujourd'hui, on utilise ce terme pour parler de De Toekomst, qui se trouve derrière l'ArenA.

J'y rencontrais régulièrement les gens avec lesquels j'ai grandi à l'Ajax, les gens qui pour moi incarnent le club.

À la table des habitués, tout comme autrefois à De Meer, le football était au centre des conversations. Les discussions s'échauffaient parfois lorsqu'il était question d'améliorer la situation à l'Ajax. On disait aussi que l'on n'allait pas dans la bonne direction et qu'on lâchait toujours plus de lest sur les valeurs du club. Nous avions tous du mal à comprendre que l'on puisse aussi facilement les abandonner.

Depuis un certain temps, la moutarde commençait à me monter au nez en écoutant les éloges que lançaient certains entraîneurs sur le jeu de position néerlandais et les compétences techniques des joueurs. La pauvreté de la technique de base de certains footballeurs qui réussissaient à se maintenir au top malgré leur maigre bagage me donnait plutôt envie de pleurer. La position des joueurs sur le terrain devenait de plus en plus problématique. C'est pourtant tellement simple : en cas de possession de balle, on agrandit le terrain et en cas de perte de balle, on diminue le terrain. C'est un b.a.-ba qu'il faut apprendre et automatiser dès le début de la formation.

Mais si l'on fait venir des joueurs d'un peu partout, qui n'ont pas eu cette formation, on a un problème. On voit alors des défenseurs qui, en cas de perte de balle, reviennent en arrière au lieu de jouer en avant et faire pression pour récupérer le ballon. Si cela rate, c'est toute l'équipe qui paie les pots cassés. Un défenseur qui revient en arrière trop vite en cas de perte de balle déstabilise tout le centre et finit par isoler les attaquants. Une seule action incorrecte déséquilibre et fait s'effondrer toute l'équipe.

L'entraînement constituait le plus grand problème. Le club avait une philosophie du foot et l'appliquait dans la formation des équipes. Mais on ne formait pas les individus. C'est-à-dire que l'on travaille trop en groupe et pas assez en individuel, alors qu'avec la disparition du football de rue, un jeune joueur travaille ses bases dix heures de moins par semaine. Comme dans les clubs, le travail en groupe prédomine, on ne compense pas assez le manque d'heures d'entraînement individuel. Résultat : une technique de base très médiocre chez la plupart des joueurs.

À l'Ajax, la technique de base se dégradait progressivement. Le jeu était lamentable, les formateurs n'étaient pas d'accord entre eux et on a même vu un agent tenir un bureau à De Toekomst afin de convaincre des joueurs de 13, 14 ou 15 ans de signer un contrat avec lui.

C'est en septembre 2010 que la goutte d'eau a fait déborder le vase. Je me réjouissais à l'avance de la tenue du classique Real Madrid-Ajax en Ligue des champions. Une rencontre historique que j'attendais avec impatience et le monde entier avec moi. Et c'est précisément dans ce tournoi-là que j'ai vu le pire de l'Ajax. La rencontre s'est soldée par une défaite, 2-0, mais cela aurait aussi bien pu être 12-0. Je me suis défoulé dans ma chronique sportive hebdomadaire du *Telegraaf*. Voici le texte complet de mon article :

Ce n'est plus l'Ajax

La semaine passée, j'ai vu jouer l'Ajax contre un adversaire plus faible (Willem II) et plus fort (Real Madrid). Ne tournons pas autour du pot : cette équipe de l'Ajax est encore pire que celle de la période d'avant 1965, avant que Rinus Michels ne rejoigne le club.

Le rapport Coronel a paru il y a deux ans et demi. Il contient tout un tas de conclusions et de suggestions pour l'avenir. Quand on voit le peu qui en a été réalisé, c'est tout simplement dramatique. Pour les finances, pour la formation, pour le scouting, pour la politique des achats et pour le football. Le jeu de l'Ajax face à Willem II et au Real n'a absolument plus rien à voir avec les normes et les valeurs qui ont toujours été celles du club.

Real-Ajax avait été annoncé partout comme une rencontre unique entre ces deux fleurons du football. Deux équipes dont le jeu a enrichi le football international. Au lieu de cela, l'Ajax a dû subir la pire humiliation de l'histoire du club. Au moment du coup de sifflet final, nous étions tous soulagés de n'avoir perdu « que » 2-0, cela aurait tout aussi bien pu être 8 ou 9 à 0. Sans compter toutes les inepties que l'on nous a servies sur les jeunes joueurs de l'Ajax qui ont affronté les footballeurs expérimentés du Real, alors qu'il n'y avait aucune différence d'âge entre les deux équipes.

Le football et la philosophie de l'Ajax ne ressemblaient tout simplement à rien.

J'admets franchement que je suis très fâché. Parce que cela, ce n'est plus l'Ajax. L'équipe que j'ai vue n'est pas capable de faire plus de trois passes et n'a réussi qu'à cadrer un seul tir durant tout le match. L'équipe comptait environ six joueurs issus du centre de formation de l'Ajax et ils ont tous brillé par leur invisibilité pendant la rencontre.

En ce moment, le club est en tête de l'Eredivisie, mais cela n'a aucune espèce de valeur pour moi, car j'ai des yeux pour voir. Pendant ce temps, le directeur, Rik van den Boog, continue d'affirmer que la formation est parfaite ; on achète trois attaquants similaires en tout point et pas un seul ailier. Et deux ans et demi après avoir écrit son rapport, le président Uri Coronel continue de suivre une politique qui n'apporte aucune amélioration à la situation du club, sur quelque plan que ce soit.

J'arrive à la même conclusion qu'il y a deux ans : il faut nettoyer les écuries d'Augias de notre club. Il y a deux ans, je voulais restructurer rigoureusement la formation des jeunes, sauf que des gens sur lesquels je comptais n'ont finalement pas voulu me suivre. Avec les conséquences que l'on voit.

À cela s'ajoute que le club n'est plus qu'une grande cinquième colonne. À commencer par le conseil des membres du club, qui devrait compter des spécialistes capables de juger de toutes les facettes du club. En fait, on y trouve surtout des copains et des connaissances qui se couvrent les uns les autres. Ce conseil des membres élit le conseil d'administration, qui dispose aussi d'une majorité dans le conseil de surveillance, qui, lui, a la tâche de nommer les directeurs.

Depuis le conseil des membres jusqu'à la direction, on peut suivre la piste des personnes qui se couvrent les unes les autres, alors que le club va de plus en plus mal. Tous veulent leur part du gâteau.

Il faudrait, dans l'intérêt du club, que tout ce beau monde s'en aille et que l'on recommence de zéro, comme en 1965. À cette époque, l'Ajax a pris les deux meilleures décisions de son histoire, en engageant Rinus Michels comme entraîneur principal et en impliquant davantage Jany van der Veen dans la formation et le scouting. Ils avaient tous deux grandi avec l'Ajax, ils connaissaient et respectaient les valeurs du club et savaient ce qu'il fallait faire pour que l'Ajax redevienne l'Ajax.

Il ne reste plus grand-chose de l'œuvre à laquelle ils ont consacré leur vie. Pour un ajacide comme moi, cela fait mal, très mal.

Plus tard, on a dit que cet article s'apparentait à une prise de pouvoir, à une tentative de coup d'État. N'importe quoi ! Cela n'avait rien à voir avec le pouvoir, mais tout avec la colère de voir ce que l'on avait fait de mon club. Cette colère a déchaîné une immense force en moi, même si j'ai été époustouflé par l'ampleur de ses répercussions.

Je n'ai plus en mémoire le nombre de personnes qui ont cherché à entrer en contact avec moi. Il y avait, parmi eux, beaucoup d'anciens joueurs qui partageaient mon sentiment. J'ai décidé de lancer un appel dans ma chronique pour réunir nos forces. Certains ont alors affirmé que j'étais en train de détruire l'Ajax. Ils n'avaient rien compris. Le but n'était pas de détruire le club, mais d'éviter qu'il ne soit détruit. C'est pour cela que je me suis décidé à agir. Je ne reconnaissais plus « mon » Ajax, ni sur le terrain ni en dehors. Au lieu d'être un club à l'aura chaleureuse, c'était devenu un vrai panier de crabes.

Je savais combien il serait difficile de trouver une solution à ce problème. Et d'ailleurs, cela s'est vérifié plus tard. Alors qu'au fond, ce n'était pas si compliqué que cela. Pour ceux qui n'avaient pas oublié les valeurs du club, cela crevait les yeux que l'élément football en était le grand absent. Pas un seul ancien joueur ne siégeait au conseil de surveillance, à la direction, au conseil des membres ou au conseil d'administration. Pas un seul !

J'ai donc lancé un appel à tous les ajacides pour que nous puissions nous réunir rapidement et proposer des candidats pour les prochaines élections du conseil des membres. Le 14 décembre 2010, huit des vingt-quatre membres étaient rééligibles et les nouveaux candidats pouvaient se présenter jusqu'au 30 novembre. On pouvait ainsi, par voie démocratique, franchir une étape importante en plaçant des ajacides tels que Marc Overmars, Tchen La Ling, Edo Ophof, Peter Boeve, Keje Molenaar et d'autres encore. Je nomme expressément ces personnes afin de montrer que tous les footballeurs ne sont pas aussi stupides que certains l'affirment encore de nos jours.

Overmars, par exemple, a contribué à faire de Go Ahead Eagles l'un des trois clubs professionnels financièrement sains selon la KNVB. Ling a organisé le club slovaque AS Trenčín selon les principes de l'« ancien » Ajax. Ophof, Boeve et Molenaar ont, eux aussi, bien réussi dans la vie après avoir raccroché les crampons. Et la liste ne s'arrête pas là.

Soyons clairs, je ne voulais pas qu'il n'y ait que des footballeurs dans la direction du club, mais que l'équilibre entre les anciens joueurs et les spécialistes de la finance, du marketing et des relations publiques soit mieux respecté. Pour commencer.

À ce moment-là, la situation à l'Ajax frisait l'absurde : les membres du conseil de surveillance et ceux de la direction n'étaient pas de grands connaisseurs en foot, mais il leur incombait de choisir les entraîneurs et les directeurs. Dans de pareils cas, le conseil des membres se doit d'assister la direction, mais parmi eux, aussi, on aurait cherché en vain le moindre footballeur professionnel.

Le but était de commencer par « plus de football » dans le conseil des membres, pour embrayer ensuite avec le reste de l'Ajax. Chaque nouvelle fonction qui se libérait devait être proposée en priorité à un ancien footballeur ayant une bonne connaissance du portefeuille vacant. Si personne n'était disponible, on pourrait toujours chercher un spécialiste en dehors du monde du foot.

Cela me laissait froid que mes critiques en énervent certains. Il se trouve que Lucky Ajax, l'association des anciens joueurs, avait prévu une réunion à ce moment-là ; je disposais ainsi d'une tribune pour m'adresser à tout le monde. Ce qui était formidable, c'est que tous les anciens joueurs, des célébrités aux inconnus, étaient prêts à retrousser leurs manches pour aider l'Ajax.

Pour finir, sept anciens joueurs ont été élus pour siéger au conseil des membres. Ce n'était que le sommet de l'iceberg, c'est-à-dire tout le « know how » dont disposait l'Ajax : les sexagénaires, les quinquagénaires, les quadragénaires et les trentenaires. Cinq générations de footballeurs qui étaient tous prêts à soutenir l'Ajax. Ce groupe était en mesure de conseiller la direction dans ses prises de décision. Mais il fallait d'abord faire un audit de l'Ajax afin de ne pas se tromper dans les choix. Beaucoup de choses se passaient en coulisse, car l'équipe première devait continuer à bien fonctionner et l'attention générale devait se concentrer sur le football.

On m'a évidemment attribué le rôle du leader, celui que j'ai rempli tout au long de ma carrière. Je savais distribuer les bonnes fonctions aux bonnes personnes dans une équipe. Je savais d'expérience qu'un footballeur qui ne fonctionne pas bien à l'aile droite peut très bien devenir un excellent arrière droit. Et je n'étais pas le seul à profiter de mes connaissances, toute l'équipe en tirait avantage.

J'occupais cette même position de leader dans le processus en cours. J'ai entendu dire que le résultat des élections du conseil des membres était une victoire personnelle, mais moi, je ne le voyais pas de cet œil. L'important, c'était l'Ajax. Ce résultat était donc positif pour le club. Voilà pourquoi ce n'était pas Cruyff, mais l'Ajax qui avait gagné.

C'est ainsi que l'on aurait aussi dû considérer la nouvelle situation. Pour commencer, tout le club aurait dû être fier que tant d'anciens grands joueurs soient prêts à collaborer à l'avenir de l'Ajax. Ils possédaient tant d'atouts, et dans tellement de domaines, et ils voulaient aider leur club à retrouver le niveau d'antan. Non pas pour leur gloriole personnelle, mais pour l'Ajax. La direction et le conseil d'administration auraient dû se frotter les mains. Lorsque l'on met tant de savoir-faire footballistique à votre disposition, il faut en faire son profit.

Hélas, tout le monde ne l'a pas vu de cet œil. Une partie du club s'est même battue contre ce nouveau développement. Dans la plupart des cas, c'était pour protéger leur intérêt personnel, par peur que leur rôle dans l'Ajax n'arrive à sa fin ou un truc du genre.

On a donc très vite essayé de semer la zizanie parmi le groupe des footballeurs, alors qu'il règne chez eux un code d'honneur qui fait qu'en principe, on n'attaque jamais des collègues de vestiaire. La réorganisation du club a été à l'origine d'un problème extrêmement délicat : elle nous obligeait à nous séparer d'un de nos anciens camarades. C'est une décision que nous avons eu beaucoup de mal à prendre et qui nous a beaucoup coûté.

On peut comparer cela à un coach qui doit annoncer à un footballeur qui a toujours bien joué et qui a toujours répondu présent pour le groupe qu'il n'y a plus de place pour lui dans l'équipe. Cela reste un gars sympa ou un bon footballeur, mais on n'a pas le choix si l'on veut changer de direction pour préparer l'avenir.

Quand j'étais coach, c'était toujours des moments très pénibles pour moi.

J'ai pu voir de près à quel point tout le monde a été affecté de constater que, dans la nouvelle approche, Danny Blind n'avait plus sa place. Pourtant, l'ancien directeur a trouvé moyen d'annoncer que l'on avait illico voulu mettre Blind à la porte. J'étais abasourdi. Il avait jugé bon de ne pas mentionner nos états d'âme. Nous avions même essayé de reclasser Danny au sein de l'Ajax. Si quelqu'un se permet d'agir ainsi avec les icônes du club, tous les coups sont permis.

L'étape suivante a été la nomination d'un nouveau conseil de surveillance. Trois des cinq personnes qui le composaient étaient de nouveaux venus sans lien direct avec l'Ajax. On se retrouvait une fois de plus avec une majorité sans passé commun avec le club. J'ai accepté d'y siéger parce que j'avais encore le sentiment que l'on était prêt à utiliser chacun selon ses compétences, autrement dit, que l'on me confierait les affaires techniques et que ce serait à moi de proposer le nouveau directeur du club.

J'envisageais ma fonction dans l'optique d'un footballeur. À commencer par la composition de l'équipe. En tant qu'entraîneur, on se choisit un assistant qui possède d'autres qualités que soi. De même que l'on engage pour le reste de l'équipe des gens dont on sait avec certitude qu'ils maîtrisent certains éléments mieux que vous. Et que l'on leur confie la responsabilité de ces éléments.

C'est comme cela que j'envisage également un conseil de surveillance. C'est ce qui explique les doutes que j'ai pu émettre sur l'utilité du vote. À quoi bon, en effet, faire voter quelqu'un sur un sujet qu'il maîtrise mal ? On ne demande pas au préparateur physique son avis sur le scouting !

C'est dans l'intérêt du club et uniquement pour cela que j'ai pris place dans le conseil de surveillance. Mais dès le premier jour, j'ai ressenti comme un malaise. Ce qui se passait dans le conseil devait rester confidentiel. Quand je voyais gros comme le nez au milieu de la figure que l'on était sur le point de commettre une erreur, mais que la majorité n'était pas de mon avis, je n'avais pas le droit d'en parler. Même sur des sujets que, de tous les membres du conseil, je maîtrisais le mieux et dont, au bout du compte, je serais tenu pour responsable.

Était-il dans l'intérêt de l'Ajax que je respecte les règles ou devais-je tout de même parler ? Plus je réfléchissais aux règles du conseil de surveillance, plus je me disais que je devais instituer mes propres règles. En fait, c'est la même chose que les lois. Ce n'est pas vous qu'elles protègent, mais celui qui les enfreint. Il faut que vous vous fassiez casser la figure avant que votre agresseur ne soit puni. Entre-temps, vous êtes le dindon de la farce.

Comme je voulais avant tout protéger le club, je devais m'y prendre autrement que ne le prescrivaient les règles. Pour moi, c'était très simple. Quelles que soient les règles et les lois, l'intérêt de mon club prime.

Hélas, je me suis vite heurté au grand jeu politique du club. Je pouvais choisir entre trois candidats pour le poste de directeur : Marco van Basten, Marc Overmars et Tchen La Ling. Trois anciens joueurs, trois anciens internationaux, qui avaient tous les trois joué également dans de grands clubs étrangers. Chacun avait ses qualités. Marco était mon premier choix, mais il n'était pas chaud parce qu'il voulait continuer à être entraîneur. L'administration provisoire m'a annoncé plus tard qu'Overmars et Ling ne voulaient pas non plus se porter candidats.

Jusqu'à ce que j'en parle par hasard à Tchen et qu'il me dise que l'on ne lui avait même pas demandé.

À partir de ce moment-là, j'étais à nouveau sur mes gardes. Très vite, il s'est avéré que mon pressentiment ne m'avait pas trompé. Ling n'avait pas gardé une bonne impression de son premier entretien avec les quatre autres membres du conseil de surveillance. D'après lui, ils ne voulaient absolument pas de directeur, mais une structure d'administration moniste. Je n'avais jamais entendu ce mot, mais selon Tchen, il s'agissait d'un système d'administration anglais dans lequel les membres du conseil de surveillance avaient également un pouvoir exécutif, pour lequel ils percevaient un salaire.

La suite lui a donné raison : tout est allé de mal en pis. Chaque fois que je demandais au président du conseil, Steven ten Have, où en était la procédure avec Ling, il tournait autour du pot. Et puis, sans motif véritable, des articles dont le seul but était de salir Tchen ont paru dans la presse. Tchen et moi-même avons eu l'impression désagréable que le conseil de surveillance ou son environnement direct n'y étaient pas pour rien.

Alors que j'avais pris la peine, avec son consentement, de passer Tscheu au crible. On n'avait rien trouvé, et pas un journaliste ne trouverait plus tard quoi que ce soit à lui reprocher. Pourtant, les médisances le concernant continuaient à circuler et il devenait évident que certains étaient prêts à aller très loin pour atteindre leur but.

J'ai eu moi-même à en pâtir. Ainsi, j'ai appris que ten Have avait fait pression sur la direction du *Telegraaf* pour faire arrêter ma chronique hebdomadaire, alors qu'il est formellement interdit qu'un président du comité directeur se mêle des activités externes au club des autres membres du conseil de surveillance.

Mais l'ambiance était devenue tellement pourrie que, dans l'intérêt de notre projet, Ling a décidé de se retirer. De plus, van Basten m'avait laissé entendre qu'il était intéressé par le poste de directeur. Cela m'avait vraiment fait plaisir, mais j'allais vite déchanter.

Après avoir présenté Marco à ten Have, j'ai dû me rendre au tournoi de golf Laureus de Saint Andrews en Écosse. J'ai dit à Marco qu'il pourrait entre-temps discuter de nos projets d'avenir avec les gars du foot. Mais quelques jours plus tard, à Saint Andrews, j'ai appris qu'il avait passé un accord avec le conseil de surveillance et que l'on allait sans tarder le présenter comme directeur.

Lorsque je me suis rendu compte que Marco n'avait encore parlé à personne côté footballeurs, j'ai freiné les opérations. Il était en effet essentiel d'avoir, concernant la technique, une approche commune, dans laquelle les compétences de chacun compléteraient la qualité de l'ensemble. C'est quelque chose qu'il faut tester à l'avance ; après, c'est trop tard. Dans ce cas, peut-on signer un accord avec quelqu'un qui devra diriger une équipe technique et qui n'a pas pris la peine de contacter les membres de sa future équipe ?

De plus, nous avions décidé, avec tous les entraîneurs concernés, qu'ils devraient être un exemple pour leurs équipes et qu'ils devraient éviter à tout prix les conflits d'intérêt. Ou toute autre chose pouvant nuire au bon fonctionnement du club. Jusque-là, la situation à l'Ajax avait échappé à tout contrôle, les agents avaient eu carte blanche à l'intérieur du club. J'ai appris par hasard que van Basten était impliqué dans la mise en place d'un bureau de conseil de foot. Il était même enregistré comme directeur. Il en avait parlé à ten Have, mais pas à moi.

Je pense que Marco a sous-estimé l'importance que cela avait à mes yeux. Il ne pouvait pas ne pas savoir que la relation entre le conseil de surveillance et moi était tendue. Ce n'était donc pas le moment, surtout dans la situation dans laquelle on se trouvait, de me donner l'impression qu'il était plutôt l'un des leurs que l'un des nôtres.

Ce dernier point était d'importance capitale, comme cela s'est révélé une semaine après le départ de Marco. Cela a commencé par la réunion de l'assemblée des membres, durant laquelle ten Have a dit les pires choses sur Ling. Tchen le traînerait plus tard devant la justice pour ces propos.

Puis, ce fut mon tour. Au cours d'une émission sur le football à la télévision néerlandaise, on m'a accusé de racisme, à cause d'une remarque que j'aurais faite à mon collègue de la commission de surveillance, Edgar Davids. À presque 65 ans et après avoir voyagé dans le monde entier, on ose vous accuser d'un truc pareil !

Je vais prendre la peine d'expliquer encore une fois toute l'histoire. Des années durant, l'Ajax a été un club multiculturel, et autour de la puberté, beaucoup de talents d'origine étrangère s'arrêtaient de jouer. L'une des raisons de nommer Davids membre du conseil de surveillance était d'enrayer ce processus. Durant une discussion enflammée lors d'une réunion du conseil, j'ai dû lui en faire la remarque, et, tel que je me connais, sans prendre trop de gants – comme je l'ai toujours fait en tant que footballeur et en tant qu'entraîneur. C'est comme cela dans le sport de haut niveau : on dit toujours clairement ce qu'il en est. Surtout si c'est dans une discussion face à face. Cela n'avait rien à voir avec la couleur de sa peau, je parlais de la tâche qu'il remplissait au sein du conseil de surveillance.

Le hic, c'est que le directeur du conseil de surveillance a téléphoné durant le programme télévisé pour confirmer cette histoire de racisme. Pourtant, quelques heures auparavant, alors que je participai avec lui à une réunion du conseil des membres et que, dans une pièce voisine, les caméras s'apprêtaient à enregistrer la déclaration d'Edgar Davids, il n'avait pas jugé bon de m'informer de ce qui se tramait.

L'action était donc bien programmée pour me nuire. Nous étions en novembre, l'incident en question s'était produit en juillet, le conseil de surveillance s'était réuni plusieurs fois depuis et l'on n'en avait plus jamais reparlé. Si j'avais vraiment fait une remarque raciste et que le président n'avait pas été capable de résoudre le problème avant la réunion du conseil suivante, il aurait été en dessous de tout.

Par ailleurs, lorsque l'on m'a demandé de siéger au conseil de surveillance, on n'a pas cessé de me répéter que la politique de l'Ajax et les affaires internes du club étaient des sujets tabous pour ma chronique. C'était quand même étrange que ce soit précisément l'homme qui me disait sur tous les tons de me méfier des médias qui les informait de ce qui s'était supposément passé au sein du conseil de surveillance.

Durant cette fameuse réunion des membres, j'avais d'ailleurs eu confirmation de tout ce que j'avais ressenti à l'Ajax les dernières années. La distance entre certaines personnes et la base était abyssale. Le pire, c'était leur mépris pour des footballeurs qui avaient joué au plus haut niveau.

Pourtant, l'Ajax avait perdu énormément d'argent au cours des dernières années et les erreurs de gestion s'étaient accumulées. Cela n'empêchait pas ceux qui en étaient responsables de s'accrocher à leur petit pouvoir et de trouver bon que l'on salisse des personnes comme Ling et moi. J'en ai vu des vertes et des pas mûres dans ma vie, mais cela, c'était de l'inédit.

Quelques jours plus tard, j'apprends, par-dessus le marché, que Louis van Gaal était engagé comme directeur. Je n'en avais pas été informé, alors qu'en tant que membre du comité de surveillance, j'aurais dû l'être. Le président a essayé de se justifier avec des histoires sans queue ni tête, selon lesquelles il n'aurait pas réussi à me joindre ou que je n'aurais pas répondu à ses appels ; bref, des salades.

La manière dont Ling et moi avons été salis, le dédain envers les footballeurs durant la réunion du conseil des membres et les procédés utilisés pour engager van Gaal étaient des signaux forts, qui montraient que les joueurs, et donc aussi l'Ajax, étaient trahis. Les anciens joueurs ont alors décidé de former un collectif et d'intenter une action en justice contre les quatre commissaires.

Je souligne, pour plus de clarté, qu'il s'agissait d'un procès contre le conseil de surveillance, pas contre le club de l'Ajax.

Nous voulions clairement montrer que le temps où les sportifs se laissaient marcher sur les pieds était définitivement révolu. Que la jeune génération des ajacides se soit jointe à nous n'a fait que renforcer ma volonté de me battre pour le bien du club. J'avais d'ailleurs la conviction que ma génération devait reculer d'un pas tout en restant disponible afin qu'une nouvelle et ambitieuse génération d'anciens joueurs de l'Ajax puisse ramener le club au top européen.

C'est pour cela que je n'ai pas compris à quoi jouait van Gaal. Lui et moi étions des sexagénaires ; nous devions tenir notre expérience à la disposition de la nouvelle génération. C'était à ces jeunes de décider de ce qu'ils en feraient. Mais il ne fallait pas que des gens comme van Gaal ou moi prennent les rênes en main. Cela n'aurait été ni correct ni souhaitable.

Dans les pays voisins, les clubs commençaient à être administrés par d'anciens sportifs. Dès le début, je voulais que l'Ajax soit à l'avant-garde de ce mouvement aux Pays-Bas, que mon club soit la première organisation sportive à être dirigée par des sportifs. Je ne m'octroyais qu'un seul rôle dans ce processus : celui de modeste (mais fier) spectateur sur la ligne de touche.

Malheureusement, dès que nous entreprenions quelque chose, un travail de sape se faisait derrière notre dos. Nous avons pris la décision collective d'intenter une action en justice pour montrer que nous prenions notre mission au sérieux – on ne se moquait pas seulement de nous, mais aussi du club et des supporters. Que de grands ajacides tels qu'Edwin van der Sar, Dennis Bergkamp, Ronald de Boer, Bryan Roy, Wim Jonk, Marc Overmars et bien d'autres se soient mobilisés pour le club, c'était, selon moi, comme un grand hommage que l'on rendait à l'Ajax.

Il fallait cependant attendre encore deux mois avant que la décision du juge ne tombe. Entre-temps, en concertation avec van Gaal, Martin Sturkenboom et Danny Blind avaient également été engagés comme nouveaux directeurs, ce qui pouvait causer d'énormes problèmes car nous avions déjà exposé une partie de notre plan.

À commencer par la suppression du poste de directeur technique, une fonction qui n'avait jamais rien apporté et qui n'apporterait jamais rien à l'Ajax. À la place, nous avions décidé de créer une cellule technique qui devait se composer de deux techniciens et de l'entraîneur principal. Les deux techniciens, Wim Jonk et Dennis Bergkamp, auraient été responsables de la formation des jeunes, de l'équipe médicale et de l'achat et de la vente des joueurs. Frank de Boer, l'entraîneur principal, aurait bien évidemment lui aussi eu voix au chapitre quand l'un de ces domaines aurait trait à l'équipe première. La cellule technique aurait donc été responsable de tout ce qui avait trait au football dans le club.

Le conseil de surveillance a saboté ce plan et le principal problème de l'Ajax est demeuré intact : personne ne fait confiance à personne. La nomination abusive de van Gaal n'a rien arrangé. Et comme cela empirait de jour en jour, certains ont pensé pouvoir sortir de l'impasse en nous réunissant, van Gaal et moi, autour d'une table pour que nous nous expliquions. Ils avaient certainement oublié la façon dont

Sturkenboom et Blind s'étaient comportés immédiatement après leur nomination.

Sans même avoir lu notre plan – qui décrivait le fonctionnement de la cellule technique –, Sturkenboom avait décidé de donner un carton jaune à Jonk et de licencier un de ses collaborateurs. Je n'avais donc pas l'impression que l'on voulait sortir de l'impasse, mais plutôt, que Sturkenboom préparait un grand nettoyage pour pouvoir entamer une tout autre politique.

Le rôle que jouaient certains dirigeants en marge du conseil de surveillance était encore plus problématique. Alors que les supporters, les entraîneurs et les footballeurs avaient clairement pris leurs distances vis-à-vis d'eux, les quatre commissaires voulaient intenter un procès contre Ling et un autre contre le collectif des joueurs, aux frais de l'Ajax.

Dans des circonstances normales, un président du conseil de surveillance qui essaie intentionnellement de nuire au joueur le plus connu du club en l'accusant de racisme aurait dû être directement flanqué à la porte. Sans compter que Ling avait intenté un procès en diffamation pour les horreurs qu'il avait racontées sur lui.

Toute cette affaire reposait donc sur un différend concernant les normes et les valeurs de l'Ajax, qu'à mon sens, le conseil de surveillance avait trahies. Que l'on n'ait pas directement renvoyé ces quatre commissaires en dit assez long. Il faut admettre que cela n'aurait pas été facile car, à un moment donné, ils avaient la mainmise sur l'Ajax. L'Ajax n'était plus maître à bord. Incroyable, mais véridique.

Hennie Henrichs, le président du conseil d'administration, notamment, a essayé à plusieurs reprises de nous faire travailler ensemble, van Gaal et moi. Il nous a sondés à ce sujet. J'ai appris plus tard qu'on le lui avait déconseillé à tous les niveaux à l'Ajax, ce qui ne m'a pas étonné. Tout comme de nombreux ajacides, je n'ai absolument pas compris pourquoi van Gaal avait accepté cette fonction de directeur. Il voyait pourtant bien ce qui se passait dans le club et qu'il prenait un risque énorme.

On a dit que c'était une façon de se venger de moi. Pourquoi donc ? Il a écrit dans sa biographie que nous étions fâchés. Ah bon ? Il paraît que je lui en voulais d'être parti précipitamment et sans prendre la peine de nous remercier après avoir appris le décès de sa sœur, alors qu'il était notre invité pour les fêtes de fin d'année.

En général, je ne réagis pas à ce genre de bêtises, mais cette fois-ci, on touchait à nos valeurs familiales. Si je m'étais fâché pour cela, je serais un être humain bien pitoyable. C'est une histoire à dormir debout, par quelque bout qu'on la prenne. Comme je ne me souviens jamais très bien de ce genre d'anecdotes, j'ai demandé à ma femme de me rafraîchir la mémoire.

Lorsque van Gaal était encore assistant entraîneur à l'Ajax et moi entraîneur principal à Barcelone, il est venu faire un stage au Barça entre Noël et le Nouvel An. Ma femme, Danny, trouvait triste qu'un jeune Hollandais passe Noël dans une chambre d'hôtel et elle l'a invité à notre table. La soirée avait été très sympa et on lui a dit que notre porte lui était ouverte pendant toute sa semaine de stage.

Il est revenu le lendemain. Danny et moi étions invités à une fête, ce qui fait qu'il s'est retrouvé avec mon fils Jordi et mon ami Rolf. Ils ont commandé des pizzas, bu un verre et parlé de foot. Bref, ils ont passé à nouveau une très bonne soirée.

Le troisième soir, il est revenu chez nous et, pendant que l'on buvait un verre, le téléphone a sonné. On lui annonçait que sa sœur était mourante. Il est reparti le lendemain aux Pays-Bas.

Je me souviens encore que l'on s'est vus aux Pays-Bas peu après et que van Gaal était très amical. Surtout envers ma femme, qu'il a rencontrée à nouveau en 1996 durant la Coupe d'Europe. Il a dit à tout le monde que c'était la meilleure hôtesse du monde.

Il est donc faux que moi ou un autre membre de ma famille se soit formalisé parce qu'il était parti sans nous remercier. Cette histoire de dispute entre nous, c'est dans sa tête, pas dans la mienne.

Je trouve bizarre qu'il n'ait jamais expliqué pourquoi il s'était laissé manipuler par le conseil de surveillance. Le juge a fini par décider que les nominations de van Gaal, Sturkenboom et Blind étaient illégales. Hélas, le problème n'était pas réglé pour autant. Bien que le conseil de surveillance ait enfreint la loi, les quatre commissaires ont décidé de rester en place. La situation devenait absurde : l'Ajax, qui avait commencé par engager des avocats pour défendre les commissaires dans le procès contre les joueurs, payait à présent des juristes pour se débarrasser de ces mêmes commissaires.

Le club, c'est-à-dire 73 % des actionnaires principaux de l'Ajax, a demandé aux quatre commissaires de démissionner, ce qu'ils ont refusé de faire. Après avoir engagé un directeur qui n'exécutait pas la politique de la direction technique du club, après une décision de justice qui leur donnait tort, les commissaires ont essayé par tous les moyens de saboter la cellule technique.

Pour finir, les commissaires, qui avaient pourtant démontré qu'ils n'avaient aucun feeling avec les clubs de foot, ont pensé pouvoir continuer à diriger le club par-delà leurs tombes en désignant leurs successeurs. Il avait été décidé qu'ils se retireraient par étapes, un à un. Comme je ne leur faisais pas confiance, j'avais donné mon accord, mais à condition de partir en dernier.

Un nouveau chapitre s'ouvrait enfin pour le club, mais on avait pris presque deux ans de retard. Et s'il n'y avait eu que cela ! Les conflits avec le conseil de surveillance avaient montré que les dysfonctionnements de l'Ajax ne se limitaient pas au foot : bien qu'actionnaire principal, le club n'avait aucun droit de décision. La direction et le conseil de surveillance étaient en mesure de mettre tout le monde hors jeu.

Ce qui est essentiel dans le foot, c'est quand même l'équipe ; les responsables, eux, doivent rester dans l'ombre. Ce principe, il faut l'appliquer à tous les niveaux du club. Les responsables de la formation doivent donc d'abord et avant tout avoir une bonne connaissance du football et être secondés par des personnes qui les complètent dans d'autres domaines. L'élément le plus important du club, ce n'est donc pas le directeur, mais l'équipe première. Si elle a de bons résultats, le club gagne de l'argent, la formation fonctionne bien et tout le monde est content. Je veux souligner par là que, dans le club, tout le monde doit soutenir l'équipe première. C'est dans cette optique que le conseil de surveillance et la direction devraient envisager leurs tâches.

Que l'on soit entraîneur ou concierge, directeur ou responsable des terrains, membre du conseil de surveillance ou lingère, on est d'abord et avant tout un membre de l'Ajax. Tous au service de l'équipe première. On lui est tous indispensables, c'est ce qui fait l'unité du club, c'est ce qui donne le sentiment d'être l'Ajax. Si l'on ne ressent pas cela, on n'a pas à s'en mêler.

Entre-temps, on avait presque perdu deux ans, pendant lesquels Frank de Boer avait affiché de bons résultats et était devenu deux fois champion des

Pays-Bas. Ses débuts en tant qu'entraîneur avaient été formidables, bien qu'il ait dû tirer la sonnette d'alarme sur les faiblesses de son groupe. L'Ajax avait donc le devoir d'éviter qu'il n'échoue comme tous ses prédécesseurs. En effet, l'organisation défaillante du club entraînait infailliblement le coach dans une impasse.

Il fallait absolument que la réussite de Frank de Boer et de ses joueurs signe le début d'une longue période de succès et de stabilité pour l'Ajax. Malgré ses bons résultats, force était de constater que la qualité du football était inégale. Il restait donc bien du chemin à parcourir. Le problème, c'est que l'on n'est pas vraiment attentif aux critiques constructives lorsque le succès est au rendez-vous.

Après ma démission en tant que dernier membre du conseil de surveillance, je n'avais plus de fonction officielle au sein de l'Ajax. Honnêtement, cela ne me dérangeait pas. La dernière année avait été très dure pour moi. Selon Danny, j'étais resté plus longtemps pendu au téléphone durant les douze derniers mois que les vingt dernières années. Sans compter les allers-retours en avion aux Pays-Bas que, *nota bene*, j'ai payés de ma poche. Mais l'affaire me tenait à cœur. J'étais intimement persuadé que si je perdais ce combat, c'en était fini de l'Ajax comme club de haut niveau.

Je n'avais plus de fonction officielle, je n'ai donc pas été consulté quand Michael Kinsbergen a été nommé directeur. Sa mère était une amie de Danny et je connaissais Michael depuis son enfance. J'étais donc très heureux que le nouveau conseil de surveillance l'ait choisi sans que j'aie eu à intervenir. C'était tout simplement le meilleur candidat.

En tout cas, Michael a fait du bon boulot. Il a réussi à convaincre le câblodistributeur Ziggo d'être le sponsor principal de l'équipe pour un montant record aux Pays-Bas et il a été un bon mentor pour Edwin van der Sar, nommé manager commercial. J'appréciais que Michael mette Edwin en avant, en fasse une figure de proue, alors que lui-même restait dans l'ombre. Il montrait ainsi que les intérêts du club passaient avant son ego.

Le seul point négatif, c'est qu'il nous a fallu aménager le plan de la cellule technique pour respecter les règles de la Bourse. À l'origine, cette cellule comptait trois membres : Jonk, Bergkamp et de Boer. L'Ajax étant coté en Bourse, l'un des membres de la cellule technique devait également faire partie de la direction. Marc Overmars a donc rejoint la cellule technique : il portait la double casquette de membre de la direction et de directeur du football.

La fonction d'un directeur du football est fondamentalement différente de celle d'un directeur technique qui, lui, exerce une influence directe sur l'équipe première. Ce n'est pas le cas d'un directeur du football. Overmars allait s'occuper de l'achat et de la vente des joueurs et serait officiellement responsable du scouting, de l'équipe médicale et de tout ce qui avait une influence directe sur le « football ». Il travaillerait évidemment en concertation avec Wim, Dennis et Frank, chacun d'eux étant responsable de son secteur.

En théorie, il y avait une hiérarchie dans la cellule technique, mais dans la pratique, elle fonctionnerait sur le principe de l'égalité. Les anciens joueurs, Theo van Duivenbode et Dick Schoenaker, ainsi que l'ancien entraîneur Tonny Bruins Slot, qui faisaient partie du conseil de surveillance et du conseil d'administration, se tiendraient à leur disposition en cas de besoin et garderaient un œil sur le fonctionnement de la cellule.

Connaissant les qualités de gestionnaire de l'ancien ministre Hans Wijers et du nouveau président du conseil de surveillance Leo van Wijk – qui était aussi l'ancien président de la KLM –, je ne me faisais pas de souci sur l'avenir de l'Ajax. Hélas, les choses ne se passeraient pas comme je l'avais espéré. Je remarquais de plus en plus que, dans le nouvel organigramme, mon rôle de conseiller n'était qu'honorifique. Je n'avais pas voix au chapitre, je n'avais pas la moindre marge de manœuvre pour changer le cours des choses.

Ainsi, certains s'étaient installés à des postes clés, plus pour servir leurs propres intérêts que ceux du club. Personnellement, je pense : tu occupes cette fonction, tu as les compétences requises, alors utilise-les pour mettre tout le monde sur la même ligne. Et ce n'est pas en passant ton temps en réunion que tu y arriveras. J'ai toujours fui les réunions. Je n'en ai jamais compris l'utilité et je n'y ai jamais participé. J'ai toujours dit ce que je pensais, je discutais avec mon assistant des actions à mener et, ensuite seulement, je distribuais les tâches.

À Barcelone, après la réorganisation, on n'avait pas eu de problème de réunion. Ils ne me téléphonaient qu'en cas de besoin. Cela m'allait très bien comme cela. Inutile de se réunir. On a une question ? On passe un coup de fil. Mais du côté de l'Ajax, c'était silence radio. Pourtant, bien qu'à l'écart, j'ai senti venir les problèmes.

À Barcelone, ils avaient bien sûr l'avantage d'avoir une identité footballistique et ils disposaient de Rijkaard et de sa grande expérience de coach. Et après lui, il y a eu Guardiola. Je les avais formés tous les deux, tandis que dans la nouvelle génération de footballeurs de l'Ajax, je n'avais formé personne. Les joueurs de l'Ajax ont tous appris la tactique dans un pays qui ne brille pas particulièrement dans ce domaine : van der Sar est passé par l'Angleterre, Overmars est passé par l'Angleterre, Bergkamp est passé par l'Angleterre : c'est l'Angleterre sur toute la ligne. Les Anglais n'ont jamais gagné sur la tactique. On ne pouvait donc pas s'attendre à ce que des joueurs formés à cette école soient capables d'intégrer mon message.

Question foot, le jeu de l'Ajax était donc très éloigné de ce que préconisait le plan Cruyff. Le « plan

Cruyff », c'était le nom que l'on avait donné à la nouvelle vision technique, mais, en fait, il n'existait que sur le papier. C'était tout simplement la somme des expériences que j'avais emmagasinées au contact d'hommes de métier tels que Rinus Michels et Jany van der Veen et de « détails » que j'avais observés au cours de ma carrière d'entraîneur. Pour résumer, on s'assure en premier lieu que la base est solide, parce qu'elle permet d'accélérer ou de ralentir le tempo. En fait, le plan Cruyff, ce n'était rien d'autre que l'application des principes de base du football de haut niveau.

Ainsi, dans les phases de préparation à la saison, au lieu de forcer sur l'entraînement, Michels nous faisait jouer un match tous les jours. Le but était de nous faire analyser le maximum de situations de jeu et d'améliorer, dans la foulée, notre condition physique. Cette manière de travailler claire et simple avait permis à l'Ajax de former des dizaines de footballeurs de classe internationale.

C'est pour cela que j'ai toujours respecté ces principes de base. Tout comme Michels, je suis un partisan du « plus de matchs » au lieu du « plus d'entraînement », mais je parle bien évidemment des matchs qui vous font progresser. À Barcelone, par exemple, je faisais jouer Zubizarreta, le gardien, en milieu de terrain gauche pour qu'il ait un maximum de contact de balle avec les pieds. J'espérais ainsi améliorer sa participation au jeu collectif.

Malheureusement, à l'Ajax, ces règles ont été foulées au pied. Je ne dis pas cela pour attaquer de Boer. Il était en bout de chaîne. De nombreuses étapes avaient déjà été franchies avant lui. Michael Kinsbergen avait été accusé d'inefficacité et son contrat n'avait pas été prolongé. À mes yeux, c'était injuste. Il avait non seulement réussi à négocier les meilleurs contrats de l'histoire du club avec les sponsors, mais il avait aussi parfaitement su préparer van der Sar à sa nouvelle fonction. On aurait dû redéfinir son poste pour que ses compétences puissent mieux servir l'Ajax au lieu de le renvoyer.

À présent, on rendait Kinsbergen plus ou moins responsable des problèmes qui avaient surgi dans la cellule technique, entre autres de la tension grandissante entre Jonk d'un côté et Bergkamp et Overmars de l'autre. J'avais du mal à suivre, mais apparemment, ce sont des choses qui arrivent. On faisait porter le chapeau à Kinsbergen alors que c'était à Theo van Duivenbode d'intervenir : il était commissaire et possédait une expérience du football de haut niveau. Je me voyais donc dans l'obligation de demander au conseil de surveillance d'engager quelqu'un de pragmatique et d'analytique comme Tchen La Ling pour faire le point sur la situation.

J'ai agi ainsi parce que j'entendais dire que je devais m'impliquer davantage, ce qui n'avait jamais été mon intention. Pour commencer, c'était pratiquement impossible, parce que j'habitais à l'étranger et qu'il aurait fallu que je passe trois ou quatre journées par semaine à Amsterdam. Et puis, à ce moment-là, j'avais déjà des problèmes de santé. J'avais essayé de créer les conditions propices au changement, c'était maintenant à la nouvelle génération d'ajacides de construire l'avenir du club à partir d'une vision commune. Je ne suis pas immortel, il est donc essentiel que la jeune génération reprenne le flambeau.

L'étude de Ling a montré que les anciens joueurs disposaient d'excellentes qualités de base, mais qu'ils avaient aussi des lacunes, ce qui était normal puisque leur fonction comportait un certain nombre de domaines qui n'étaient pas les leurs. Ils devaient donc reconnaître qu'ils avaient parfois besoin d'aide, ce qu'ils ne faisaient pas suffisamment. Le rapport de Ling proposait des solutions à ce problème.

Il s'est très vite avéré que les anciens joueurs n'éprouvaient pas le besoin de changer quoi que ce soit à leur situation. Tchen avait écrit un excellent rapport, mais une fois de plus, son travail et sa personne ont été mis en question. Cette fois-ci, hélas, les attaques venaient des footballeurs. Et l'ennui, c'était que certains utilisaient les ragots infondés qui couraient sur sa personne comme alibi pour justifier leur immobilisme.

En attendant, Ling avait réussi à éviter que les anciens joueurs soient presque tous mis au rancart. Le conseil de surveillance en avait certains dans le collimateur et n'avait pas l'intention de prolonger leurs contrats. Tchen s'y est opposé parce qu'il ne voulait pas que son rapport soit faussé. Il n'a pas jugé bon de le crier sur tous les toits, mais les commentaires que certains anciens joueurs ont livré à la presse n'en sont que plus affligeants.

Toutes ces chicanes m'ôtaient progressivement l'envie de m'occuper de l'Ajax. D'autant plus que l'on n'y pratiquait plus le beau football. En cas de perte de balle, on courait vers l'arrière au lieu de défendre et de faire le pressing : cela ralentissait le rythme. De plus, les passes en arrière et les passes transversales étaient trop nombreuses, le jeu de position ne comptait quasiment jamais de troisième homme. Sans compter que la mise en place d'une structure de jeu était si lente que les milieux de terrain se retrouvaient souvent sur la même ligne que les attaquants de pointe.

Dans la cellule technique, au lieu de discuter sérieusement des points à améliorer, il n'était question que d'acheter des joueurs et des tauliers. On ne se demandait pas si l'on avait envisagé toutes les options dont on disposait dans le club pour résoudre les problèmes. Je ne parle pas seulement de la formation, mais aussi du scouting et de la collaboration avec des clubs comme l'Ajax Cape Town et Trenčín. On aurait au moins pu se demander si l'on en avait tiré le maximum avant de dépenser des sommes folles.

Ce qui me faisait de la peine, c'était qu'à l'Ajax, il n'y avait finalement qu'une seule équipe qui jouait au foot comme je le concevais : l'A1, l'équipe première des juniors, dont Wim Jonk était le coach. C'était bien peu. En tout cas, on avait la preuve que les problèmes sur la pelouse de l'Ajax provenaient d'une mauvaise formation technique. Par « formation technique », j'entends : faire des passes, les recevoir, contrôler le ballon, le jeu de position, etc.

Notre défense, la mise en place de nos attaques, nos accélérations de jeu laissaient à désirer. Les passes latérales, les lignes de jeu qui se chevauchent et donc disparaissent, ce n'était pas cela, le foot de l'Ajax. On avait intérêt à revoir tout cela au plus vite, car les résultats étaient mauvais, on gâchait nos jeunes talents, le public n'était pas content et le faisait savoir.

Il fallait commencer par améliorer la formation, ce qui nous permettrait d'afficher de meilleurs résultats tout en donnant à voir le beau foot qui avait fait la réputation de l'Ajax. Nous aurions dû y travailler tous ensemble, éviter les conflits et suivre de près le développement des anciens footballeurs en se demandant constamment qui pouvait faire mieux et qui devait fonctionner autrement. Et en ne perdant jamais de vue que tout ce que nous faisions devait se faire dans l'intérêt de l'Ajax.

Je commençais à me poser de plus en plus de questions sur les bonnes intentions du commissaire Leo van Wijk. Le 11 septembre 2015, Leo, Tchen et moi avions lu ensemble le rapport La Ling. Leo l'avait approuvé à 200 %.

Quatre jours plus tard, Tchen et moi découvrions, stupéfaits, que les mesures prises par le conseil de surveillance étaient à l'opposé de ce que nous avions décidé avec van Wijk. Van der Sar, par exemple, avait demandé le retour de Kinsbergen parce que la charge de travail qui lui incombait depuis son départ était écrasante. En réponse à cela, le conseil de surveillance lui a accordé une promotion ; il passait de manager des affaires commerciales à directeur du marketing et devait, par-dessus le marché, diriger la cellule technique. Donc, au lieu d'avoir moins de travail comme il le demandait, il en avait plus.

Overmars passait de directeur du football à directeur des footballeurs. Il ne conservait que la responsabilité des transferts et des contrats des joueurs. C'est une fonction à surveiller de près, car on a vite fait de mal interpréter les besoins d'une équipe et de mettre l'accent au mauvais endroit, ainsi que le montraient les achats de ces dernières années. L'avis de Jonk, l'expert des talents au sein de la formation des jeunes, avait trop souvent été négligé lors du transfert d'un joueur.

De plus, Dolf Collee avait été nommé directeur général. Il avait été banquier, mais lui, comme les autres, avait laissé la situation se dégrader quand il était commissaire. Au début, j'espérais qu'il serait capable de sauvegarder l'unité du club et soutiendrait les anciens joueurs. Mais, très vite, je me suis rendu compte que c'était tout le contraire qui se passait.

Début novembre 2015, la coupe était pleine. Depuis des années, je constatais que ma conception du foot n'était pas respectée à l'Ajax. Je commençai à me demander si ce n'était pas intentionnel. En tout cas, je n'allais pas me laisser entraîner dans leurs petits jeux.

À un moment donné, on se dit que l'on perd son temps. Lorsque, dans un domaine où d'autres pourraient profiter de mon expérience, le rendement est nul, le pragmatique en moi conclut que le combat était voué à l'échec et qu'il serait absurde de s'entêter.

À mon âge, je n'ai besoin ni de décorations ni de médailles. Mais c'est triste d'avoir participé au premier pas d'un mouvement fantastique à 16 ans et d'assister à sa fin à presque 70. Personne ne veut écouter. Quasiment personne, pour être plus précis. Tout le monde suit ses propres plans. Ce phénomène ne touche pas seulement l'Ajax ; si tel était le cas, je pourrais me dire que c'est de ma faute, mais non.

En observant le football néerlandais dans son ensemble, on ne peut que se dire : mais qu'est-ce qu'ils foutent, tous ? Ils passent leur temps à se congratuler, mais si l'on regarde les résultats, on ne peut en conclure qu'une chose, c'est que la voie que nous suivons est triste à pleurer. C'est la voie du déclin, c'est navrant.

Bien sûr, c'est dur de voir l'Ajax prendre aussi cette voie-là. Je ne suis pas un dirigeant et j'avais bon espoir qu'entre les mains de quelques managers expérimentés, le club se relèverait, que ceux-ci sauraient aider et diriger des footballeurs qui, comme moi, n'ont pas l'habitude des réunions, de la gestion et tutti quanti.

Mais il suffit de faire le point pour constater que le président du conseil de surveillance a échoué dans sa mission. Hans Wijers a même fait partir par la petite porte un directeur comme Michael Kinsbergen, qui a signé les meilleurs contrats de sport de l'histoire du club. J'ai aussi appris qu'un an plus tôt, Wijers avait demandé à Kinsbergen de licencier Jonk. Et qu'il avait refusé d'obéir.

Renvoyer Jonk, cela a été la première mesure de son successeur, Collee, deux semaines à peine après mon départ de l'Ajax. En six mois, le directeur et le responsable de la formation avaient été licenciés : deux personnes qui ont aidé l'Ajax à se relever financièrement.

Quand nous avons fait connaissance, Collee m'a immédiatement annoncé qu'il n'y connaissait rien au foot. Tchen et moi lui avons assuré que nous étions prêts à le conseiller dans ce domaine. Il ne m'a jamais appelé. Il a bien discuté deux ou trois fois avec Tchen, mais cela n'a pas débouché sur grand-chose. Il n'a rien entrepris, pas même après avoir lu le rapport de Ling, qui pourtant, pointait les problèmes du doigt.

Collee avait travaillé à l'ABN AMRO, c'est un banquier. Il ne connaît peut-être rien au foot, mais il devrait au moins s'y connaître en chiffres. Depuis la venue de Jonk, on avait gagné 85 millions d'euros avec les joueurs issus de notre formation ; l'équipe qu'il dirigeait était en tête de la compétition et n'avait jamais perdu un point dans la Ligue des champions juniors. Et il est prouvé noir sur blanc que l'assainissement financier de l'Ajax s'est fait en grande partie grâce à la collaboration entre Jonk et de Boer : qu'est-ce qui peut bien vous passer par la tête quand vous mettez 50 % d'une équipe gagnante à la porte ?

Nous considérions que Theo van Duivenbode, un des commissaires, était l'un des nôtres. Nous pensions qu'il serait une figure clé pour nos anciens joueurs, mais il s'est couché devant presque toutes les décisions de la direction, que ce soit le scouting ou les transferts, qui en découlaient. Supposément, le scouting ne fonctionnait pas bien parce que les recruteurs de l'équipe première et les gens de la formation ne collaboraient pas. De plus, on n'achetait pas les joueurs dont on avait besoin. Et ce alors que le meilleur recruteur au monde, Tonny Bruins Slot – quelqu'un avec qui j'ai travaillé pendant onze ans – siégeait au conseil d'administration du club. L'Ajax n'a jamais fait appel à lui. Puisque les entraîneurs ne le faisaient pas, van Duivenbode aurait dû intervenir. Il ne l'a pas fait. C'est de la bêtise ou un problème d'ego ? L'impression qu'il se serait rabaissé en demandant de l'aide à Tonny ?

Le but, c'est quand même d'engager des joueurs de qualité, d'améliorer le niveau et de faciliter la vie de tous. Je me souviens d'une discussion avec van

Duivenbode. Le conseil de surveillance était sur le point d'acheter un joueur. Theo a dit qu'il s'agissait d'une grosse somme et que nous ne pouvions pas vraiment nous le permettre. Deux semaines plus tard, le joueur était acheté et van Duivenbode avait, lui aussi, signé le contrat. Je me suis dit à ce moment-là : « Mais qu'est-ce que tu as foutu pendant ces deux semaines ? As-tu au moins essayé de convaincre les autres ? Si tu penses qu'un joueur ne vaut peut-être pas le prix que l'on en demande, mais que les autres ne sont pas d'accord, va donc demander à Bruins Slot ce qu'il en pense. »

Van Duivenbode a été trop coulant. Son comportement a provoqué des dysfonctionnements dans la cellule technique et le renvoi de Jonk. Pour cela, je lui en veux. Il représentait les footballeurs, il siégeait dans la plus haute instance de la direction, il aurait dû être un mentor pour les joueurs.

Pourtant, le pire de tous, c'est le président du conseil d'administration – en fait, le président de l'Association de l'Ajax. Hennie Henrichs a couvert les manquements du conseil de surveillance. Pour protéger les commissaires, il était prêt à sacrifier d'anciens joueurs. Un mois plus tard, il a même réussi à convaincre les membres de l'association d'approuver à l'unanimité le travail effectué par le conseil d'administration. C'était la meilleure preuve que je n'avais plus rien à faire à l'Ajax.

Personne, hélas, ne semblait comprendre qu'il fallait absolument que l'Ajax sorte de cette situation où tous les postes de commande sont entre les mains de personnes que le hasard a parachutées dans le foot, mais qui, en réalité, n'y connaissent rien. Les discussions devaient se concentrer sur l'essentiel, à savoir : que faire pour que l'Ajax redevienne l'Ajax ? Il faudrait peut-être racheter toutes les actions ou ne plus être coté en Bourse, que sais-je encore ? Tout ce qui peut rendre au club son identité est bon à prendre.

Entre-temps, j'ai eu affaire à deux conseils de surveillance et, deux fois, l'expérience a été extrêmement négative. Elle m'a surtout laissé l'impression de m'être bien fait avoir par deux présidents de conseil.

On peut partir du principe que tout le monde fait des erreurs. Quand on se lance dans un nouveau projet, on sait que l'on fera des erreurs. L'important, c'est d'en tirer des leçons et de s'aider mutuellement à progresser. Il n'en a jamais été question. Ce conseil de surveillance n'a jamais eu la véritable intention de résoudre les problèmes. Il n'y a pas à chercher bien loin pour en trouver les preuves.

Il a, au contraire, créé des énergies négatives qui ne font pas bon ménage avec le football. Les membres et les fans doivent se rendre au stade avec plaisir et soutenir leur club. Hélas, il y a toujours trop de petits jeux politiques à l'Ajax ; le football et le club en font les frais.

Si les anciens joueurs m'ont déçu ? C'est une question d'éducation, je crois, une façon de jouer au foot, de voir le monde. Le club où vous avez joué et la formation que vous avez suivie ont une importance primordiale. Et puis, voir du foot, du vrai.

C'est ce qu'ils ont fait au Bayern Munich. Ce club jouait encore en deuxième division il y a une quinzaine d'années, aujourd'hui, c'est le porte-drapeau du foot parce qu'ils ont choisi des dirigeants et des entraîneurs qui mettent en place une identité footballistique, qui ne lorgne pas du côté des Espagnols ou des Italiens. Ils cherchent d'abord à savoir qui ils sont. Savoir qui l'on est, c'est connaître ses points forts et ses points faibles. On ne peut pas demander à un Anglais de jouer comme un Néerlandais. Il ne le pourra jamais. Un Italien non plus. Ni à un Néerlandais de jouer comme un Italien ou un Anglais. C'est tout simplement impossible. Alors, ne lorgne pas de leur côté. Occupe-toi de toi.

Les excuses, aussi, sont prévisibles. Souvent, c'est l'argent. Les premières années, on se trouve un tas d'excuses. Sauf qu'au bout du compte, cela reste un match de onze contre onze. On aura beau avoir beaucoup d'argent, on ne pourra pas mettre un douzième homme sur la pelouse. On en revient toujours aux qualités de base, c'est l'essentiel. Et n'allez pas me dire qu'il n'y en a plus de nos jours. On en aurait eu pendant quarante ans et elles auraient tout à coup disparu ? Allons donc ! La vérité, c'est que, pendant la formation, on ne les développe plus comme on devrait le faire.

Heureusement, il y a encore des exceptions comme Wim Jonk ; c'est pour cela, d'ailleurs, que c'est un copain. Alors que personne à l'Ajax n'affichait de bons résultats, lui, avec son équipe, a continué de le faire. Alors, ce sont les autres qui ont raison et lui, il est fou, ou doit-on le prendre comme exemple ? Eh bien, on ne le prend pas comme exemple, on le met à la porte pour des raisons qui n'ont rien à voir avec son travail. On lui reprochait de ne pas assister aux réunions, alors que l'on sait qu'elles ne mènent à rien. Il a bien eu raison, ce n'est pas l'essentiel du travail. Le foot, à l'Ajax, c'est marquer des buts, dominer le jeu et faire en sorte d'arriver au tour suivant. Et ce, par tous les moyens.

Au sein de l'Ajax, il y a beaucoup de tièdes, ce qui fait que l'on y pense trop en termes de compromis et de survie. C'est le fond du problème. L'Ajax, en fait, c'est deux clubs en un – des professionnels et des amateurs. Et les amateurs, qui ne devraient pas avoir voix au chapitre, peuvent renvoyer les chefs du club des professionnels.

En fait, c'est un tutti frutti de diverses influences qui ne devraient pas avoir leur place dans le club parce qu'elles ne concernent pas le foot. Le football se compose d'un certain nombre de facettes qu'il faut confier à des spécialistes. Un spécialiste est souvent un peu original, mais, dans certaines limites, évidemment, il faut lui laisser sa liberté d'action. Ce n'est pas à un spécialiste qu'il faut aller dire ce qu'il doit faire !

Venons-en à cette obligation de participer aux réunions. Si l'on veut avoir une véritable discussion, mais que l'on sait à l'avance que ce sera trois contre un, à quoi bon aller perdre son temps avec ces gens ? Cela n'a aucun sens. On pourrait avoir des discussions de fond sur les qualités des joueurs et comment les améliorer, repérer les défauts d'un joueur, chercher la meilleure façon d'y remédier. Au lieu de passer son temps en réunion, on devrait créer une énergie positive tant pour les individus que pour le groupe. Cela, cela aurait du sens.

Les Pays-Bas sont un petit pays, il faut donc y être créatif et garder l'œil ouvert. Chercher des joueurs dans son environnement immédiat, mais aussi dans des centres de formation, avant qu'un autre club ne les repère. Il y a donc des dizaines de détails auxquels il faut travailler ensemble. Parfois cela marche, parfois pas. Mais il faut bien évidemment être capable de détecter les occasions.

Ce que je dis sur le foot aujourd'hui n'est pas très différent de ce que je disais il y a vingt ans. Et je ne fais pas la girouette quand je reconnais qu'il y a toujours de l'inédit, du nouveau, des choses que je ne connaissais pas. J'avais espéré trouver cet état d'esprit à l'Ajax. Tous les gens qui ont de bonnes bases ne se contenteraient pas d'apporter des compétences, mais seraient aussi prêts à partager leurs connaissances et à apprendre des autres. C'est la philosophie que j'applique au Johan Cruyff Institut. On y trouve des étudiants du monde entier. Pourtant, on essaie, durant leurs études, de les mettre en contact, afin de créer un collectif fort, qui sera finalement bénéfique au sport.

C'est l'attitude que j'ai eue lorsque, après tous les problèmes à l'Ajax en 2012, nous avons enfin pu nous mettre au travail. Notre but était de parvenir au top des clubs européens. C'était réaliste. Question technique, tactique et prestations, on peut me faire confiance ; cela a été démontré à l'Ajax dans les années 1980 et, plus tard, à Barcelone. Avec un beau foot, des joueurs de notre propre formation et quelques achats, on a gagné un trophée international en deux ans.

Prenons le Bayern Munich. Ce club a réussi à faire ce que tout le monde tenait pour impossible. Il a comblé le fossé qui le séparait de l'Italie, de l'Espagne et de l'Angleterre. Il n'est même pas dans une capitale. Et en plus, il est situé en Allemagne du Sud, ce qui est quand même sacrément excentré. Mais on est et on reste dépendant de personnes qui ont un savoir-faire. Tout et tout le monde, quelle que soit sa fonction dans le club, doit mettre ses compétences au service du groupe. Et le groupe doit se mettre au service des qualités de chacun.

Disons, par exemple, que quelqu'un est parfait pour recruter de jeunes joueurs, qu'il est attentif aux détails. Tout le monde est capable d'enjoliver pour convaincre, mais les gens qui vont plus loin, qui s'appuient sur des faits, ceux-là sont rares. Jonk, c'est sa passion. C'est un homme très ouvert, on peut discuter avec lui, mais dans le respect. On ne peut pas lui balancer : « Je ne suis pas d'accord, casse-toi. » C'est impensable, parce que c'est lui le meilleur, donc c'est lui qui dirige. Bien sûr, il peut parfois aller trop loin ou être inconséquent. Cela peut arriver. Il faut alors en parler avec lui, lui montrer où le bât blesse, de façon à lui faire entendre que la critique est positive. Mais que la personne qui en sait le plus soit mise de côté par celle qui en sait le moins, alors ça non, cela ne devrait pas être permis.

C'est encore et toujours le même problème dans le sport, depuis le monde politique jusqu'à celui des dirigeants de clubs. De nombreux politiciens et dirigeants pensent qu'ils doivent contrôler les autres, alors que cela devrait être l'inverse. Ils devraient se laisser guider par les autres. Le mot qui me vient spontanément à l'esprit est « ego », le désir de se mettre au-dessus des autres, alors que l'on n'en a pas les capacités.

On le remarque directement lorsque l'on pose une question à quelqu'un, et ce dans n'importe quel domaine. Soit vous avez affaire à quelqu'un qui essaie de se mettre à votre place, de vous comprendre, soit vous avez affaire à quelqu'un qui essaie de vous persuader qu'il a raison. Et ce dans le but de vous imposer son point de vue. Alors que moi, je veux juste que l'on réponde à ma question. C'est l'information qui m'importe, pas la démonstration d'intelligence. Je peux me passer d'un savoir encyclopédique du moment que la personne adéquate donne une réponse adéquate à ma question. Dans ce cas, je suis une case plus loin que quelqu'un qui connaît mieux le sujet, mais qui dispose de moins d'informations.

C'est pour cela qu'en tant que coach, j'ai essayé, dans la mesure du possible, de responsabiliser les leaders de mes différentes équipes. Il ne s'agissait pas d'être le chef et de distribuer des tâches, mais de laisser le champ libre à ceux qui, chacun dans son domaine, étaient plus compétents que moi. Ma tâche était de créer les conditions optimales pour qu'ils puissent faire leur travail au mieux, pas de leur dire ce qu'ils devaient faire. Je ne les considérais pas comme des assistants, mais comme les chefs dans leur domaine. Moi, j'étais celui de la section technique et tactique. Malheureusement, de nombreux dirigeants ne fonctionnent pas ainsi, car la vue d'ensemble et la bonne mentalité leur font défaut. Souvent, le besoin de se mettre en avant les taraude, alors que d'autres ont le savoir-faire. Je n'ai jamais compris cela.

Si l'on a une rage de dents, on va chez le dentiste. Et pourquoi chez le dentiste ? Parce que c'est le type qui s'y connaît. Et si, tout à coup, on a la vue qui baisse, on va chez l'ophtalmo : les yeux, c'est son rayon. Mais si quelqu'un s'y connaît en foot, on ne le prend pas au sérieux. Où est la logique ? Il faudrait que ce soit la même chose pour le foot que pour le dentiste ou l'ophtalmo. Donc, si l'on a un problème A et qu'il se trouve quelqu'un dans le club qui est l'expert des problèmes A, c'est à lui que l'on doit s'adresser. Si, en tant que chef ou dirigeant, on sait déléguer à bon escient, on fait du bon boulot.

Mais là commencent déjà les problèmes à l'Ajax. Ainsi, la collaboration entre les médecins de l'équipe première et ceux de l'équipe junior n'était pas satisfaisante. À l'Ajax, on n'a pas besoin de médecin, mais plutôt de quelqu'un qui dispose d'un bon fichier et qui, pour chaque problème spécifique, sait à quelle porte sonner. Il doit avoir le meilleur fichier du monde.

Ce quelqu'un envoie le footballeur quelque part et contrôle ensuite tout le processus qui va suivre. On ne lui demande pas d'opérer lui-même pour prouver qu'il est le meilleur spécialiste de la chirurgie du genou. Ce qu'on lui demande, c'est de savoir qui est le meilleur ou la meilleure spécialiste et de prendre rendez-vous pour une consultation avec le joueur. Et puis de s'assurer que le joueur sera pris en charge dans un hôpital qui saura résoudre au mieux son problème.

Mais quel commissaire, président ou autre dirigeant va s'occuper de trouver un médecin qui gère bien son fichier, qui le tient à jour ? J'ai pris l'équipe médicale pour exemple, mais c'est pareil pour tout.

J'ai essayé de donner le bon exemple avec Davy Klaassen, qui souffrait d'une blessure depuis un certain temps et ne pouvait plus jouer, mais personne ne savait quel était son problème. J'ai alors demandé de l'aide à une connaissance de Barcelone qui a immédiatement pris contact avec toutes sortes de spécialistes, même des dents et des yeux. À un moment donné, l'un d'eux a dit : « Attendez, cela, c'est de mon ressort ! » Klaassen a alors pu être soigné et rejoindre rapidement ses coéquipiers sur la pelouse.

C'est l'idéal, et c'est ainsi que les choses devraient se passer. Mais ce n'est possible qu'avec des gens qui savent s'effacer, qui reconnaissent que d'autres sont plus calés qu'eux et qui disposent d'un fichier de spécialistes tenu à jour. Une idée que j'avais lancée et que l'équipe médicale n'a pas suivie, ce qui est assez révélateur.

Quelqu'un comme Frank de Boer a aussi eu à pâtir de l'ambiance régnante. Personne ne l'a vraiment guidé, ni accompagné ou soutenu. C'est pour cela qu'il s'est cramponné à une philosophie du foot qui ne me satisfaisait pas et qui laissait de nombreux supporters sur leur faim. Mais une structure qui n'est pas capable de tirer le meilleur de ses athlètes ne facilite pas le travail du coach. Ma référence en matière de foot, c'est le jeu du Barça et du Bayern Munich, et on en était loin, à l'Ajax. Pourtant, c'est de notre jeu que ces deux clubs se sont inspirés. Mais si votre propre club n'a plus la volonté ni la vision qui lui permettraient de retrouver son identité de jeu, mieux vaut ne pas insister et tirer sa révérence.

Je suis de plus en plus persuadé que c'était la bonne décision. Surtout si je prends en compte la façon dont l'Ajax s'est comporté avec Wim Jonk et Tchen La Ling. Je suis très fier de ces deux hommes. En tant que responsable de la formation, Wim a fait un très bon boulot, on en a des preuves tangibles. C'est le seul à avoir travaillé dans l'esprit du plan Cruyff et il a été renvoyé. Il voulait parler de foot, mais il a dû partir parce qu'il refusait de participer à des réunions dans lesquelles on n'en parlait pas.

Ling a voulu s'attaquer à ce problème en essayant d'amener le club à mettre davantage l'accent sur le football que sur la gestion. Les attaques qu'il a dû subir à la parution de son rapport – rumeurs et ragots compris – sont assez édifiantes. Très peu de gens, au sein de l'Ajax, ont compris l'esprit de son plan ; aussi, je ne m'étonne pas que les membres du club aient finalement choisi de voter à l'unanimité pour l'administration plutôt que pour le football.

Un jour, probablement, le club se rendra compte qu'il fait fausse route. À ce moment-là, il y aura assez de gens pour se mobiliser et faire en sorte que l'Ajax redevienne le club que nous avons aimé, celui de ses vrais supporters et de ses vrais membres. Je serai parmi eux. L'Ajax peut toujours compter sur moi.

S'il y a un problème à résoudre, je répondrai présent. Toujours. Mais seulement si tout le monde est derrière moi.

Je suis un optimiste et j'ai tendance à croire que les choses s'arrangeront un jour. Ce que l'on a commencé à mettre en place ne sera pas perdu. On a essuyé les premiers coups pour préparer le terrain, mais le changement va s'effectuer. Cela se fera dans un an, dans dix ans, qui sait ? En tout cas, lorsque les bonnes personnes seront aux commandes – des gens qui ont l'Ajax dans le cœur, qui connaissent et respectent ses valeurs. Alors, notre combat n'aura pas été en vain.

22

J'ai presque tout fait dans le foot. J'ai été joueur, coach et dirigeant. Je n'ai pas été sélectionneur national ; c'est la seule chose qui manque à mon palmarès. Plus les années passent et plus cela me turlupine que Rinus Michels ne m'ait pas retenu pour diriger la sélection nationale du Mondial en 1990. Plus tard, je me suis réconcilié avec Michels, mais d'avoir raté ce grand événement, cela m'est quand même resté sur l'estomac.

Pourtant, c'était le moment idéal. Les internationaux étaient au top de leur carrière et, après leur victoire en coupe d'Europe en 1988, ils étaient prêts à engranger la plus grande victoire de l'histoire du football néerlandais. Ce qui aurait aussi été mon cas si j'avais été coach. Je m'attendais à être engagé. Tout le monde savait que les joueurs et moi-même étions partants. On voulait réunir nos forces et devenir enfin champions du monde. Pourtant, cela ne s'est pas fait. Michels en avait décidé autrement. Il ne m'a pas retenu, en dépit du soutien de grands internationaux tels que Ruud Gullit, Marco van Basten, Frank Rijkaard et Ronald Koeman.

Il ne voulait pas se mouiller auprès de la KNVB dont il administrait les affaires techniques, soi-disant parce que j'allais chambouler toute l'organisation. Du grand n'importe quoi. Je voulais mon propre staff, évidemment. On allait tout mettre en œuvre pour gagner la Coupe du monde et tout devait être parfait. D'ailleurs, si cela ratait, c'est ma tête qui roulait : c'est pour cela que je voulais avoir la haute main sur l'organisation autour de la sélection. Les positions clés devaient être occupées par des professionnels habitués à travailler toutes les semaines sous pression et au plus haut niveau. Je ne voulais pas d'un staff qui ne travaillait au top qu'une fois tous les deux ans, car c'est deux ans de retard que l'on aurait à traîner en cas de dysfonctionnement.

C'était ma position, mais je n'ai pas pu la défendre, puisque Michels ne m'a jamais rien demandé. Du coup, non seulement le Mondial m'est passé sous le nez, mais, plus grave encore, Michels a créé une situation qui a fait que les meilleurs joueurs du monde ont raté une chance unique d'être champions. La confiance mutuelle a été détruite, le groupe s'est divisé et les Pays-Bas se sont fait éjecter du tournoi dès le deuxième tour.

Plus tard, nous nous sommes expliqués, Michels et moi. Il est venu au camp d'entraînement de Barcelone dès la fin de la Coupe du monde, pour se justifier. C'était bien beau tout cela, mais je ne comprends toujours pas ce qui lui a pris. Peut-être était-il jaloux, qui sait ? Bien sûr, c'est quelqu'un qui a été partout et qui a partout eu du succès. C'est flatteur pour l'ego. Mais très souvent, on lui disait que moi aussi, j'étais très bon. Que Cruyff et lui avaient fait du bon boulot.

Il m'est arrivé de penser que ce n'était pas pour rien que Michels avait eu à plusieurs reprises des problèmes cardiaques. Il devait souvent jouer un rôle. Je le sais bien, moi qui ai connu le véritable Michels, extrêmement sévère, mais prêt à vous emmener lui-même chez le médecin ou à vous masser après un match. Et au restaurant ou lors d'une fête, il se mettait à chanter *Droomland*[1] au milieu du dîner. Je me disais alors : « Mais comment peut-il, alors qu'il vient juste de nous démolir dans les règles ? »

Quand on était ensemble aux Aztecs de Los Angeles, je me suis rendu compte que Michels était superstitieux. Un jour où nous avions gagné, il avait aux pieds des chaussures très particulières, des blanches à pompons noirs comme celles que l'on voit sur les terrains de golf. Elles étaient affreuses, mais il les a gardées très longtemps, parce qu'il croyait qu'elles portaient

1. « Pays de rêve », chanson sentimentale.

bonheur. Il n'aurait jamais fait cela en Europe. Il se surveillait davantage sur le Vieux Continent, où il avait une image à défendre.

Michels était un homme des extrêmes, cela ne lui a pas facilité la vie. À cause de lui, une formidable génération de footballeurs et moi-même avons raté la Coupe du monde ; pourtant, je continue à l'aimer. À la mort de mon père, il était là pour moi, je pouvais toujours compter sur lui. Quand j'ai volé de mes propres ailes, c'était moins évident.

Michels n'était pas un cas isolé. D'autres, avec lesquels j'étais intimement lié, m'ont aussi laissé tomber sans crier gare. Piet Keizer, par exemple, Carles Rexach aussi et, plus tard, Marco van Basten.

Finalement, c'est peut-être très humain. Même les plus grands peuvent se retrouver en situation de compétition. Sous prétexte qu'ils sont au top, ils n'écoutent plus personne. J'ai essayé de me mettre à leur place. Si j'analyse la relation que j'avais, surtout avec Michels, Keizer et Rexach, je remarque qu'ils m'ont beaucoup appris, mais eux, ils n'ont jamais eu l'esprit assez ouvert pour accepter d'apprendre de moi. Une différence qui en dit assez long.

J'étais encore un tout jeune homme lorsque j'ai connu Piet Keizer. Il avait trois ou quatre ans de plus que moi. Je n'avais pas de père, donc il me couvait. « Allez, mon gars, rentre à la maison, va te coucher, t'as un match demain. » Lui, il allait certainement faire la nouba en ville après son sermon, mais il s'occupait de moi comme un grand frère. J'avais 16 ou 17 ans et je piquais parfois sa mobylette ou le vélo de quelqu'un d'autre. En tout cas, je faisais des conneries et c'était plutôt sympa qu'un garçon un peu plus âgé vous prenne sous son aile. Cela compte, ces choses-là.

Et puis, cela s'est gâté. En général, cela se fait progressivement. Il y a eu la fois où Piet s'est fait élire capitaine à mes dépens, ce qui a provoqué mon départ pour Barcelone. Et plus tard, celle où il n'a pas été d'accord sur la manière dont je voulais réorganiser l'Ajax. Mais, comme je l'ai déjà dit, c'est humain. Du moins, je le pense. En tout cas, je n'ai pas de rancune envers lui. Je n'ai pas changé d'avis sur nos bisbilles, mais je n'oublierai jamais qu'il m'a aidé quand j'étais gamin.

Avec Carles Rexach, c'est plutôt une question de différence de mentalité. Michels était quelqu'un d'opiniâtre, Keizer l'était aussi et moi aussi, probablement. Mais pas Rexach. Il n'a jamais rué dans les brancards. Il attendait que je donne mon opinion pour donner la sienne et alors, il allait souvent plus loin que moi.

J'ai fini par me rendre compte qu'il était un pur produit de la mentalité catalane. C'était peut-être une question d'éducation, mais dans les moments décisifs, Rexach ne réagissait pas comme un Néerlandais. Il me disait ce qu'il pensait, mais à moi seulement ; il ne se découvrait pas devant les autres. Ce n'était pas son genre. Alors que moi, je n'hésitais pas à l'ouvrir quand je voyais que l'on allait dans le mur. Je voulais que l'on trouve rapidement une solution. En tout cas, j'affichais mes opinions.

Marco van Basten est d'une autre génération et avec lui, la situation était différente. C'est un excellent footballeur, donc très intelligent dans bien des domaines. En fin de compte, Keizer n'avait pas besoin de moi pour devenir Keizer, pas plus que Rexach pour devenir Rexach ou van Basten pour devenir van Basten.

C'est la grande différence avec Pep Guardiola. Le Barça voulait s'en débarrasser. Ils trouvaient que c'était une grande asperge, mauvais en défense, sans puissance et nul dans le jeu aérien. On l'a donc attaqué sur ce qu'il ne savait pas faire, alors que tout cela, selon moi, il pouvait l'apprendre. Ce que personne ne voyait, c'est que Guardiola avait les qualités de base pour arriver au top : intelligence du jeu, rapidité d'exécution, technique. Le genre de choses que très peu de gens maîtrisent et qu'il possédait à un très haut niveau.

C'est pour les mêmes raisons que je suis avec beaucoup d'intérêt le développement de Sergio Busquets. Tout le monde à Barcelone s'extasie sur les autres joueurs, tous tellement bons. Mais j'aimerais bien savoir ce qu'ils feraient si Busquets n'était pas sur le terrain. Cela pourrait réserver des surprises. Je pense aussi que Busquets ferait un bon entraîneur. En tout cas, je ne l'exclus pas. Comme Guardiola, Busquets a dû passer par toutes les étapes avant d'arriver là où il est. On ne leur a pas fait de cadeau.

Mais revenons à Guardiola. En plus de ses qualités de footballeur, il est également très sociable et intelligent. On peut discuter de tout avec lui. C'est un grand lecteur et il a la bosse des langues ; au Bayern Munich, il a très vite parlé l'allemand. C'est quelqu'un qui n'a pas peur de poser des questions. Mais on ne peut pas dire qu'il me demande conseil. Il est juste curieux de savoir ce que je pense.

Je me souviens encore très bien de l'époque où il était entraîneur de Barcelone B et où il a été nommé coach de l'équipe première. Il voulait savoir ce que j'en pensais. Je lui ai répondu que j'avais une règle d'or. S'il était capable de dire au directeur : « Casse-toi du vestiaire, c'est moi qui décide ici », c'est qu'il était mûr pour être entraîneur de l'équipe première. S'il n'en était pas capable, je lui conseillais de rester en équipe seconde. La vie y était bien plus tranquille.

Je voulais surtout souligner qu'il devait être le chef, celui qui prend les décisions et qui en assume les conséquences. Il ne faut jamais se faire renvoyer pour des décisions que d'autres ont prises. On doit pouvoir dire après coup : « J'ai peut-être déconné, mais au moins c'étaient mes conneries » ou « J'ai pris la bonne décision et si c'était à refaire, je recommencerais. Et je me fous de ce que l'on dit. »

Dans ce domaine, Pep est sur la même ligne que moi. Il prend ce qui l'intéresse chez ses entraîneurs et il l'intègre à sa propre vision. Cela s'est passé autrement avec van Basten. J'y ai bien réfléchi et je vois une différence fondamentale entre Pep et Marco.

J'ai déjà dit que si je n'avais pas été à Barcelone, Guardiola aurait très certainement été vendu à un club de deuxième division. Van Basten, c'est une tout autre histoire. Même sans moi, il serait devenu un footballeur de classe internationale. Il n'avait pas besoin de moi.

Mais c'est quand même moi qui l'ai poussé, au début de sa carrière, à jouer le match contre FC Groningen avec une cheville fragilisée. Pendant le match, sa blessure s'est aggravée, ce qui l'a obligé, des années plus tard, à mettre prématurément un terme à sa carrière. J'ai essayé de me mettre à sa place et j'ai fini par comprendre pourquoi il avait cessé de me suivre en tout aveuglément. Une forme de revanche, peut-être, pour la fois où il s'était laissé convaincre de jouer le match qui allait nuire à toute sa carrière. Vu sous cet angle, on comprend qu'il se soit opposé à moi.

À présent, je considère les problèmes que j'ai pu avoir avec Michels, Keizer, Rexach et van Basten avec beaucoup de recul ; après tout, ce sont des choses qui arrivent. On est comme on est. Je n'en veux pas à Michels, ni à Keizer, ni à Rexach, ni à van Basten. Michels et moi, on s'est réconciliés et j'ai repris contact avec Piet Keizer.

J'ai tourné la page. Depuis le mois d'octobre, depuis que l'on sait que j'ai le cancer du poumon, les réactions d'anciens joueurs m'ont donné une formidable énergie positive. Pourtant, je ne peux pas dire que ce sont des gens avec lesquels j'avais pris des gants.

Cela montre qu'ils ont quand même du respect pour moi. Bien qu'ils se soient disputés avec moi, ils sont tout de même arrivés à la conclusion que l'on devait se réconcilier. Après toutes ces années, cela fait chaud au cœur. J'avais en effet souvent pensé : comment ils vont le prendre ? Qu'est-ce qu'ils en pensent ? Il m'arrivait d'être diplomate, mais pas toujours.

Comme on était tous au top, on cherchait parfois à déplacer les limites. C'était le cas dans le vestiaire, mais une fois en dehors du stade, tout était oublié. En ce qui me concerne, en tout cas. Plus les années passent et plus les joueurs d'alors le voient aussi sous cet angle. L'incompréhension a fait place au respect. Cela va encore plus loin : ils semblent parfois avoir gardé un souvenir exceptionnel de petits événements qui avaient à peine retenu mon attention. Qu'il s'agisse de Ronald Koeman ou d'un autre joueur, cela me donne un extraordinaire sentiment de satisfaction.

Cela compte bien évidemment pour la remarque de Guardiola sur mon apport au Barça : « Johan a construit la cathédrale, c'est à nous de l'entretenir. » C'est très bien dit et cela m'a énormément touché. J'ai fait ce que je pensais être le mieux pour tous

– aussi bien au Barça qu'à l'Ajax. Heureusement, à Barcelone, au moins, cela a porté ses fruits.

C'est surtout grâce à des gens comme Frank Rijkaard, Henk ten Cate, Pep Guardiola et Txiki Begiristain que la cathédrale – comme Pep l'a si bien dit – existe encore. Je leur en suis infiniment reconnaissant. C'est non seulement le football tel que je l'aime, mais aussi tel que les supporters l'aiment. C'est le football tel qu'il se doit d'être.

23

Je ne m'inquiète pas trop pour l'avenir du football, même si je pense que cela va d'abord être un beau chaos. De nos jours, tout est régi par l'argent. Cela se voit surtout en Angleterre. D'accord, le commerce fait partie du jeu, mais il faut respecter les priorités, à savoir, le foot lui-même. À cet égard, ce ne sont pas les footballeurs ou le commerce qui posent problème, ce sont les dirigeants. Ils ont tendance à oublier que la priorité dans le foot, c'est le sport.

En Angleterre, le bon développement des talents britanniques est mis en danger parce que l'on privilégie l'achat de footballeurs étrangers pour la Premier League. Or, ce ne sont pas eux, mais les joueurs britanniques qui composeront l'équipe nationale. La solution serait peut-être de mettre un quota de joueurs étrangers, par exemple pas plus de cinq par équipe. Que l'on me comprenne bien, je n'ai rien contre les étrangers. J'ai moi-même été l'un des premiers footballeurs à jouer dans une équipe étrangère. Mais si les Barcelonais ont fait appel à moi, c'était pour améliorer leur équipe. Je leur apportais les qualités qui leur manquaient. À la même époque et pour les mêmes raisons, Michels faisait venir Velibor Vasović et Horst Blankenburg à l'Ajax.

Actuellement, on voit quelques étrangers qui sont effectivement capables d'élever le niveau de leurs clubs, mais le reste ne vaut guère mieux que les joueurs issus de leurs propres formations. Un jour, j'ai conseillé à la Fédération royale néerlandaise de football de réfléchir, en concertation avec les clubs professionnels, à un *gentlemen's agreement* qui les obligerait à aligner au moins six joueurs ayant un passeport néerlandais dans l'équipe de base. Cela pousserait les clubs à s'intéresser davantage à la formation de leurs juniors.

La politique économique et sociale européenne est importante, évidemment, mais cela n'exclut pas que l'on défende ses propres intérêts. Je ne considère pas ici les choses sous un angle politique, mais objectivement et dans l'intérêt du football et de son fonctionnement particulier. Oublions un instant ce que veulent les autres en Europe et décidons, nous, aux Pays-Bas, que tous les clubs de football néerlandais s'entendent pour faire jouer au minimum six joueurs possédant un passeport néerlandais et cinq qui n'en ont pas.

L'Espagne et l'Angleterre peuvent faire ce qu'elles veulent, nous, on va faire comme cela.

Il faut toujours prendre les décisions adaptées à sa propre situation, comme l'ont fait les Américains avec leurs circuits fermés. Les ligues majeures de baseball, de basketball ou de football américain sont seules à décider de leur ligne politique. Ainsi, toutes les décisions sont prises dans l'intérêt du sport.

L'Europe est à la traîne dans ce domaine. Sans compter que ce n'est plus nous qui disposons de l'argent. C'est l'Amérique, l'Asie et le Moyen-Orient qui décident de plus en plus de l'identité de notre football. Ainsi s'amorce un déséquilibre ; il est donc essentiel que chaque pays agisse en fonction de sa propre situation. Sans quoi le déséquilibre ne fera que s'aggraver.

Autrefois, les clubs néerlandais, belges et écossais étaient à l'avant-garde du football ; aujourd'hui, ils ne sont plus dans la course. Est-ce qu'ils sont devenus mauvais ? Est-ce que les autres les ont surpassés ? La seule vraie question, c'est, bien sûr, comment y remédier. Une chose est sûre, ce n'est pas une simple question d'argent.

Le football de haut niveau, c'est en fait de la technique, de la tactique, de la formation et des finances. Donc, pas uniquement de l'argent. C'est comme cela depuis toujours. Dans les clubs comme dans un pays, les circonstances peuvent changer, mais fondamentalement, les choses ne bougent pas. La technique a toujours été à la base du football néerlandais. Il ne faut jamais lâcher cela. C'est impensable de jouer autrement aux Pays-Bas, le public ne l'accepterait pas. En Catalogne non plus. J'espère que cela ne changera pas – dans les grandes lignes, du moins – et que les coachs et les entraîneurs continueront à en tenir compte quand ils formeront leurs équipes. En milieu de terrain, Iniesta et Xavi ne sont pas deux travailleurs infatigables, mais deux footballeurs. Et un footballeur doit avoir le ballon au pied. Il ne doit pas se fatiguer à courir, car la fatigue nuit à sa technique. C'est pourquoi il faut se préoccuper de le faire courir le moins possible.

Alors, quels sont les choix ? Plus de physique, plus de technique ou plus de rapidité ? Quelle qualité faut-il mettre en avant ? Ce sera la qualité qu'un pays ou un peuple exigent. Car c'est un fait que l'on joue pour le public. Je ne peux pas, tout Hollandais que je suis, aller jouer au foot en Angleterre ou en Italie comme je le ferais aux Pays-Bas. Non, on joue le foot que le public veut voir. Le public doit avoir envie d'aller au stade et le stade doit être plein. Si c'est le cas, on a fait du bon boulot.

C'est ce que l'on voit à Barcelone. Cela fait presque trente ans qu'ils ont la même identité footballistique. Un beau jour, ils ont fait un choix et, depuis, ils s'y tiennent. Un coach qui ne le fait pas doit s'attendre à ce que le public manifeste son mécontentement.

La grande différence entre la Dream Team des années 1990 et l'équipe de Guardiola, c'est la rapidité d'exécution. La philosophie du club demandait de l'augmenter. Alors, on se pose la question : peut-on faire encore plus vite ? En fait, si c'est nécessaire, on y arrivera ; sinon, cela ne marchera pas.

En outre, il faut savoir ce que l'on entend par « rapidité ». Dans le foot de haut niveau, analyser un détail est la chose la plus difficile au monde. C'est la capacité de lire le jeu, afin que la victoire se décide non dans l'action en cours, mais dans les deux, voire trois actions qui l'ont précédée. Comment a-t-on réceptionné la balle, comment l'a-t-on passée ? Une touche de balle aurait-elle suffi ? En fallait-il deux ? Était-ce une réception moyenne ou une très bonne réception ?

Et puis, il y a l'adversaire. Un joueur qui évolue dans une bonne équipe a tendance à ne pas se donner à 100 % quand il joue contre une équipe faible. Le rythme se ralentit et les ballons se perdent. Ou arrivent trop tard. C'est ce genre de détails qu'il faut être capable de voir.

C'est le problème actuellement aux Pays-Bas. Le monde entier parle encore avec admiration de notre identité de jeu, mais très peu de coachs néerlandais sont capables de la mettre correctement en place – un problème que j'ai vu poindre il y a quinze ans déjà. On a fait d'autres choix pour l'occupation du terrain, ce qui a entraîné une autre utilisation des espaces.

Mais pourquoi changer ? Lorsque l'on mange, on utilise un couteau et une fourchette. C'était le cas il y a cent ans et ce sera encore le cas dans cent ans. C'est la même chose pour le foot. Il faut d'abord s'assurer que la base est solide et ensuite l'améliorer. Aux Pays-Bas, la base est érodée. Les meilleurs cuisiniers sont toujours aux fourneaux, mais on a oublié comment se servir d'un couteau et d'une fourchette.

Je prends pour exemple le gardien de but. Quand on a introduit la règle qui interdisait les prises de balle de la main après une passe d'un coéquipier, il a été obligé d'améliorer sa technique de frappe. Jusque-là, celle-ci n'était pas très convaincante, mais de nos jours, 90 % des gardiens disposent d'une meilleure technique de frappe que 90 % des joueurs de champ.

Ce que j'essaie de dire, c'est qu'un bon entraînement peut faire des miracles. L'exemple des gardiens de but le prouve. De nos jours, un gardien peut aussi bien dégager du pied droit que du pied gauche. S'il en est capable, pourquoi les trois quarts des joueurs ne le sont-ils pas ? C'est simple : parce que pour le gardien, c'est une nécessité, il sait qu'il doit s'entraîner au dégagement et que cela paie. Mais encore une fois, qu'est-ce qui empêche les joueurs de champ d'en faire autant ?

On en revient alors à ce problème d'entraînement de groupe. Pourquoi ne donnerait-on pas des exercices supplémentaires aux joueurs ? On les prendrait à part après l'entraînement pour leur montrer, par exemple, comment exécuter une vraie passe au sol et leur demander de s'exercer à en faire pendant une vingtaine de minutes. Ils sentiraient la différence, qu'un ballon qui cahote sur le terrain est une passe molle. Elle semble plus facile *a priori*, mais dans la pratique, elle est plus difficile à contrôler et demande plus de concentration au récepteur. La réception d'une passe molle est souvent mauvaise, à cause de la concentration qui est automatiquement moins bonne. Alors que si l'on frappe fort, la concentration du récepteur est maximale et il fait moins d'erreurs.

A dépend toujours de B et vice versa. Pourtant, trop souvent encore, on regarde le jeu de A et le jeu de B séparément, alors qu'ils forment un tout.

Le physique et le mental sont, dans tous les cas, subordonnés au jeu. Ces deux éléments doivent être développés dans l'optique du foot. Donc, on commence par jouer au foot et on cherche ensuite à déterminer les causes d'un mental défaillant. Cela, c'est dans le cas où l'équipe ne fonctionne pas bien, car quand cela fonctionne, pas de problème. Quand le foot est bon, cela vous donne une telle énergie positive que le mental et le physique ne posent pratiquement jamais de problème. C'est comme quand on faisait du foot après l'école. On était fatigués, alors ? Non. On n'était jamais fatigués. C'est la même sensation quand le foot est bon.

Il y a aussi tout ce qui tourne autour du foot. Les journaux, par exemple, qui y vont de leurs petits articles. Dès que tu commences à gober leurs histoires, t'es foutu. Il ne faut pas les croire ; le seul qu'il faut croire, c'est l'entraîneur. Les journaux sont écrits pour être vendus. C'est toujours sympa de lire des critiques positives, mais le contraire l'est moins et souvent, cela n'a pas grand-chose à voir avec les conseils de l'entraîneur. Il ne faut donc pas confondre les commentaires des journaux et ceux de l'entraîneur.

Ainsi, à Barcelone, les journaux ne parlent que de Messi, Neymar et Suárez, mais que seraient-ils sans les superbes passes d'Iniesta et de Busquets, qui leur permettent de marquer ? Je ne suis pas en train de juger ou de rabaisser d'excellents footballeurs, je tiens seulement à rappeler que s'ils jouent bien, c'est aussi grâce au reste de l'équipe.

À tel point qu'un ballon trop lent à l'arrière pose des problèmes à l'avant. Souvent, dans le foot, tout se joue sur un mètre. Si le ballon va lentement, l'adversaire a le temps de venir un mètre plus près de moi. Si le ballon va vite, il y a de grandes chances pour que l'adversaire n'arrive pas à temps. C'est de ce genre de détails dont je parle. Il y en a énormément dans le football de haut niveau. Ils sont déterminants pour la qualité du jeu.

Comme peu de coachs sont capables d'apprendre aux joueurs à maîtriser ces détails, on voit que les priorités sont mises ailleurs, souvent aux dépens des joueurs talentueux. J'aime les joueurs techniques, qui sont aussi capables de penser dans l'intérêt du collectif. J'ai déjà mentionné Iniesta et Xavi. Si on ne les avait pas vus jouer au centre, on aurait pu penser que seuls des footballeurs au physique imposant et des coureurs infatigables pouvaient occuper cette position. C'est d'ailleurs ce que pensent de nombreux coachs, parce qu'ils ont choisi une tactique dans laquelle il faut plus de muscles que de technique. De meilleurs joueurs en font les frais.

On le remarque également dans l'application du 4-3-3. Ce système a été mis au point pour le football néerlandais, mais de nombreux coachs n'ont plus l'expérience de ce jeu offensif. On voit donc de plus en plus d'équipes qui reculent en cas de perte de balle et misent sur une contre-attaque. Mais ceux qui ont l'audace d'appliquer le 4-3-3 de la bonne manière en récolteront les bénéfices. À condition, bien sûr, d'avoir choisi les bons joueurs.

De plus, de nos jours, on vit une époque d'explication à tout-va, sur la base de vidéos, d'analyses, etc. N'importe qui peut vous donner l'explication.

Mais trouver soi-même la solution, c'est une autre paire de manches !

Prenons une contre-attaque, avec un défenseur contre deux attaquants. En courant ainsi, l'un des deux attaquants risque de se mettre hors jeu. Que faut-il faire pour l'éviter ? Que les joueurs se débrouillent eux-mêmes ! Le talent c'est, entre autres, de voir ce que l'adversaire voit. C'est vrai aussi pour les solutions. Il ne faut donc pas toujours les donner, mais laisser les joueurs les trouver eux-mêmes.

Même topo pour les coachs. Je me souviens encore très bien de notre match, à Barcelone, contre l'Atlético Madrid. Gárate était leur attaquant, et quoi que nous fassions, quelle que soit notre approche, il avait toujours trois occasions de but. On se fatiguait les méninges à trouver une parade. On essayait de se mettre à sa place, alors qu'il n'était pas vraiment un footballeur de classe internationale.

On était en train d'en discuter, quand quelqu'un a dit qu'il était très fort pour se démarquer, ce à quoi j'ai rétorqué : « Tu sais quoi ? On ne va plus le marquer. » Les autres m'ont regardé comme si j'avais un grain. Mais c'était la bonne solution. Le talent de Gárate, c'était d'attirer le défenseur dans une position d'où il pourrait facilement se démarquer en une fraction de seconde. Sur ce point, il avait un coup d'avance sur nous.

Et donc, le match suivant, on l'a laissé courir seul, on ne l'a pas suivi. On m'a d'abord dit : « C'est bien beau, ton idée, mais s'il marque deux buts ? » J'ai répondu : « Eh bien, ce sera tant pis pour nous. »

Depuis, on n'a plus jamais eu de problèmes avec Gárate. Sans adversaire, il ne savait plus quoi faire. Il ne savait plus s'orienter, car celui qui le marquait était sa boussole. On avait résolu notre problème avec lui en réfléchissant autrement. C'était quand même frappant de voir la panique que ma solution a déclenché au début. Mais il faut bien expérimenter pour voir si cela fonctionne.

C'est pourquoi, en ce qui me concerne et dans tous les cas, la base, c'est le foot. Je suis en principe contre toutes les innovations techniques dont il est question en ce moment, comme les caméras sur la ligne de but. Le football est le seul sport pratiqué avec les pieds, déjà un facteur d'erreur en soi. Et puis, il n'y a pas de time-out, ce qui complique la tâche du coach durant le match et redouble le risque d'erreur.

Les règles du jeu elles-mêmes encouragent à la subjectivité. Car pour vous, la balle a dépassé la ligne, mais pas pour moi. Du coup, après le match, on va aller dans un bar pour en discuter. Qui a raison, qui a tort, peu importe, l'important c'est que l'on en discute. Il y a de l'ambiance. On parle et on boit un verre.

Imaginons que quelqu'un à la télé montre que cette balle n'avait pas dépassé la ligne : c'est la fin de la discussion. Ce que j'aime dans les discussions sur le foot, c'est que tout le monde peut dire ce qu'il veut. Et on a tous raison, enfin presque.

Bien sûr, on a du mal à digérer qu'un but incontestable de Frank Lampard ait été refusé lors du match Angleterre-Allemagne de la Coupe d'Europe de 2010. Mais au lieu de parler de caméras, on aurait pu aussi se demander si l'arbitre ou le juge de touche étaient à la hauteur de la tâche. Ainsi, ne faut-il pas revoir la formation des arbitres ?

En même temps, si un joueur avait laissé passer une occasion en or de marquer un but durant ce match, l'aurait-on sorti du terrain sous prétexte que le ballon aurait dû se retrouver au fond des filets ? Le foot, c'est comme cela, c'est une question de talent et une question d'erreurs, sur toute la surface du terrain. On y fait continuellement de petites et de grandes erreurs. Comme se retrouver seul devant le gardien et ne pas marquer, ou rater un penalty.

Je me souviens très bien d'un match de la Coupe d'Angleterre de football, durant lequel le gardien a arrêté trois penalties. On ne va quand même pas mettre l'entraîneur à la porte pour cela ? Ou débarquer les joueurs qui ont raté les penalties ?

Quand un joueur prend un penalty, on s'attend à ce qu'il marque un but. En général, il y réussit, mais parfois pas. Alors, pourquoi devrait-on se montrer compréhensif envers un joueur qui rate une occasion, mais pas envers un arbitre qui évalue mal une situation ? On pourrait aussi se dire : « Ils sont tous sur la pelouse, qu'ils s'en sortent ensemble, voilà tout. »

Il faut évidemment que tout le monde remplisse les mêmes conditions. Les joueurs sur le terrain ont suivi une formation de pointe, il faut donc que l'arbitre et ses assistants aient eux aussi suivi une formation de pointe. Mais comme le foot est un jeu dans lequel on commet des erreurs, l'arbitre et ses assistants continueront à en faire. Tout comme il arrive aux meilleurs buteurs de rater des occasions en or et aux meilleurs gardiens de laisser glisser un ballon entre leurs mains. Des erreurs qui seront matière à discussion pour des millions de personnes des jours, des mois et même des années après qu'elles ont été commises. C'est cela, la beauté du foot et c'est cela qu'il faut absolument conserver.

Voilà pourquoi le football doit absolument rester une affaire de footballeurs. En ce qui me concerne, je mène toujours ma réflexion en partant de ce qui se passe sur le terrain. Du bas vers le haut, du terrain vers la direction. C'est peut-être un peu primitif, mais c'est ainsi que je réfléchis. C'est pour cela d'ailleurs que je me suis si souvent accroché avec les dirigeants. Ils veulent décider du haut de leurs bureaux de ce qui se passe sur le terrain, alors qu'à mon avis, c'est au terrain de donner le ton.

C'est la raison pour laquelle je mets toujours les dirigeants à la seconde place. L'expérience m'a appris qu'ils regardent presque tous du haut vers le bas. Dans cette perspective, on se sent souvent supérieur, et on essaie de convaincre l'autre que l'on a raison. Alors que si l'on part du bas vers le haut, les choses se présentent sous un autre angle, et ils n'y sont pas habitués. Les rôles sont inversés. Ce n'est plus eux qui vous disent quoi faire, c'est vous qui faites les propositions. Et en général, c'est là que cela coince, car la plupart du temps, ils trouvent que vous divaguez, simplement parce qu'ils n'ont pas appris à travailler ainsi.

Baser sa réflexion sur le foot est pourtant l'évidence même. Et cela devrait l'être pour ceux qui encadrent les gens qui font partie d'un club. Ils devraient comprendre que leur fonction à la tête du club, c'est d'accompagner les processus que d'autres mettent en route.

Ne soyez donc pas des décideurs. Le décideur, c'est celui qui décide de tout pour les joueurs et pour l'équipe. Il indique si un joueur doit s'entraîner à l'endurance, au sprint ou que sais-je encore. Ce n'est pas le boulot d'un directeur ou d'un manager. Un directeur s'occupe de la logistique, analyse les besoins du « terrain » et trouve les meilleures solutions. Voilà ses tâches.

Le terrain, lui, doit sentir ce que veut le public, le client qui est roi. Car il ne faut pas oublier que le foot de haut niveau, c'est du divertissement et qu'il est là pour les fans. Cela a toujours été ma philosophie et je n'en changerai jamais. Quand on voit que les stades sont parfois presque vides en Italie et qu'en Angleterre, on marque si peu de buts en Premier League, on se demande sérieusement si ces deux grandes nations du football sont sur la bonne voie. Et ce sont précisément deux pays dans lesquels le commerce a beaucoup trop d'emprise sur le foot.

À présent que la Chine s'intéresse au foot de haut niveau, il est certain qu'à l'avenir, cette emprise ne fera qu'augmenter. Que les Chinois veuillent, eux aussi, faire partie de la grande famille du foot me semble tout à fait normal, car ce sport s'est propagé dans le monde entier. Et si l'on veut agir dans le monde, il ne faut pas négliger le sport, que ce soient les Jeux olympiques ou le football. Mais il faut maintenir un bon équilibre entre le sport et le commerce. Les Chinois peuvent bien se dire : « On achète, on achète et le public viendra », si la base n'est pas bonne, on se lance dans quoi ? Il faut être capable d'avoir une vision d'ensemble.

C'est pour cela que je suis avec intérêt le développement du foot au Japon. Les Japonais se sont mis au foot dix ans après les États-Unis et je vois entre-temps pas mal de parallèles. Aux États-Unis, on attend encore d'avoir un footballeur génial qui peut faire la différence et leur permettra de faire définitivement partie du top mondial. Au Japon, on voit qu'ils avancent étape par étape. Leurs footballeurs s'améliorent constamment et peuvent prétendre jouer à des niveaux de plus en plus haut, en Europe, également.

C'est fantastique évidemment que tous les continents aient découvert le football de haut niveau ces vingt-cinq dernières années. D'abord les États-Unis, puis le Japon et l'Australie et à présent la Chine. Un développement intéressant, mais le plus important, c'est que dans ces pays aussi, le sport reste central dans la vision globale que l'on a du foot et dans sa pratique. C'est uniquement en partant du terrain vers la direction que les États-Unis, le Japon et la Chine pourront se distinguer et ne pas être de simples copies de tout ce qui existe déjà. Un supporter américain doit pouvoir se reconnaître dans son équipe et il faudra que ce soit aussi bientôt le cas pour le supporter chinois.

À Barcelone, à l'Ajax et dans l'équipe nationale néerlandaise, j'ai remarqué combien il était important que les gens puissent se reconnaître dans l'identité footballistique d'un club, qu'ils aient l'impression de faire partie d'une communauté unique qui correspond à leur sensibilité. Et ce sentiment, c'est du terrain qu'il viendra. Si cela se passe bien et de façon professionnelle, alors le commerce et la politique n'auront plus qu'à suivre.

24

Tout le monde a compris, je suppose, que je suis grand amateur d'un sport magnifique. Quand je critique, c'est souvent parce que ce que l'on fait du foot et de ses talents m'inquiète. C'est pour cela que je vais expliquer aussi simplement que possible comment, d'après moi, il faut jouer au foot pour satisfaire les footballeurs et le public.

Tout le monde sait que j'aime l'attaque. Mais pour attaquer, il faut défendre le plus haut possible dans le camp de l'adversaire et, pour cela, il faut faire le pressing sur le porteur de balle. Pour faciliter les choses à toute l'équipe, on doit toujours créer le maximum de lignes. Le joueur en possession du ballon a donc toujours un coéquipier juste devant et un autre juste à côté de lui. L'espace entre le porteur de balle et ses deux coéquipiers ne doit jamais être de plus de dix mètres. Un espace supérieur à dix mètres augmente le risque de perte de balle.

En principe, je fonctionne avec cinq lignes, sans le gardien de but : les quatre joueurs à l'arrière, un milieu de terrain axial qui reste en retrait, deux milieux latéraux positionnés plus en avant, un attaquant qui reste en retrait ou positionné en avant et deux attaquants sur les ailes.

Avoir un style offensif, c'est jouer sur l'espace qui va du rond central de sa partie de terrain jusqu'à la surface de réparation de l'adversaire, donc sur un terrain de quarante-cinq mètres de long et de soixante mètres de large. Ce qui fait environ neuf mètres de long par ligne.

Pourquoi ces distances sont-elles tellement importantes ? Parce que si on les maîtrise, les joueurs peuvent plus facilement et efficacement reprendre les positions les uns des autres et il y a toujours assez de joueurs derrière le ballon. Regardez bien et vous verrez que dès que le Barça fait le pressing après une perte de balle, les joueurs se tiennent tous à moins de dix mètres d'un coéquipier. De plus, tout le monde est en mouvement, ce qui fait que la récupération peut se faire vite et bien.

C'est sur ce premier point que de nombreuses équipes néerlandaises font leur première erreur de calcul : le milieu de terrain axial joue trop souvent en avant et non en retrait. Ce qui fait qu'il fonctionne généralement comme un deuxième attaquant, derrière l'attaquant de pointe. Si l'un des deux autres milieux de terrain revient dans l'axe pour remplir l'espace ainsi laissé vacant, le défenseur ou l'ailier sur son flanc n'aura pas dix mètres, mais vingt mètres à défendre. Résultat, les joueurs perdent le contrôle et s'orientent mal entre eux.

À l'avant, il y a donc de la place pour un attaquant et deux joueurs sur les ailes. L'attaquant peut être soit un dribbleur, soit un renard des surfaces, cela n'a pas d'importance pour la conservation des cinq lignes. Les deux meilleurs footballeurs qu'ont connus les Pays-Bas étaient Marco van Basten et moi-même. Marco était un dribbleur et moi un renard des surfaces. Cela a fonctionné dans les deux cas.

Bref, pour attaquer, il faut défendre haut dans le camp de l'adversaire et faire le pressing. Lorsque l'on est en possession de balle, les lignes doivent être tellement rapprochées qu'une action individuelle d'un attaquant ne posera pas de problème, parce que le possesseur de balle est toujours couvert par six ou sept joueurs. De plus, il est hors de question de faire des passes latérales dans ce type de jeu : on est enfin débarrassé de cette suprématie d'apparence qu'affectionnent de nombreuses équipes néerlandaises.

Si les cinq lignes sont bien en place et si tout le monde fait ce qu'il doit faire, des triangles essentiels pour le jeu de position se créent d'eux-mêmes un peu partout. Un joueur se concentre donc sur la passe, un autre sur la réception du ballon et un troisième se démarque, pour que l'on puisse ensuite lui repasser la balle.

Bref, on se complique parfois incroyablement la vie dans le foot, alors que tout fonctionne tellement mieux dans la simplicité. Attaquer, c'est donc, surtout, faire bon usage de la technique, utiliser l'espace, défendre haut dans le camp de l'adversaire, tout en faisant le pressing.

Allons plus loin, tout en gardant le principe des cinq lignes à l'esprit. Il est essentiel de comprendre qu'une attaque se construit dès que le gardien touche le ballon. C'est lui le premier attaquant. Lorsque le gardien a le ballon, la défense réagit plus vite que l'attaque ; souvent, l'un des deux défenseurs s'est démarqué et est parti vers l'avant. Le jeu se construit dès que le gardien lui fait une passe.

L'ailier doit effectuer une montée en profondeur pour créer une ouverture dans laquelle le défenseur va se glisser. Entre-temps, le premier rideau défensif adverse (leurs attaquants) est éliminé et notre attaque est en cours. Ensuite, l'adversaire doit faire des choix pour arrêter la progression du défenseur. Tout l'art est alors de bien anticiper ces choix.

Je vais à présent donner deux exemples simples dans lesquels la coopération entre les lignes est essentielle. Commençons par le cas d'un attaquant qui se dirige vers la droite. L'un des deux défenseurs centraux doit le suivre et l'autre s'avancer pour éviter ainsi que le défenseur gauche qui se présente ne crée une situation de supériorité numérique. À ce moment-là, on a réussi à entraîner l'ailier gauche et l'attaquant dans une situation d'un contre un.

L'arrière gauche a une deuxième possibilité : c'est de faire une passe sur une distance de vingt mètres au maximum dans les pieds de l'attaquant, qui jouera le ballon sur le milieu droit qui surgit à ce moment-là. Si ce dernier a démarré à temps, il aura une avance sur son adversaire et pas mal de situations d'un contre un peuvent alors se mettre en place sur le côté droit du terrain.

Le but de ces variantes est de surprendre l'adversaire et de créer le chaos. Revenons à mon premier exemple. Si l'arrière gauche a réussi via les milieux de terrain à faire une passe à l'ailier gauche et que ce dernier réussit à se débarrasser de son adversaire, tout est possible devant le but. Dès que le ballon est centré, l'attaquant court du côté droit vers le premier poteau, créant à nouveau une ouverture pour l'avant-centre droit qui s'avance. C'est ainsi qu'un milieu de terrain comme Johan Neeskens a toujours marqué beaucoup de buts.

En outre, au cours d'une telle attaque, les trois quarts de l'équipe courent derrière le ballon ; tout le monde est donc tourné vers le but. On supprime ainsi le risque d'une contre-attaque, la couverture du terrain est intacte en cas de perte de balle, et une défense haut dans le camp de l'adversaire peut immédiatement se mettre en place.

De plus, il est absolument fondamental que le gardien de but et le reste de la défense mettent immédiatement tout le monde en position dès que l'arrière gauche est en possession de balle. Alors qu'une partie de l'équipe attaque, sa défense et son milieu de terrain sont déjà prêts à réagir de manière adéquate en cas de perte de balle.

On peut essayer de forcer une perte de balle en demandant à un attaquant de mettre le pressing sur le gardien dès qu'il est en possession de balle. On accélère ainsi le tempo et le gardien est obligé d'agir plus vite. Une défense et un milieu de terrain déjà en position à ce moment-là compliquent encore les choses pour l'adversaire.

L'attaquant est ainsi le premier défenseur, alors que peu de temps avant, son gardien était encore le premier attaquant. Ce qui montre qu'en tant qu'individu et qu'en tant qu'équipe il faut toujours avoir un temps de réflexion d'avance.

Il est relativement simple de s'entraîner à ce type de football. C'est pour cela que je suis étonné que les équipes néerlandaises ne soient plus capables de construire ce type d'action. Depuis, la passe latérale est devenue la norme, alors qu'elle diffère les problèmes, mais ne les résout pas.

L'espace sur le terrain est le fil rouge de ma vision du jeu : il s'agit surtout de créer de l'espace pour soi-même. Pour ce faire, la phase de préparation de l'action est cruciale. À ce moment-là, il faut souvent faire le contraire de ce que l'on aimerait faire.

Quelques exemples : si un ailier veut qu'on lui fasse une passe dans les pieds, il devra d'abord aller en profondeur, puis revenir pour recevoir plus facilement le ballon. De même, pour que ton coéquipier puisse faire une passe en profondeur, il faut parfois commencer par faire une passe en retrait. Et enfin, juste avant de tirer un corner, il faut courir vers le ballon pour qu'il y ait moins de défenseurs dans la surface de réparation.

Ce genre de situation dans laquelle il faut faire le contraire de ce que l'on aimerait faire se retrouve dans chaque position, et certainement à l'avant ! Ce n'est pas seulement l'action qui est importante, mais aussi son anticipation par le reste de l'équipe. Une relance ne doit donc jamais être une action isolée. Ce que j'aime dans le foot, c'est que chaque action, quelle que soit sa position sur le terrain, est, par définition, liée à d'autres actions.

Prenons l'exemple de l'ailier dont je viens de parler. Pour entrer en possession de balle, il doit commencer par aller en profondeur, ce qui crée une ouverture. Mais, si à ce moment-là, l'attaquant se lance dans cette même ouverture, elle se referme pour l'action de l'ailier.

Cela m'énerve d'entendre quelqu'un dire, par facilité, qu'un ailier a commis une erreur, alors que d'autres joueurs ont créé le problème. Je ne compte plus le nombre de fois où je me suis accroché, quand j'étais coach, avec des journalistes qui critiquaient le jeu : ils n'ont vu qu'un seul joueur faire l'action et le jugent là-dessus. Ils ne voient donc pas qu'il joue mal à cause d'un coéquipier qui l'empêche d'utiliser ses capacités. Alors que la réussite ou l'échec d'un ailier dépend de la symbiose entre la phase de préparation et l'action elle-même.

L'ampleur de ce problème se remarque surtout lorsque l'adversaire doit continuer le match à dix. C'est censé être un avantage, mais on voit de plus en plus souvent que c'est l'équipe avantagée qui a des ennuis. Tout à coup, ils ne savent plus quoi faire avec l'espace, parce que, pour en concéder moins, l'adversaire est revenu en arrière. On fait alors souvent tourner le ballon à l'arrière et on ne fait pas assez le pressing sur l'adversaire.

La seule façon d'éviter cela, c'est de jouer un contre un sur tout le terrain. Premier avantage : le rythme s'accélère énormément. Aucun adversaire ne peut jouer le ballon tranquillement et, s'il le perd, il y a immédiatement création d'espace. La situation d'inégalité numérique devient intéressante. À ce moment-là, toute l'équipe doit utiliser l'espace pour que le joueur supplémentaire tire un rendement maximum de son action.

Si l'on joue de cette façon, l'adversaire n'a pas droit à l'erreur, mais vous, oui, parce que vous avez un joueur supplémentaire qui opère entre les défenseurs et les milieux de terrain, où il doit impérativement se tenir pour augmenter ses chances de ratisser les ballons, ce qui maintient la pression.

Jouer de cette façon ne garantit évidemment pas la victoire, mais cela permet d'avoir cinq ou six possibilités de buts.

Il est également judicieux d'apprendre la façon de bien faire jouer un coéquipier et mal un adversaire. Par exemple, on aide un coéquipier en faisant la passe sur sa bonne jambe. Cela a l'air simple, mais combien de fois ne voit-on pas, lorsque l'équipe est sous pression, qu'un coéquipier fait une passe sur le pied droit d'un gaucher ?

Il faut aussi apprendre à manipuler l'adversaire. Par exemple, si un défenseur sait que son adversaire a une préférence pour les flancs, on peut se positionner de façon à l'obliger à passer vers l'intérieur et à faire son action de la mauvaise jambe. De même, on va resserrer l'espace à l'intérieur lorsque l'on joue contre un ailier gauche droitier qui aime donc jouer dans l'axe.

On me dira que c'est le b.a.-ba. Hélas, même au plus haut niveau, certains joueurs négligent ce genre de détails. Cela vaut d'ailleurs aussi pour les coachs.

Tout le monde a les mots « tactique » et « style de jeu » à la bouche ; malheureusement, on ne les utilise pas souvent à bon escient. Prenons la tactique. Pour moi, la tactique, ce n'est pas jouer en 4-3-3, en 4-4-2 ou en 5-3-2 ; la tactique, c'est adapter son style de jeu pour désarmer l'adversaire. C'est transformer les forces de ce dernier en faiblesses.

L'art de faire mal jouer l'adversaire est surtout lié au type de joueurs que l'on met sur le terrain. C'est ainsi que les équipes anglaises défendent toujours sur un marquage individuel à l'arrière et que leurs défenseurs axiaux sont excellents dans le jeu aérien. On joue donc avec un attaquant de soutien auquel on fait surtout des passes au ras du sol et deux ailiers qui vont aller en profondeur. Cela aussi, les Anglais n'y sont pas habitués. Enfin, il faut immédiatement faire le pressing vers l'avant, pour empêcher les Anglais de construire tranquillement leurs actions, comme ils en ont l'habitude.

La différence entre un joueur qui a une bonne technique et un joueur qui en a une mauvaise, c'est la rapidité d'exécution. En mettant très vite la pression, l'adversaire doit accélérer son action, ce qui est difficile pour la plupart des défenseurs anglais. Tout simplement parce qu'ils sont habitués, en Premier League, à ce que l'adversaire se replie à l'arrière et ne se lance pas à l'avant en cas de perte de balle.

J'en arrive maintenant au point fort du Barça. C'est non seulement la présence d'un joueur comme Messi, mais aussi la façon dont l'équipe joue lorsqu'elle n'est pas en possession de balle. Dans ce cas de figure, tout le monde est sur le pont pour conquérir le ballon. Comme l'action se situe très près du but de l'équipe adverse, celle-ci est immédiatement mise en danger. De plus, l'équipe du Barça ne se fatigue pas à courir inutilement.

Jouer en avant a toujours été la marque de fabrique du football néerlandais. Hélas, nous nous sommes beaucoup éloignés de ce style. C'est dommage, d'autant plus que des équipes comme le Barça ou le Bayern Munich prouvent que cela fonctionne encore très bien. De plus, ce style de jeu est très facile à mettre en place. En premier lieu, l'équipe doit savoir ce qu'il faut faire en cas de perte de balle. Cela n'a donc pas grand-chose à voir avec la technique ou la présence d'un joueur comme Messi. L'important, c'est la mentalité que l'on transmet aux jeunes durant leur formation. L'efficacité du jeu de Barcelone doit donc beaucoup à la formation des jeunes.

C'était le cas lorsque j'y étais entraîneur et c'est encore le cas maintenant. Le choix de placer Ronald Koeman et Pep Guardiola – deux joueurs qui aiment l'attaque et qui peuvent marquer des buts – au centre de la défense va dans le même sens. Ni l'un ni l'autre n'étaient de vrais défenseurs et, pourtant, cela fonctionnait. Parce que défendre, c'est bien se positionner, agir vite et oser attaquer. Si ces trois facteurs sont présents dans l'équipe, on n'a même pas besoin de défendre.

Je veux souligner par là que, dans le foot, on doit toujours chercher à harceler l'adversaire pour le déstabiliser, quitter les sentiers battus pour sortir l'équipe adverse de sa zone de confort.

Un jeu fonctionnel peut aussi donner du beau football ; on le voit, par exemple, au moment des changements de rythme lors d'une perte de balle, surtout dans une équipe qui pratique un foot offensif et qui sait que la défense n'est pas son point fort. Si elle possède des attaquants capables de défendre en avant, les défenseurs de la partie adverse sont poussés à agir plus vite et prennent le risque de faire une mauvaise relance. Il s'agit là d'une action de défense exécutée par des attaquants, dans laquelle la défense n'a que quatre à cinq mètres à courir.

On peut imaginer de multiples d'autres façons de réduire les problèmes. Pas besoin de tactiques compliquées, il suffit de rester logique.

Malheureusement, on réfléchit de moins en moins ainsi. Aux Pays-Bas aussi. Compliquer les choses, c'est négliger les bases. Le plus important pour un footballeur, c'est toujours et encore la maîtrise des gestes simples : faire des passes, les recevoir, contrôler le ballon de la poitrine, utiliser les deux jambes et le jeu aérien. Bref, la technique de base pour laquelle tout le monde peut s'entraîner.

Pour réussir de bonnes passes simples, il faut s'entraîner inlassablement. Cela peut sembler mortellement ennuyeux, mais on apprend le geste le plus important du football. Même chose pour le contrôle du ballon : assimiler et entretenir cette compétence est très ennuyeux, mais on progresse vite.

Il faut ensuite combiner ces techniques de base avec le jeu de position. C'est pour cela que j'ai introduit le jeu de six contre six dans les compétitions de football de rue que l'on joue sur les mini-terrains Cruyff de quarante-deux mètres sur vingt-huit. Pourquoi pas quatre contre quatre, sept contre sept ou quinze contre quinze ? Tant que cela motive les gens – et surtout les enfants – à jouer au foot, c'est parfait. Tant que l'on joue au foot, c'est parfait.

Mais en matière de formation, le seul système qui fonctionne, c'est le six contre six. Cela permet aux garçons et aux filles de s'habituer en douce aux règles du vrai football. Comme il y a un gardien et cinq joueurs de champ, on peut jouer sur trois lignes. Ces trois lignes sont cependant si rapprochées qu'il faut soigner ses passes pour que le coéquipier puisse entamer son action. De plus, comme il n'y a pas de défenseur central, tout le monde est obligé de jouer un contre un, aussi bien en attaque qu'en défense.

Placé dans cette situation, un footballeur en herbe apprend automatiquement à surveiller son adversaire tout en couvrant son coéquipier. Donc, sans le savoir, il apprend le jeu de position. C'est le cas aussi pour le gardien de but, qui doit non seulement arrêter les ballons, mais aussi couvrir ses coéquipiers et parfois participer au jeu collectif.

Le six contre six est un concept idéal et instructif jusqu'à l'âge de 12 ans, inclus pour des compétitions de foot de rue. Ensuite, et quel que soit l'âge des joueurs, il peut servir pour l'entraînement, parce qu'il oblige à utiliser des techniques simples dans un petit espace et dans une situation de un contre un. Impossible de faire tourner le ballon tranquillement à l'arrière. Impossible de faire des passes latérales. On désapprend ainsi automatiquement les erreurs que font beaucoup trop de joueurs actuels.

Je veux surtout insister sur l'importance qu'il y a à faire travailler les bases aux jeunes talents dès le début de leur formation. Plus tôt ils les maîtriseront, mieux ils pourront les développer plus tard. Cela n'a pas grand sens de faire des choses compliquées si les bases ne sont pas solides.

Pour terminer ce chapitre, je vais vous dire quelle serait mon équipe idéale. C'est une équipe qui se compose des meilleurs footballeurs ayant jamais existé.

Même si, normalement, je ne suis pas partisan de former une équipe en sélectionnant les meilleurs footballeurs – en général, cela n'apporte pas grand-chose à la qualité du groupe.

Pratiquement tous les grands footballeurs, anciens et actuels, remplissent toutes les conditions requises pour réussir au top. De plus, ils sont tous exceptionnellement doués, ils peuvent donc sans difficulté fonctionner au plus haut niveau, dans une position qui n'est pas la leur. Je pense à un joueur comme Marco van Basten, qui aurait tout aussi bien pu être un arrière droit de classe internationale.

On aura compris, je crois, que c'est du côté des vrais footballeurs que je me tourne. Ceux qui possèdent une technique optimale, l'intelligence du jeu et qui, en général, sont très spécialisés. C'est ce dernier point, surtout, qui apporte une dimension supplémentaire, ce talent qui caractérise les grands footballeurs et qu'il faut utiliser au lieu de le subordonner au collectif.

Je vais le dire autrement. C'est dans l'intérêt collectif de tirer le maximum de ces talents. Tout l'art du football au top, c'est d'utiliser de manière optimale les talents dont on dispose et de former une bonne équipe. Si l'on y arrive, l'équipe s'élèvera automatiquement au-dessus de la moyenne, grâce à sa valeur ajoutée.

Pour mon équipe idéale, je chercherais donc une formule qui, dans tous les cas, permettrait aux talents de s'exprimer de manière optimale et où les qualités de l'un répondraient aux qualités de l'autre.

C'est pourquoi je choisirais comme ailiers Piet Keizer (à gauche) et le Brésilien Garrincha (à droite) ; comme milieux de terrain Bobby Charlton (à gauche) et Alfredo Di Stéfano (à droite). Brillants tacticiens et techniciens, ces deux derniers sont de grands footballeurs. Ils sont aussi solides physiquement, ce qui leur permet de fournir sans problème un travail supplémentaire pour des stylistes comme Keizer et Garrincha, au lieu que ce soit l'inverse.

Par ailleurs, je choisirais Ruud Krol (à gauche) et Carlos Alberto (à droite) comme défenseurs. Leur intelligence du jeu, leur technique et leur rapidité soutiendraient Charlton et Di Stéfano et, ainsi, ces milieux de terrain ne s'épuiseraient pas à courir.

Je suivrais le même raisonnement pour les joueurs évoluant dans l'axe comme Franz Beckenbauer, Pep Guardiola, Diego Maradona et Pelé. Ces deux derniers surtout se complètent parfaitement à l'avant, parce que le grand sens des responsabilités de Pelé s'associe parfaitement à l'individualisme de Maradona.

Je suis sûr que, durant un match, Pelé serait comme un père pour Maradona et veillerait sur lui. Comme les footballeurs sont sensibles à ces choses-là, Maradona trouverait un moyen de lui rendre la politesse, ce qui fait que Pelé pourrait lui aussi exploiter au maximum son potentiel.

C'est pour la même raison que le gardien de mon équipe idéale serait le légendaire Lev Yachine : une figure paternelle rassurante qui saurait faire revenir toutes ces étoiles sur terre ne serait pas malvenue au milieu d'un tel concentré de talents.

C'est à dessein que je ne parle pas d'endurance à la course. Je déteste ces mots, parce qu'on les a utilisés à tort et à travers ces dernières années. Avec pour résultat qu'aujourd'hui, un footballeur court plus et donc joue moins. Alors que le but, c'est d'utiliser l'espace pour faire courir la balle et non les jambes.

Cela m'amène tout naturellement à passer de l'analyse de jeu individuelle aux prestations collectives des joueurs. Chacun des joueurs possède la technique, l'intelligence du jeu et surtout le talent ; il faut maintenant qu'ils mettent ensemble les espaces du terrain à profit pour briller en tant qu'équipe.

J'en arrive à présent à la lecture du jeu, c'est-à-dire la capacité d'évaluer la position de chaque joueur pour garder une équipe soudée. Cela m'énerve toujours quand les lignes sont éloignées les unes des autres, car cela oblige une partie de l'équipe à couvrir d'énormes distances. Alors que le but est justement de garder les joueurs rapprochés les uns des autres, condition nécessaire pour que le ballon fasse le travail et non les jambes. Le reste repose évidemment sur la technique que demande ce type de situation.

Voilà, c'est simple comme bonjour. Il faut savoir lire le jeu pour garder les lignes rapprochées, posséder une bonne technique pour faire travailler efficacement le ballon et du talent pour terminer le boulot.

Donc rien ne sert de trop courir, il faut bien regarder et jouer.

25

Autrefois, on me disait souvent que j'étais bête parce que je n'avais pas fait d'études. Mais la vie m'a davantage appris que n'importe quel livre. L'expérience de la vie, c'est un savoir. La Fondation Johan Cruyff, par exemple, est née de ce que j'ai vu et vécu au contact de gens que j'ai rencontrés.

Je suis très fier du succès de la Fondation Johan Cruyff. Je pense que de nous deux, c'est elle qui m'a le plus apporté. Pour nous, quelqu'un dans un fauteuil roulant, c'est un handicapé, mais la personne en question ne se voit pas ainsi. Elle a des choses à faire et elle les fait. Grâce à ces gens, je ne pense plus jamais que je suis trop vieux pour ceci ou que je ne suis pas capable de cela.

C'est beau de voir ce que ces personnes déclenchent chez les collaborateurs, les bénévoles, les ambassadeurs, les parents et même des familles entières. Tous se sont mobilisés pour mener à bien le projet.

Entre-temps, je suis surtout là pour les fleurs et les compliments parce que l'on m'a, petit à petit, ôté le véritable travail des mains.

C'est une série d'événements dus au hasard qui m'a donné l'idée de créer ma propre fondation. D'abord, il y a eu Eunice Kennedy Shriver, qui m'a demandé de devenir ambassadeur des Special Olympics lorsque j'habitais en Amérique. Cette organisation avait une filière à Barcelone, dans laquelle la femme du président de la Catalogne était impliquée. Ainsi, j'ai gardé le contact lorsque je suis retourné en Espagne.

À l'époque, je ne pouvais pas faire grand-chose parce que j'étais coach du Barça et que j'étais très pris. Cela a changé lorsque j'ai partiellement arrêté mes activités footballistiques. On m'a alors de plus en plus souvent sollicité pour des événements caritatifs. Parfois, cela se passait bien, parfois, moins bien. Là comme ailleurs, j'ai appris sur le tas, en me confrontant à la réalité et en parlant autour de moi de mes bonnes et moins bonnes expériences. Et à un moment donné, quoi que l'on fasse et quel que soit le niveau auquel on le fait, on comprend que l'on ne s'en sortira qu'en demandant de l'aide.

L'idée de créer ma propre organisation pour venir en aide aux autres est née de la pratique et de la somme de diverses expériences. J'en ai parlé à mon beau-père, qui n'a réagi que lorsqu'il a compris que ce n'était pas une idée en l'air.

En 1997, Cor Coster m'a mis en contact avec l'organisation Terre des Hommes. Des responsables de cette organisation m'ont d'abord aidé à mettre sur pied la Johan Cruyff Welfare Foundation, dont le nom a ensuite été changé pour devenir plus simplement la Fondation Johan Cruyff.

Quand le moment est venu de professionnaliser la fondation, j'ai engagé Carole Thate comme directrice. Elle était capitaine de l'équipe néerlandaise de hockey et a pris contact avec nous après avoir lu un article qui parlait de mes nouvelles ambitions. Le projet l'a immédiatement séduite.

Le reste s'est fait tout seul, comme c'est souvent le cas dans ma vie. Les choses s'enchaînent parce que j'ai un esprit naturellement curieux. Terre des Hommes s'est occupé de l'organisation du projet, la Loterie néerlandaise des codes postaux a largement participé à son financement. C'est ainsi que nous avons pu ouvrir nos propres bureaux au stade olympique d'Amsterdam et, plus tard, à Barcelone, si bien qu'en un rien de temps, j'étais plongé dans un nouveau projet.

Cela m'a enrichi à bien des égards. Tout d'abord, comme je l'ai déjà dit, je me suis toujours senti attiré par la résilience dont de nombreux handicapés font preuve. Souvent, ils sont obligés de passer par une phase d'acceptation avant de repartir sur de nouvelles bases. Le sport et le jeu sont deux éléments qui leur permettent de s'aguerrir de façon ludique avant le prochain combat qu'ils auront à mener.

Un jour, dans la première période de la fondation, je me suis rendu en Inde. Cela m'a fichu un sacré coup. J'ai vu de près que des milliers d'enfants vivaient littéralement dans la rue. Un véritable choc. Je me suis alors tout de suite dit : « Il faut faire quelque chose. Je ne sais pas comment, mais il faut faire quelque chose. »

Le hic, c'est que l'on est immédiatement confronté à l'impossibilité absolue de résoudre ce gigantesque problème. Cela te renvoie à la case départ et tu te rends compte qu'il faut apprendre à se limiter en se demandant : « Qui suis-je ? Qu'est-ce que je peux faire et quels sont mes moyens d'action ? »

C'est ainsi que je me suis retrouvé parmi des gens qui ne me voyaient pas comme une célébrité, mais qui regardaient mes qualités. Ils me mettaient sur la voie et c'est dans l'action que je découvrais mes failles. Au bout d'un an et demi, j'ai constaté que la structure de la fondation demandait à être reconsidérée. Nous faisions beaucoup de choses, mais que se passait-il ensuite ? Cela me rappelait ce que j'avais déjà expérimenté auparavant : je m'engageais pour une bonne cause, mais ce qui se passait ensuite échappait à mon contrôle.

Alors, pour avoir davantage de prise sur l'ensemble, nous avons décidé de faire plus de choses par nous-mêmes. C'est ce qui m'a donné l'idée des centres de formation. Nous nous occupions de handicapés, de jeunes défavorisés par le biais du sport et du jeu. Dans ce cadre, l'expérience pratique est beaucoup plus importante qu'un savoir théorique. Et quand il s'est avéré que les formations axées sur la pratique n'existaient pas, nous avons décidé d'en créer.

Mais comment ? Avec qui et où trouver une source d'inspiration ? C'est alors que l'on se regarde dans la glace et que l'on se dit : « Mais le modèle dont il faut s'inspirer, c'est moi. » Je sais beaucoup, énormément de choses même, sur ce que j'ai toujours fait, et ce savoir, je ne l'ai pas acquis en faisant des études, mais par la pratique.

J'ai d'abord cherché si, parmi les formations existantes, il y en avait une qui aurait pu me convenir. Il n'y en avait pas. J'ai constaté, en revanche, que les cours de management sportif, que ce soit à l'université ou dans d'autres grandes écoles, se pratiquaient selon un vecteur allant de la direction vers le terrain. Exactement ce que je ne voulais pas. Je voulais, au contraire, que les cours soient pensés à partir de la situation des jeunes sur le terrain. La perspective devait être inversée. Non pas de la direction vers le terrain, mais du terrain vers la direction.

Terre des Hommes m'avait aidé à mettre la fondation en place et c'est mon gendre, Todd Beane, qui a réorganisé l'Institut Johan Cruyff selon mes vœux. Il mérite d'être complimenté, parce qu'au début surtout, il a dû se battre contre tous et contre tout – tant au niveau des écoles que des ministères.

Il fallait aussi chambouler la façon de concevoir les études. Le sportif ne devait pas se conformer au système scolaire ; c'est le système scolaire qui devait se conformer au sportif. Ainsi, l'un de ses principaux problèmes était résolu. Prenons pour exemple les Jeux olympiques d'hiver de 2014 qui se sont tenus en janvier. Pour les examens de novembre, nous avons indiqué que les sportifs devaient d'abord rapporter leurs médailles et qu'ensuite, en février, ils reviendraient pour les examens. Ou, comme je l'ai dit mot pour mot à certains étudiants : « Après les Jeux, on va te presser comme un citron, mais d'abord, tu vas aller chercher ta médaille. »

Les prestations dans le sport passent donc avant les délais et les dates d'examens traditionnellement imposés pour décrocher un diplôme. L'interaction qui s'établit ainsi permet de tirer le maximum d'un sportif. Il sait qu'après les prestations sur le terrain, il doit se donner à fond dans les études. Et cela fonctionne. Preuve en est du taux très élevé de réussite de l'Institut Johan Cruyff.

Les études qui préparent le master de management en coaching ont aussi été repensées dans l'optique des sportifs. L'un des aspects importants de ces études est que le futur coach doit commencer par bien se connaître. L'accent n'est donc pas mis sur le savoir du professeur, mais sur la connaissance que l'étudiant a de lui-même, sur ce qu'il peut faire et ce qu'il pourrait faire de plus. Il faut savoir s'analyser soi-même avant de commencer à analyser les autres. Sinon, on analyse l'autre selon ses propres critères. Alors que ce sont tes critères, pas les siens. C'est pourquoi, à un moment donné, il faut savoir sortir de soi pour jauger les capacités de l'autre et ne pas se cramponner à un jugement issu de sa propre expérience. Cela n'apporte rien à l'étudiant : c'est ton bagage, pas le sien.

Je parle ici d'un sportif qui a déjà beaucoup de qualités ; son problème est que le professeur traditionnel ne regarde pas du bon côté de la lorgnette. Il doit inverser les choses. Évidemment, cela comporte un risque, car cela peut le remettre en question. Ce n'est pas un reproche vis-à-vis des profs, mais ils sont souvent engoncés dans l'idée qu'ils doivent enseigner du haut de leur savoir. Alors que dans nos écoles, c'est une sorte d'aventure. Qu'est-ce que l'on va découvrir, quel élément doit-on travailler ? Il est frappant de voir que, chez nous, la plupart des profs se sentent bien et qu'ils ont plaisir à travailler.

Il était urgent de donner une nouvelle approche à la formation de master en management sportif. Actuellement, on voit petit à petit arriver des gens dans le sport qui réfléchissent en partant du terrain vers la direction et non le contraire. Plus on ira dans ce sens, meilleure sera la gestion du sport.

L'Institut Johan Cruyff continue à se développer, surtout par le biais des formations en ligne qui comptent des milliers d'étudiants à travers le monde et sont rattachées à des universités renommées ainsi qu'à différents clubs et fédérations. Aux Pays-Bas, l'institut continue à se développer avec les universités Cruyff, niveau HBO (BTS), et les collèges Cruyff qui ont des formations MBO (bac pro).

Si je regarde en arrière, je trouve fantastique que des points d'achoppement dans la Fondation aient donné naissance à l'Institut. Nous avons constaté que des améliorations étaient nécessaires, qu'aucune formation existante ne nous convenait ; nous avons donc décidé d'assurer nous-mêmes la formation. C'est pourquoi je suis heureux que ma fille Susila, quelqu'un qui sent et pense comme moi, fasse partie de la direction de la fondation depuis des années. Cela me rassure pour l'avenir, car c'est vraiment devenu ma chose, qui doit continuer, même quand je ne serai plus là.

Aux Pays-Bas, la fondation est actuellement dirigée par Niels Meijer, un joueur de basket de classe internationale qu'un cursus accéléré à l'université Cruyff a préparé à la succession de Carole Thate. Carole s'était entre-temps tellement investie dans la fondation, elle avait une telle connaissance de son fonctionnement, que je trouvais qu'elle était capable de s'occuper de tout le management. C'est ma façon aussi de régler mes propres problèmes.

Carole a réuni toutes mes activités sous le nom Le Monde de Johan Cruyff, qui comprend, en plus de la fondation et des écoles, le Cruyff classique, le Cruyff Football et la librairie Cruyff.

Ce qui avait commencé comme un projet pour enfants handicapés est devenu une organisation qui compte de nombreuses branches. Par exemple, les Cruyff Courts, les petits terrains de foot de quartiers pour que les enfants des villes sortent plus souvent jouer dans la rue.

Encore une idée qui est née d'une série d'expériences. Cela a commencé avec les 6IX, suivis des adieux d'Aron Winter avec du football sur une pelouse artificielle au Concertgebouw. Cette pelouse artificielle, on en a fait ensuite cadeau à la ville de Lelystad. Cela a été le premier Cruyff Court. Ce qui a commencé en 2003 dans une des plus belles salles de concert des Pays-Bas a résulté en 2016 en 208 mini-terrains dispersés dans le monde entier. Ce qui est sympa, c'est qu'un grand nombre de ces courts ont été adoptés par des footballeurs qui leur ont donné leur nom.

À présent, le gagnant du prix Johan Cruyff décerné au « Talent néerlandais de l'année » peut choisir l'emplacement d'un nouveau mini-terrain baptisé à son nom. Je trouve cela formidable. On essaie ainsi de donner aux joueurs les plus talentueux, qui, bien que jeunes encore, font déjà figure d'exemple, une autre forme de responsabilité.

Depuis, on a arrêté de construire des mini-terrains dans les quartiers, surtout aux Pays-Bas, où l'espace n'est pas illimité. Et puis nous avons constaté qu'il y a un endroit où les jeunes doivent se rendre pratiquement tous les jours : l'école. Nous avons donc visité des écoles et remarqué que chacune avait une cour de récréation – souvent l'endroit le plus triste de l'établissement.

Nous avons donc décidé de rencontrer les enfants et le personnel des écoles pour discuter ensemble de ce qui pourrait rendre les cours de récréation plus attractives. C'est ainsi qu'est né le projet Schoolplein 14 (Cours de récré 14). Depuis, nous sommes dépassés par la demande, mais ce problème aussi, nous allons le résoudre, car il faut que chaque école ait un endroit où les enfants puissent jouer et faire du sport quand ils le désirent.

Ainsi, nous réduisons les risques de diabète chez les enfants parce qu'ils bougent davantage et, dans la foulée, nous résolvons un autre problème. La grande différence entre la société d'aujourd'hui et celle d'autrefois, c'est que, bien souvent, les deux parents travaillent. Ce qui pose des problèmes de garde périscolaire. Maintenant, grâce aux Cruyff Courts, les parents peuvent emmener leurs enfants un peu plus tôt à l'école et lorsque les classes commencent, ceux-ci ont déjà eu une demi-heure de sport.

Dans certaines écoles, cela fonctionne tellement bien qu'ils sont déjà passés à l'étape suivante. Ils organisent toutes sortes de compétitions internes, puis des compétitions avec les autres écoles. Comme quoi, quand on pense logiquement, on trouve des solutions simples à tout. Exactement comme dans le sport. J'ai souvent dit : « Jouer simplement au football, c'est la chose la plus difficile qui soit. » Mais si tu as les qualités de base, tu y arriveras. Parce que cela encourage à penser le plus efficacement possible.

C'est pourquoi le monde du sport est le plus beau monde qui soit. Le problème, c'est que, de nos jours, le football est entre les mains de gens qui ne jouent pas au foot. Finalement, il n'y a plus qu'à attendre que tout cela se casse la figure et espérer que l'on saura en tirer les leçons.

J'ai essayé de remédier à la pénurie de footballeurs parmi les dirigeants des clubs en créant ma fondation, mes écoles et autres activités. J'ai les qualités de base, mais je ne maîtrise pas tout. C'est ce qui m'a poussé à mêler sport et études, comme j'avais pu l'observer de près en Amérique. Ce sont de ces choses que je sauvegarde apparemment dans un coin de ma tête et qui, des années plus tard, remontent à la surface et se concrétisent. Souvent un peu par hasard. Une opportunité se présente, on cherche à la saisir, et de fil en aiguille quelque chose d'indéfinissable se met en branle, machinalement. Plus tard seulement, cela fait tilt et je comprends ce qui m'a inspiré.

C'est ce que je veux dire, quand j'affirme que la vie m'a plus appris que n'importe quel livre. L'expérience de la vie est aussi un savoir qu'il faut partager. Par exemple, si la fondation a besoin d'informations sur la meilleure façon de faire prospérer un mini-terrain ou une cour de récré, elle peut demander aux étudiants de l'Institut Johan Cruyff de faire des recherches et d'écrire un petit mémoire sur le sujet. C'est quelque chose qui se fait tout naturellement et c'est bien ainsi.

En Amérique, les organisations sportives sont bien conçues, parce que, là-bas, les formations sportives font partie intégrante du système éducatif – une grande différence avec l'Europe. Si nous voulons faire du sport, nous devons passer par un club dont il faut être membre. En Amérique, on a peu de chances d'entrer dans le circuit professionnel si on n'est pas scolarisés. Ainsi, on ne forme pas seulement des sportifs de haut niveau, mais aussi des étudiants qui, plus tard, seront actifs dans le domaine de la gestion, du marketing et de la finance dans le sport.

J'ai beaucoup de respect pour Guus Hiddink qui, quand il était sélectionneur, a réussi, contre vents et marées, à imposer à la fédération un cursus court pour les anciens internationaux. Au lieu de les faire étudier pendant quatre ans, il a pris Frank Rijkaard et Ronald Koeman comme assistants et les a laissés suivre une formation en même temps. Ils ont obtenu leur diplôme après la Coupe du monde 1998, lorsque la sélection néerlandaise a été jusqu'en demi-finale.

Plus tard, Philip Cocu et Frank de Boer ont pu également profiter de l'arrangement. Tout cela grâce à Guus. On a besoin de gens comme lui pour changer la façon traditionnelle de penser dans le sport, cette vision qui fait que ce sont les dirigeants qui décident de ce qui se passe sur le terrain – la cause de bien des problèmes actuels.

J'ai été très honoré que Guus Hiddink m'invite aux Jeux paralympiques, une expérience inoubliable. On se plaint de la crise, mais là-bas, à Londres, j'ai vu des sportifs qui, en dépit de toutes les difficultés auxquelles ils sont confrontés, donnent le meilleur d'eux-mêmes et essaient constamment d'améliorer leurs prestations. Ce sont des modèles pour moi. Les Paralympiques nous offraient aussi l'occasion, par le biais des stages des talents, de donner un avant-goût des Jeux olympiques de Rio 2016 à plusieurs sportifs handicapés attachés à la Fondation Johan Cruyff.

C'est ainsi que l'on devrait travailler en se tendant la main pour améliorer la situation. Seul, on ne s'en sort pas. Il faudra bien que l'on apprenne à travailler ensemble. C'est le genre de lien que nous voulons créer entre différentes branches de la fondation, comme entre les Cruyff Courts et les Cours de récré 14. Les autorités pourraient les utiliser en intégrant les clubs de gym et de sport dans les écoles. Je dirais même plus : les jeux de plein air devraient être une matière scolaire.

L'État ferait de belles économies si les gens vivaient plus sainement. Actuellement, le diabète menace d'être un fléau pour la jeunesse, qui bouge beaucoup moins qu'avant. Les jeunes passent des heures sur les bancs de l'école et à faire leurs devoirs, sans compter les heures devant l'ordinateur ou la télé. Nous devons donc tous nous retrousser les manches pour leur venir en aide, leur faire comprendre que ce n'est pas bon pour eux, tout en leur proposant une alternative.

En cela, je suis un idéaliste. En fait, dans tout ce que je fais, que ce soit le foot, la fondation, les écoles, tout, j'essaie toujours de rester positif et, surtout, de bien souligner que rien n'est impossible. Cela m'est resté des cours de religion à l'école. Je crois, mais pas en l'Église. Chez moi, ce serait plutôt une façon de penser et de se comporter, sans entrer dans les détails d'une religion ou d'une autre.

C'est la philosophie derrière les religions qui m'intéresse. J'ai mes quatorze règles, la religion a ses dix commandements. Ce sont les bases d'une philosophie. Comment est-ce que l'on se comporte avec les autres, qu'est-ce que l'on fait avec eux ? En cela, toutes les religions se rejoignent, elles vous aident à vous orienter sans basculer dans l'extrême. Et l'on se laisse inspirer par tous ces gens qui ont fait de grandes choses. On reste ébahis devant ce qu'ils ont accompli.

J'ai lu une fois un article sur la construction des pyramides en Égypte. Il s'avère que certains chiffres concordent parfaitement avec les lois de la nature. Tu te dis alors : « Mais comment quelqu'un a-t-il pu construire quelque chose sur la base de calculs qui, aujourd'hui encore, correspondent parfaitement aux phases de la lune et autres phénomènes que j'ignore ? Les gens de cette époque devaient avoir quelque chose que nous n'avons plus, alors que nous sommes persuadés d'être beaucoup plus savants que nos ancêtres. Prenons Rembrandt et van Gogh, par exemple. Qui est capable de les égaler ? »

Plus je réfléchis, plus je suis persuadé que, finalement, tout est possible. Si l'on était capables d'accomplir l'impossible il y a trois mille ans, pourquoi pas aujourd'hui ? J'applique cette pensée au football, mais aussi aux Cruyff Courts et aux Cours de récré 14. En ne me contentant pas de faire ce que l'on fait, mais en essayant d'y ajouter un petit quelque chose en plus.

J'en viens aux quatorze règles affichées dans tous les Cruyff Courts et toutes les Cours de récré 14. Elles ont été pensées pour faire comprendre à la jeunesse que les règles de jeux et de foot peuvent aussi s'appliquer à la vie quotidienne. Pour les inventer, pas besoin d'être un génie des mathématiques, car elles naissent d'elles-mêmes quand on participe ensemble à un projet et qu'un verre à la main, on se dit : « Ce n'est pas encore tout à fait cela, il manque un petit quelque chose. » J'adore m'occuper de sport de cette façon-là.

LES 14 RÈGLES DE JOHAN CRUYFF

1. Technique
   « La base »
2. Tactique
   « Savoir ce que l'on fait »

3. Créativité
« Beauté du sport »
4. Apprendre
« La pratique conduit à la perfection »
5. Développement
« Un esprit sain dans un corps sain »
6. Responsabilité
« Faire partie du leadership »
7. Respect
« Reconnaître ce qu'il y a de bien dans l'autre »
8. Coacher
« Toujours s'entraider dans une équipe »
9. Jouer ensemble
« L'union fait la force »
10. Initiative
« Oser faire »
11. Personnalité
« Sois qui tu es »
12. Esprit d'équipe
« Seul, on ne peut pas gagner »
13. Intégration
« Partager le plaisir de jouer avec les autres »
14. Implication sociale
« La base de tout, aussi dans le sport »

26

Les conflits avec l'Ajax et Barcelone m'ont appris que la vie peut prendre des tournants aussi étranges qu'inattendus. C'est pourquoi je la prends comme elle vient et si j'y arrive, c'est grâce au rôle central que tient ma famille dans ma vie.

Malgré tous nos déménagements, nous sommes restés une famille très unie. Personne n'a été mis hors jeu. C'est ce qui m'a permis de ne pas me décourager dans les moments difficiles. J'ai toujours senti que j'étais couvert, notamment par Danny, ma femme, et dans tous les endroits où j'ai vécu, aux Pays-Bas, en Espagne ou en Amérique, j'avais auprès de moi ceux qui donnaient un sens à ma vie : Danny, les trois enfants, les trois chiens et le chat. Partout, leur présence transformait la maison en foyer.

Je ne me demande pas ce qu'il se serait passé si je n'avais pas quitté l'Ajax en 1987. Cela aurait servi à quoi ? Quand je vois mes petits-enfants qui sont nés en Espagne, quand je vois comme mes enfants sont heureux à Barcelone, je me dis que tout est bien ainsi.

Mais la nostalgie des Pays-Bas ne m'a pas quittée. Je suis et demeure fier de mon pays, avec ses avantages et ses inconvénients. C'est un petit pays, mais il regorge de qualités. Nulle part au monde, on ne trouve autant de multinationales au kilomètre carré. New York elle-même nous a appartenu avant que nous ne la vendions. Les Néerlandais, par contre, ne sont pas toujours très accommodants. J'en suis d'ailleurs un bon exemple, car quand il faut râler, je ne suis pas le dernier. Mais nous sommes un peuple formidable et je ne cesserai pas de le répéter à mes enfants et petits-enfants.

Après tout ce que nous avons vécu, on comprendra que Chantal, Susila et Jordi n'ont pas eu une enfance ordinaire. De plus, ma renommée a toujours pesé sur ma famille. Quand j'avais joué un match superbe, j'étais le roi. Pas seulement auprès des supporters, également dans la cour de récréation. Par contre, si mes prestations étaient moins bonnes, mes enfants se faisaient charrier. Je leur ai toujours répété : « Que je joue bien ou que je joue mal, je suis toujours votre père et en tant que père, je ne change pas, je suis toujours le même papa. »

C'est surtout Danny qui s'est chargée de l'éducation des enfants. Elle a été élevée à la spartiate et elle leur a transmis ses normes et valeurs. Ainsi, pour la Saint-Nicolas, nos enfants achetaient des cadeaux pour des enfants moins bien lotis qu'eux. Ils les empaquetaient, puis les distribuaient dans divers orphelinats. Danny était le cerveau derrière ce genre d'initiatives.

Nous avons aussi appris à nos enfants à écouter leur cœur sans pour autant rechigner à demander conseil. C'est important de se faire conseiller, cela permet de bien peser le pour et le contre avant de prendre une décision. Ensuite, que l'on gagne ou que l'on perde, que l'on rejette la faute sur nous ou que l'on nous jette des fleurs, de toute façon, il faudra bien apprendre à vivre avec.

Après sa carrière de footballeur, mon Jordi est entré dans la seconde phase de sa vie et il continue de se développer. Cela m'amuse de voir que lui aussi est têtu comme une mule et qu'il fait ses erreurs. Nous sommes très ouverts l'un avec l'autre à ce sujet, nous pouvons discuter de tout. Mais les décisions importantes, c'est toujours lui qui les prend.

Danny m'a aidé à garder les pieds sur terre, à maintenir une forme d'équilibre. Je pense que tout, dans la vie, est une question d'équilibre. On cherche inconsciemment ce que l'on n'a pas. Je n'y connais rien en vêtements, en couleurs. Elle oui. Danny a la main verte aussi. Je l'aide un peu dans le jardin, mais je ne suis pas jardinier. Je ne vois pas ce qu'il faut faire. Elle s'occupe de toutes les choses auxquelles je ne pense pas, mais qui sont importantes pour quelqu'un comme moi. Par exemple, il y a toujours des fleurs à la maison. Cela ne me vient pas à l'idée d'en acheter, mais c'est super agréable de les sentir et de les voir en rentrant. Je crois que c'est la base. Une forme d'équilibre entre elle et moi, dans lequel l'un ne prend jamais le pas sur l'autre.

En ce qui concerne le sport, nous avons laissé les enfants choisir s'ils voulaient en faire ou non. L'un a fait du football, l'autre de l'équitation. Mon aînée, Chantal, est probablement celle qui avait le plus grand potentiel ; elle est pourtant la moins sportive des trois. Quand elle devait faire de la course à pied, de la natation ou n'importe quoi d'autre, elle était la meilleure, mais dès qu'elle entendait le mot « entraînement », elle se mettait aux abonnés absents. Elle n'a jamais suivi le moindre entraînement.

Susila était beaucoup plus fanatique et elle a atteint un haut niveau en équitation. À l'époque, elle sautait la barrière à 1,45 m. C'est vraiment très haut. Elle a commencé l'équitation à Amsterdam, après notre retour d'Amérique. Elle a continué à en faire après notre départ pour Barcelone. Elle affichait de bons résultats et il s'en est fallu de peu qu'elle rejoigne la sélection espagnole pour les Jeux olympiques. Elle a même fait un stage auprès du célèbre John Whitaker, un cavalier britannique de haut niveau avec lequel elle a encore quelques contacts.

Mais alors qu'elle s'apprêtait à atteindre le top, elle a eu un problème au genou. Les muscles qui retiennent sa rotule en place ne fonctionnaient plus.

C'était triste pour elle, mais cela ne l'empêche pas d'être toujours aussi passionnée par les chevaux. Le fils de Chantal tient un peu d'elle et il saute maintenant 1,40 m.

En ce qui concerne le football, j'ai un peu passé le témoin à Jordi. Je ne sais pas si Jordi le passera à son tour à l'un de nos petits-enfants, mais les autres ont le bon mental et sont excellents côté technique. Donc, qui sait ? Ils ont encore un long chemin à parcourir. Un très long chemin.

Mes enfants se sont forgés de fortes personnalités. Ils travaillent dur, parlent plusieurs langues – Chantal en parle sept – et ils ont construit leur vie comme ils l'entendent. Bien que nous soyons une famille très liée, nous nous laissons libres. Chacun de nous s'envole constamment aux quatre coins du monde pour vaquer à ses occupations, mais où que nous soyons, nous nous téléphonons régulièrement, nous restons en contact. Toujours.

À présent j'ai huit petits-enfants – six garçons et deux filles adoptées. Bien que j'aie eu des problèmes cardiaques assez jeune, j'ai vécu assez longtemps pour les connaître tous les huit. Une délicieuse expérience qui ne cède en rien à la paternité. Je suis passé sans problème de papa à papy. Je n'ai jamais l'impression qu'une période se ferme, mais plutôt que je suis riche d'une expérience supplémentaire. Mes enfants sont mes enfants, mais mes petits-enfants le sont aussi, même s'il y a vingt ans d'écart entre eux. C'est comme la vie, qui est un perpétuel mouvement en avant. Et qui vaut tellement la peine d'être vécue.

Si l'on me demandait ce qui m'est arrivé de plus beau dans la vie, je dirais que c'est ma femme, mes enfants et mes petits-enfants. Grâce à eux, je me sens riche. Très riche.

27

J'ai eu une vie riche et bien remplie que je peux contempler tranquillement. En tout cas, elle a été intense. En fait, j'ai vécu cent ans. Depuis mon plus jeune âge, j'ai pris la vie comme elle venait. Avec de beaux moments et des revers qui, je l'ai constaté, ne sont pas toujours imputables à des erreurs. Par contre, ce sont des avertissements, des signaux d'alarme qui vous incitent à rectifier le tir. Quand on a acquis cette façon de penser, toutes les expériences deviennent positives. Elles vous enrichissent. Et vous apprennent à être déçu, mais jamais triste.

Heureusement, j'ai pu surmonter tous mes déboires. Mais ce n'est pas par hasard. Je suis un attaquant, je n'ai peur de personne et je suis inventif. Je ne suis pas du genre à rougir de honte. Pas même lorsque j'ai perdu des millions avec cette histoire d'élevage de cochons. Je me suis très vite rendu compte que je m'étais conduit comme un imbécile.

Quelle idée, en effet, pour quelqu'un qui joue si bien au foot, qui est un expert en la matière, d'aller se mêler d'élever des cochons.

Quand on a le courage de se regarder en face, il n'y a plus de place pour la honte ; il faut simplement tirer la leçon de l'aventure. Et l'erreur commise vous remet sur le droit chemin. Il ne reste plus alors qu'à prendre sa revanche, et, par bonheur, c'est quelque chose que je fais plutôt bien.

J'ai eu la chance de croiser un bon nombre de gens intéressants sur ma route. Cela peut paraître bizarre, mais du fait de ma vie hors du commun, pour moi, personne n'était inapprochable. Une des premières personnalités avec qui j'ai été en contact a été Frits Philips[1]. Anton Dreesmann[2] était, lui aussi, quelqu'un auquel je pouvais toujours téléphoner. Tout comme Horst Dassler, de la société Adidas. Je le rencontrais, on discutait un peu, il me parlait de choses auxquelles je n'avais jamais fait attention. Je prenais tout mon temps pour l'écouter… alors que Puma était mon sponsor.

Je fréquentais aussi Pieter Winsemius, l'ancien ministre. J'étais toujours le bienvenu chez lui. Quand il m'expliquait quelque chose, ce n'était jamais du haut de sa position, mais à partir de sa grande expérience. De même pour Leen Hollander, l'un des

1. Dirigeant du groupe Philips, 1905-2005.
2. Dirigeant des grands magasins Vroom & Dreesmann.

conseillers de la fondation, ou pour l'ancien président du Comité international olympique, Antonio Samaranch, qui, comme moi, habite à Barcelone. Tous des gens capables de penser hors des cadres traditionnels et, surtout, qui n'ont pas un ego démesuré, alors qu'ils sont les plus grands dans leur domaine.

Quel contraste avec les gens soi-disant importants ! J'ai toujours été étonné de voir la taille de leur ego. Il y a une grande différence entre quelqu'un qui réfléchit et donne son avis et quelqu'un qui pense devoir se conformer à des schémas préétablis.

Moi-même, j'ai souvent été confronté au phénomène. Il n'y a personne, dans le football, qui en sache plus que moi sur la tactique, la technique et la formation des jeunes. Alors, à quoi bon discuter avec moi ? Écoute-moi plutôt et prends-en de la graine. Quelle taille il a, ton ego, si tu ne comprends pas cela ? Je suis bien content, moi, d'avoir écouté les gens formidables qui m'entouraient et qui, finalement, m'ont mis sur la bonne voie.

Je suis aussi quelqu'un de fidèle aux personnes qui me sont chères. Tous ceux qui me connaissent savent que l'amitié compte beaucoup pour moi. Mon meilleur ami, Rolf Grootenboer, je le connais depuis mes 5 ans. Tous deux, nous sommes Jopie et Dooie. On m'appelait Jopie autrefois, et lui, De Dooie (le mort), parce qu'il ne disait jamais rien. On sait exactement ce que l'on peut attendre l'un de l'autre.

Une flopée de gens différents ont compté pour moi et maintenant, je constate que je compte encore pour la jeunesse. Cela me fait chaud au cœur. Apparemment, je vis avec mon temps ; c'est probablement lié à toutes ces nouveautés techniques. Il paraît que ces dernières quinze années, je suis encore plus connu qu'auparavant. Avant, quatre milliards de personnes dans le monde me connaissaient, et, d'un coup, ils sont six milliards à me connaître. D'abord, tu te dis : « Comment est-ce possible ? » Il s'avère que c'est l'effet Google et YouTube. D'un côté, cela fait bizarre ; de l'autre, c'est très motivant.

C'est comme les gens qui font un lien entre l'art ou la culture et moi. Cela aussi, cela me fait bizarre. Parce que moi, je ne vois pas le rapport. Il paraît que ces gens font un lien entre A et B qui n'a rien à voir avec le football, mais davantage avec la maîtrise du corps, disons une forme d'élégance. Quelque chose qu'un expert en la matière peut voir.

En fait, cela me fait très plaisir. Non pas que je le comprenne, mais c'est sympa que chacun, à sa manière, s'inspire de ce que nous avons fait. Billy Beane, par exemple : il a vu le football total de l'équipe néerlandaise lors de la Coupe du monde 1974, et cela lui a donné des idées pour changer le jeu du baseball professionnel américain.

C'est un processus qui se poursuit à l'infini quand on est capable de sortir des cases. C'est important de sortir des cases, même si idée nouvelle ne signifie pas automatiquement idée géniale. Mais parfois, il suffit qu'un embryon d'idée inspire quelqu'un pour qu'apparaisse ensuite l'idée parfaite. De toute façon, si l'on ne sort pas des cases, il n'arrive jamais rien. Surtout si l'on calque sa pensée sur celle des gens qui nous dirigent. Parce qu'alors, c'est sûr, rien ne changera jamais.

D'après moi, aucune invention n'est le fait d'un seul homme. Thomas Edison, par exemple. Je pense qu'il était à la tête d'un groupe de gens très compétents quand il a inventé la lampe à incandescence. Son invention est la somme de découvertes faites par plusieurs personnes, et quelqu'un, à un moment donné, voit qu'en les assemblant, on obtient un résultat unique.

Cela commence par de petits bouts, ce n'est jamais d'emblée une somme. Comme pour le football total. Au départ, il y avait les joueurs, chacun avec ses qualités spécifiques, qui allaient finalement former un ensemble cohérent. Le tout était de le voir et de les assembler.

C'est, actuellement, le gros défaut de ceux qui occupent des postes importants, aussi bien dans le sport qu'en dehors. Ils ne voient pas ce qu'ils devraient voir, parce qu'ils ne voient qu'eux-mêmes. D'accord, ils sont aux commandes, mais ils sont quand même bien limités.

Je sais de quoi je parle, j'ai eu la chance de grandir dans une époque de grands changements. Les

Beatles, les cheveux longs, le rejet de l'obéissance aveugle, le *flower power* des hippies et ainsi de suite. Il s'est passé tellement de choses ces dernières quarante années, avec, chaque fois, un bouleversement dans la façon de penser. Par le biais de la musique, mais aussi par celui du sport. Quand on pense à tout ce que les Beatles ont déclenché ! Bien au-delà de la musique ! Tous ces chamboulements qui n'ont pas été provoqués par des études ou une quelconque théorie.

Malheureusement, de nos jours, on a tendance à trop pousser le bouchon dans l'autre sens. Les machines et les ordinateurs prennent toute la place et la créativité s'en trouve affectée. Prenons le football de haut niveau : de nombreux joueurs ont beaucoup de « followers » sur les médias sociaux. C'est bien, c'est super. Mais si quelqu'un a autant de fans, c'est parce que des gens s'intéressent à lui, et probablement qu'ils espèrent apprendre quelque chose en le suivant. Seulement, ce joueur, avec tous ses « followers », il doit aussi continuer à apprendre. Alors lui, qui est-ce qu'il suit ? À moins que sa préoccupation principale soit d'être suivi ? Finalement, tout cela, c'est très limité.

Ce que je veux souligner par là, c'est que des gens comme Cor Coster, Horst Dassler, Pieter Winsemius et tous les autres ont été importants pour moi. Ils ne m'ont pas seulement appris à éviter les bourdes, mais aussi à penser autrement, ce qui m'a permis de continuer à me développer après ma carrière de footballeur et d'en tirer autant de satisfaction que lorsque j'étais footballeur et coach.

On m'a parfois demandé comment j'aimerais que l'on se souvienne de moi dans cent ans. Heureusement, je n'ai pas à me préoccuper de cela, car je n'y serai plus. Mais puisque l'on me le demande, j'aimerais que ce soit comme d'un sportif responsable. Si l'on se souvient de moi uniquement comme footballeur, cela ne couvrira que quinze ou vingt ans de ma vie et, honnêtement, je trouve cela un peu limité.

Finalement, mon talent de footballeur, cela a été un cadeau du ciel, cela ne m'a pas demandé de gros efforts. J'ai eu seulement à jouer au foot en m'amusant beaucoup. Quand les autres disaient : « Je vais au boulot » ; moi, j'allais jouer au foot et cela me filait la pêche. J'ai eu cette chance. Alors, je dirais que les autres choses que j'ai eu à faire dans ma vie pèsent pour moi plus lourd dans la balance.

En attendant, je n'ai pas toujours été compris. Comme footballeur, comme coach et plus tard, aussi. Mais bon, Rembrandt et van Gogh ne l'ont pas été non plus. C'est la morale de l'histoire : on vous prend pour un fou tant que votre génie n'est pas reconnu.

Épilogue

Mon père est mort le jeudi 24 mars, en présence de sa famille. Il avait souhaité que tout se passe en privé, c'est pourquoi seul un petit cercle d'intimes a assisté à sa crémation. Johan avait bien spécifié qu'il tenait à ce que la cérémonie soit sobre et, surtout, intime.

Mais la famille comprend que Johan n'était pas seulement à nous, mais à tout le monde. C'est pourquoi nous sommes reconnaissants au FC Barcelone d'avoir mis le stade à notre disposition pour cette commémoration. Nous pouvons ainsi remercier aujourd'hui le médecin, l'hôpital et tous ceux qui se sont si bien occupés de mon père pendant les derniers mois de sa vie.

Nous savons maintenant que nous avons pris la bonne décision en partageant la perte de Johan avec vous tous. L'amour et le respect que l'on nous a montrés nous ont beaucoup touchés. Nous vous remercions de toute l'énergie que vous avez ainsi donnée à la famille.

Nous sommes aussi fiers et heureux que vous ayez respecté notre besoin d'intimité. Nous comprenons que notre père étant célèbre, ce n'était pas toujours facile. Nous tenons aussi à remercier le FC Barcelone. Tout s'est fait en concertation avec la famille et nos vœux ont toujours été respectés. Aussi sommes-nous très heureux que la dernière signature que Johan ait apposée soit celle qui renforce la collaboration entre le club et sa fondation.

On ne dira jamais assez à quel point mon père était fier de sa fondation. Il aimait l'Ajax, Barcelone et la sélection nationale néerlandaise, mais la fondation était son enfant chéri et, ces dernières années, c'est elle qui retenait toute son attention et en laquelle il mettait toute son énergie. C'est pourquoi, nous, sa famille, nous ferons tout pour respecter ses souhaits et continuer à porter et à transmettre ses valeurs.

Johan était à nous tous et il a été une source d'inspiration pour beaucoup. C'est ainsi qu'il doit rester dans notre souvenir.

Jordi Cruyff
Mardi 29 mars 2016,
office commémoratif, Barcelone

Origine des documents photographiques

Premier cahier photos :

Personnelles : p. 1H, 2
VI Images/Getty Images : p. 1B, 4, 7.
Hollandse Hoogte/REX/Shutterstock : p. 3.
AGIP/Bridgeman Images : p. 5H
Peter Robinson/EMPICS Sport : p. 5B.
AP/Press Association Images : p. 6H.
Allsport UK/Allsport : p. 6B.
Bettmann/Getty Images : p. 8H.
Bob Thomas/Getty Images : p. 8B.

Deuxième cahier photos :

VI Images/Getty Images : p. 5H, 6, 7H.
EFE/PA Images : p. 2.
Colorsport/REX/Shutterstock : p. 3.
De Telegraaf/Jan Stappenbeld : p. 4B.
Hollandse Hoogte/REX/Shutterstock : p. 1, 4B.
Koen van Weel/AFP/Getty Images : p. 7B.
Olaf Kraak/AFP/Getty Images : p. 8H.
Julian Finney/Getty Images : p. 8B.

Directeur : Jean-Louis Hocq
Responsable d'édition : Benoît Bontout
Assistant d'édition : Hugo Gadroy
Couverture : Thierry Sestier
Mise en pages : Nord Compo
Fabrication : Emmanuelle Laine

MIXTE
Papier issu de sources responsables
FSC® C003309

Cet ouvrage a été achevé d'imprimer en septembre 2016
sur les presses de Normandie Roto Impression s.a.s., 61250 Lonrai
N° d'imprimeur : 1602816

Imprimé en France